Geoffrey Chaucer

초서Chaucer의 이야기와 이야기하기

이동춘 지음

신아사

머리말

학교 일을 핑계로 본연의 업무인 읽고, 쓰고 가르치는 일을 뒷전에 두고 있다가도 간혹 마음 한 구석에서는 두려운 생각이 스멀스멀 올라오곤 했다. 그렇지 않아도 시간이 지나면서 학생들을 가르치고 지도하는 일에 대한 열정이 조금은 식어가는 차에 학교 일로 인한 공백이 이를 더욱더 심화시키지는 않을까 하는 걱정도 들곤 했다. 연구를 통하여 생산적인 결과물을 만들어내야 한다는 조바심은 물론 그 보잘것없는 연구 능력마저 사그라지는 것은 아닐지 걱정이 되었던 것이 사실이다.

이런 와중에 새로운 결과물을 내는 것보다 지금까지 공부한 내용을 다시 한번 읽고 정리하는 것도 의미 있는 일이라는 생각이 들었다. 하나의 일관된 주제로 논문들을 정리하다 보니 다행히도 지금까지 출판된 논문들 가운데 초서(Geoffrey Chaucer)의 『캔터베리 이야기』(*The Canterbury Tales*) 속 작품들과 관련한 논문들이 상당히 차지하고 있었다. 지난 논문들을 정리하고 수정하는 과정에서 많은 결점들과 부족함이 눈에 띄었다. 본인이 할 수 있는데 까지는 손을 대봤으나, 이것들을 모아 책으로 낸다는 생각을 하니 저절로 고개가 숙여지고 민망한 생각마저 들었다. 다만 지금까지 줄곧 초서 연구에 집중해온 본인의 입장을 내 자신에게 스스로 변명을 해가며 지금까지 논문들 가운데 같은 주제의 논문들을 다듬어 한 권의 책으로 염치없게 출판하게 되었다.

초서, 영문학 최초의 '전문 이야기꾼'(*raconteur*), 그리고 이야기를 하는 데 있어서 누구보다 항상 관객(독자)을 염두에 두었던 이야기꾼, 전지적인 관점을 버리고 관객을 작품의 의미를 파악하는 데 있어 주체로 생각한 이야기꾼이라는 것이 이 책에서 필자가 전달하고자 하는 일관된 내용이다. 아울러 초서를 이렇게 특정 지워지게 하는 그만의 독특한 이야기 스타일과 기법들 역시 이 책에서 반복적으로 언급되고 있는 내용들이다. 흔히들 초서를 "영시의 아버지" 혹은 "신의 축복이 가득한" 시인이라고 부르곤 하는데 오히려 초서를 시인이나 작가라고 부르기보다는 영국 최초의 '전문 이야기꾼'이라고 부르는 것이 더 낫지 않을까 하는 생각이 든다. 초서가 살던 중세 시대 (관객)독자들의 관점이나 『캔터베리 이야기』를 포함한 초서의 작품 속 그의 역할들을 감안해볼 때, 초서에게 이야기꾼이라는 칭호를 붙여주는 것이 보다 더 이상적으로 보인다. 이 또한 이 책에서 독자들에게 전달해주고 싶은 필자의 의도들 가운데 하나이다.

마지막으로 이 책의 출판으로 끝이 아니라는 변명과 함께 누군가 다음에 이 책에서 발견되는 오류나 문제점을 수정하고 발전시킬 수 있을 것이라는 기대를 해본다. 아울러 책이 나오기까지 수고해주신 신아사 편집진을 비롯하여 정현걸 사장님께 지면을 통해서나마 심심한 감사의 말씀을 전한다. 이밖에도 자기 할 일에 빠져 아빠에게 무관심한 듯 보이면서도 깊이 마음속으로 교감하는 아들 도윤, 그리고 아이 엄마에게도 말로는 자주 표현하지 못했지만 책을 내면서 머리말에서 '고맙다'는 말을 전할 수 있어 다행이며 한편으로는 기쁜 마음이 든다.

목차

초서의 '이야기와 이야기하기': 『캔터베리 이야기』(*The Canterbury Tales*)를 중심으로

***

초서는 생전에 『트로일러스와 크리세이더』(*Troilus & Criseyde*)의 작가로 기억되기를 더 바랬지만, 당시는 물론 오늘날까지 가장 인기 있는 그의 작품은 역시 그가 죽을 때까지 끝맺지 못했던(?) 『캔터베리 이야기』(*The Canterbury Tales*)이라고 여겨진다. 비록 일부 이야기가 훼손된 상태이나 56개에 이르는 현존하는 『캔터베리 이야기』의 필사본들을 비롯하여 15세기 누군가가 쓴 『베린의 이야기』(*Tale of Beryn*)등은 초서의 『캔터베리 이야기』가 당시 독자들에게 어떠한 반응을 불러일으켰는지 예측하게 해준다. 이외에도 헨리슨(Robert Henryson)을 비롯한 15세기 스코틀랜드의 작가들(Scottish Chaucerians)의 작품들 역시 초서의 작품이 그 다음 세대에 미친 영향이 어느 정도였는지 짐작케 한다. 영문학사에서 초서의 위상은 왕정복고기 극작가 드라이든(John Dryden)의 평가에 잘 담겨져 있지 않나 싶다. '여기에 신의 풍요'(Here is God's plenty)가 깃들어 있다는 드라이든의 평(評)은 초서의 『캔터베리 이야기』의 소재의 풍부함, 다양성 그리고 내용의 깊이를 함축적으로 표현하고 있다고 본다.

초서 작품에서 느낄 수 있는 소재의 다양성과 문학적 깊이가 어디에서 비롯되었는가에 대한 해답은 여러 곳에서 찾을 수 있다. 초서의 이력(履歷)이 그 해답을 제공해주는 하나의 열쇠가 아닌가 싶다. 과거 영국 전통적 문학과 더불어 프랑스나 이태리에서 비롯된 이른바 고급 문학전통에 대하여 그가 보였던 관심에 주목할 필요가 있다. 무엇보다 초서는 영국의 문학적 전통에 대하여 동시대 어느 작가보다 관심을 많이 가졌던 작가였다. 영국 최초의 전문적인 이야기꾼으로서 초서는 다양한 이야기의 소재를 얻기 위하여 과거 대대로 전해 내려오던 영국 고전 이야기에 관심을 쏟았는데, 그 이유는 무엇보다 당시 독자들의 관심을 끌기 위한 것이었다. 이는 독자들에게 익숙한 이야기의 소재를 선택하여 독자들을 자신이 하는 이야기에 자연스럽게 끌어들이기 위한 수단이었다. 또한 초서는 작품을 통하여 독자들에게 흥미와 새로움을 부여해야한다는 작가로서의 의무를 소홀히 하지 않았다. 고전작품을 이야기의 소재로 삼고 있었음에도 불구하고 초서의 이야기에는 고전작품에서는 찾아볼 수 없는 '새로움'이 내재되어 있는데, 이는 직업상 그가 쉽게 드나들었던 프랑스나 이태리의 선진 문학 전통에서 비롯되었다. 초서의 작품들에서 당시 독자들이 느낄 수 있던 '익숙함'과 '새로움'은 바로 영국 전통의 이야기 소재에 당시 상위 고급 문학전통을 형성하고 있던 유럽의 문학의 기법과 스타일이 접목된 결과에서 비롯된 것이다.[1]

1) 초서의 이야기가 지닌 '새로움'이란 어린 시절 성 바오로 학교(St. Paul's School)에서 교육받아 익숙한 라틴, 프랑스, 이태리의 고급 문학 작품들과 더불어 외교관 시절 쉽게 접할 수 있었던 대륙의 문학 영향에서 비롯되었다고 볼 수 있다. 특히, 이야기 기법과 스타일 면에서 그의 작품 활동에 영향을 준 대표적인 작가로서 고대 로마 시인인 오비드(Ovid), 프랑스의 쟝 드멩(Jean de Meun) 그리고 이태리 보카치오(Boccaccio)를 들 수 있다: 미 출간된 박사학위 논문, Dongchoon Lee, *Chaucer as Storyteller* (Ph. D. Dissertation,

실제로 중세 작가들 가운데 초서만큼 과거부터 전통적으로 전해 내려오는 풍부하고 다양한 민담이나 로맨스, 우화 등을 자신의 이야기 소재로 즐겨 사용한 사람도 드물다. 그러나 이야기꾼으로서 그의 능력은 과거 이야기를 단순히 재생산하는 데 있는 것이 아니라 유럽의 다양한 이야기 기법을 동원하여 단순한 구조와 스타일을 지닌 과거 이야기들을 창작에 버금가는 수준의 새로운 이야기로 만들어 냈다는 점에 있다. 뿐만 아니라, 초서는 이야기가 존재하기 위한 또 다른 중요한 축(軸)으로서 독자들을 항상 인식하고 있었다. 「면죄부 판매자의 프롤로그」(*The Pardoner's Prologue*)에 언급되어 있듯이, 초서는 당시 독자들이 무엇을 원하며, 어떤 이야기의 소재를 사용하면 그들의 관심을 이끌어 낼 수 있는지 잘 알고 있었다(Utley 588-99). 독자가 존재하지 않는 이야기란 아무런 의미가 없다는 사실을 누구보다 초서는 잘 알고 있던 당시 전문적인 이야기꾼이었다. 당시 독자에게 친숙하고 익숙한 이야기를 작품의 소재로 삼은 것 역시 초서 자신이 항상 염두에 두고 있던 독자들의 구미를 충족시키기 위한 하나의 방편이었다. 뿐만 아니라, 초서가 즐겨 사용하는 이야기 기법들 역시 과거 전통적 이야기의 영향에서 벗어나기 위한 초서의 노력에서 비롯된 것이 사실이나, 독자를 항상 염두에 둔 결과이기도 하다. 한마디로 초서에게 독자란 의미를 파악하는데 있어서 수동적 존재이기보다는 능동적인 주체인 것이다.

University of Rochester, 1997)를 참조.

본 논문의 목적은 『캔터베리 이야기』를 중심으로 초서 작품의 '새로움'이 어디에서 비롯되는지 고찰하기 위한 것이다. 개별 작품에 대한 심도 있는 접근보다는 『캔터베리 이야기』 속 이야기들의 공통적인 기법, 특징, 그리고 초서의 독자관 등을 총체적으로 분석함으로서 초서 작품이 지니는 '새로움'에 대한 해답을 찾고자 한다. 먼저 초서에게 다양한 이야기 소재를 제공한 영국의 전통적 이야기의 구조와 특징을 분석하여, 초서가 당시 전통적 이야기에서 자신의 이야기 소재와 플롯을 차용하고 있음에도 불구하고 전통적 이야기에서는 찾아볼 수 없는 초서만의 내러티브 기법과 특징을 설명하고자 한다. 뿐만 아니라, 『캔터베리 이야기』를 비롯하여 여타의 이야기들에서 초서가 밝히고 있는 '이야기하기'(tale-telling)와 그가 희망하는 독자관을 살펴봄으로써, 초서만의 새로운 이야기 기법과 특징이 독자를 염두에 둔 결과에서 비롯된 것임을 말하고자 한다. 마지막으로 전통적 문학 소재와 새로운 이야기 기법이 서로 융합되어 새로운 효과와 분위기를 창출해내고 있는 대표적인 예로서 「바쓰의 여장부 이야기」(*The Wife of Bath's Tale*)를 설명하고자 한다.

I. 전통적인 이야기의 구조와 기법

초서 이야기의 구조적 특징을 규명하기 위하여 그가 이야기들의 소재를 얻기 위하여 관심을 보인 영국의 전통적인 이야기들(로맨스, 민담, 우화 등)을 프롭(Vladmir Propp)의 형태 분석 이론과 프라이(Northrop Frye)의 로맨스 이론의 틀을 사용하여 분석할 필요가 있다. 두 가지 틀을 동원하여 초서가 즐겨 사용하였던 과거 이야기를 분석하는 일은 마치 엑스 선(X-ray)을 통하여 인체의 골격을 보는 것과도 같다. 이러한 분석 틀은 초서 이야기가 지닌 플롯이나 이야기 기법이 과거 이야기와 어느 정도 연관이 있으며, 어떠한 차이가 있는지 가늠케 해준다. 많은 이야기들 가운데 초서가 이야기의 소재를 얻기 위해 즐겨 사용했으며, 당시 독자들에게도 잘 알려져 있던 몇 개의 이야기만을 선택해보겠다. 이들 가운데 하나는 중세 영어로 쓰인 『로마인들의 전기』(*Gesta Romanorum*)인데, 이는 도덕적 교훈이 담긴 기본 윤리서로서 글을 읽고 쓸 줄 알았던 당시 식자층에게 매우 인기가 있었다. 또 다른 작품들은 당시 대표적 로맨스인 『호른 왕』(*King Horn*)과 『오르페오 경』(*Sir Orfeo*)이며, 전자는 영국을 소재로 삼고 있는 대중적인 로맨스에 해당하며, 후자는 켈트족의 문학 전통을 그대로 이어받고 있는 영국의 전통적 이야기이다. 마지막으로 초서 역시 『캔터베리 이야기』에서 즐겨 사용했던 문학 장르인 패블리오(fabliau)에 해당하는 『시러쓰 부인』(*Dame Sirith*)을 선별해보았는데, 이 역시 영국 최초의 패블리오이며 초서에게 지대한 영향을 주었다고 비평가들이 주장해온 작품이다.

프롭이 제시한 분석 틀을 앞서 언급한 이야기들에 적용해 볼 때, 이들 작품들은 러시아 민담이 지니고 있는 다음의 주요 '기능적 사건들'(functional events)을 공통적으로 포함하고 있다:[2]

1. 주인공은 (결손 혹은 부족)으로 인하여 고향이나 익숙한 터전을 떠남
2. 시련과 곤란을 이겨내며 주인공은 목적을 향한 모험을 시작
3. 주인공에게 닫쳐오는 비슷한 유형의 시련들(혹은 반대세력)이 반복되며, 강도(强度) 역시 시간이 지남에 따라 점차적으로 강해짐
4. 조력자(aide)로부터 마법의 힘을 지닌 물건이나 비법을 얻게 됨
5. 구렁텅이(nadir) 상태에서 주인공은 자신의 능력과 마법의 힘을 통하여 역경을 극복
6. 부족과 결손이 메워지는 순간으로 주인공은 목적을 달성하게 됨(혹은 남성 신데렐라로서 주인공의 변모)
7. 주인공은 한 여성과 결혼하여 행복한 삶을 영위하게 됨

물론 이러한 주요 기능들은 민담이나 우화, 그리고 로맨스에서 흔히 나타나는 보편적인 것들이나, 좀 더 세부적으로 들어가면 작품마다 서로 약간의 차이를 나타내는 경우도 있다. 앞서 언급한 작품들 역시 기본적인 기능들 사이에 몇 가지 세부적인 기능들이 사이사이 첨가되거나, 기본적인 기능들이 불필요한 경우도 있다. 그러나 분명한 것은 이들 작품들 모두 프롭이 제시하고 있는 주요 '기능적 사건들'에 하나하나 대체로 들어맞는다는 사실이다. 작품들 가운데, 특히 『오르페오

2) 본 논문에서는 공간의 제약 때문에 이들 작품들에 대한 개별적인 분석 결과를 실지 않고 다만 이들 작품의 분석 결과에서 드러나는 공통된 구조와 특징만을 언급하였다.

경』이나 『호른 왕』의 경우, 이야기(혹은 사건)의 전개나 흐름에 방해를 주는 이른바 '이야기 외적인 요소'(digressive materials)들이 전혀 더해져 있지 않다. 다시 말해서, 하나의 사건이 끝나면 그 다음 사건이 바로 이어져 나오기 때문에 이야기를 구성하는 사건들이 일목요연에게 하나의 흐름으로 간결하게 연결되어 있을 뿐만 아니라, 사건과 사건 사이에 여타 요소들, 예를 들어, 화자의 생각이나 주관, 혹은 사건과 관련한 부가적인 요소들이 들어갈 틈이 전혀 없는 것이 특징이다. 한마디로 이들 작품의 플롯 구조는 매우 단선적이며 직선적인 편이라고 말할 수 있다.

구조 분석에서 드러나는 이 같은 현상은 『오르페오 경』이나 『호른 왕』을 비롯하여 앞서 언급한 다른 전통적인 이야기들에서도 나타난다. 뿐만 아니라, 이들 작품들에는 등장인물의 심리묘사나 사건을 둘러싼 배경설명이 전혀 나타나 있지 않다. 이야기는 모두 행동 중심적(action-oriented)으로 구성되어 있어 이야기의 흐름이 매우 간결하면서도 사건과 사건 사이의 관계 또한 유기적인 양상을 보이고 있다. 이러한 양상은 사건과 사건사이에 여백, 다시 말해서, 이야기 흐름과는 관련이 없는 '이야기 외적인 요소들'이 완전히 배제되어 이야기 흐름이 단절되지 않는데서 비롯된 결과이다. 이런 점에서 영국 전통적인 이야기는 순수한 내러티브 형식으로 화자의 전달 요지를 효과적으로 전하기 위한 기본적인 기능만을 지니고 있다고 볼 수 있다. 이야기의 흐름에 방해되거나 흐름을 더디게 하는 불필요한 요소나 사건과 사건 사이의 추가될 수 있는 '이야기 외적인 요소'가 완전하게 배제된 매우 간결하면서 절제된 구조를 전통적인 이야기들은 지니고 있다고 말할 수 있다.

앞서 언급한 구조적 특징들과 함께 이들 이야기들은 대체로 서로 비슷한 내러티브 구조를 지니고 있다. 이들 이야기들이 보여주는 내러티브 구조는 브레몽(Brémond)이 말하는 전통적인 내러티브 구조와 차이가 전혀 없어 보인다. 브레몽은 민담이나 로맨스처럼 이야기의 흐름이 간결하고 단순한 이야기들은 일반적으로 공통된 구조를 지니고 있다고 주장한다. 그의 주장에 따르면 이러한 이야기들은 보통 결손(deficiency) 혹은 부족(lack)의 상태에서 시작하거나, 만족(satisfaction)의 상태에서 시작하여 최소한 한 바퀴를 돌아 만족 혹은 부족의 상태로 끝나게 된다.[3] 이를 다르게 표현하면, 하나의 이야기가 악행(villainy) 혹은 부족(lack)에서 시작하여 발전과 갈등을 비롯한 몇 개의 기능적인 사건들(the functional events)을 거쳐 결혼 혹은 불행의 해소(liquidation of misfortune)로 끝을 맺게 된다. 전통적인 내러티브가 지닌 이러한 구조를 우리는 보통 순환적인 패턴(cyclic pattern)이라고 말한다. 프라이 또한 이 같은 구조를 "소원 성취의 구조"(a form of wish-fulfillment) 혹은 "갈등 해결의 구조"(a structure of problem solving)라는 표현으로 설명하고 있다.[4]

---

3) William Hendrick, "The structural Study of Narration: Sample Analyses," *Poetics* 3 (1972): 100-105와 Joseph Campbell, *The Hero with a Thousand Faces*, 2nd ed. Bollingen Series 17 (Princeton: Princeton UP, 1968), 28을 참조. 캠벨에 따르면 모든 로맨스의 첫 부분은 비극, 혹은 소위 아래로 향함(down-going)으로 특징 지워지며, 후반부는 시작점 (the point of initiation)으로부터의 귀환으로 구성되어 있으며 첫 부분과는 반대로 희극 혹은 위로 향함(up-going)으로 특징 지워진다고 말한다.

4) Northrop Frye, *The Secular Scripture: A Study of the Structure of Romance* (Massachusetts: Harvard UP, 1976), 79; *Anatomy of Criticism* (Princeton: Princeton UP, 1957), 187을 참조.

전통적인 내러티브들이 보여주는 공통적 구조를 브레몽의 모델을 적용하여 다음과 같은 도표로 설명될 수 있다:

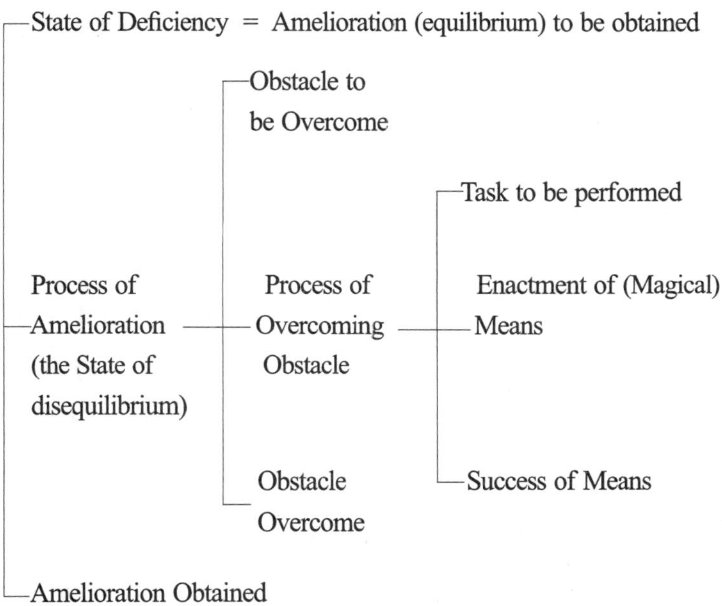

위 구조는 이야기의 화자나 독자 모두가 마음속으로 바라는 소망을 담아내고 있다고 볼 수 있다. 결손(부족)의 상태로 시작하여 여러 다양한 시련들을 경험한 다음 궁극적으로는 문제들을 해결하고 처음보다 더 나은 상태로 이어지는 내러티브의 구조는 인간이라면 누구나 삶에서 소망하는 방향이기 때문이다. 따라서 로맨스나 민담 속 주인공이 보여주는 행동과 태도는 단순히 작품 속 등장인물의 행동과 태도를 넘어 독자와 화자를 포함한 우리 모두가 희망하고 동경하는 것임에 틀림없다. 또한, 민담이나 로맨스를 접하는 독자라면 누구나 주인공이 도중에 곤란과 어려움을 겪게 되지만 궁극적으로는 처음의 상태를 회복할 것이라는 희망과 확신을 점차적으로 가지게 된다. 이러한 이유 때문에 민담이나 로맨스와 같은 전통적인 내러티브에서 독자가 심리적인 안정과 편안함을 느끼는 것은 당연한 것이다. 전통적인 내러티브 구조를 초서가 작품의 기본적 골격으로 삼은 것 역시 그러한 맥락에서 이해될 수 있다.

이 밖에도, 전통적 내러티브에서 화자가 전달하는 내용들(사건들)에 대하여 독자가 의심하거나 부정하는 경우는 극히 드물다. 독자는 화자가 의도하는 방향으로 이끌려 갈 수 밖에 없는데, 그 이유는 앞서 언급한 내러티브 특징에서 비롯된다. 전통적 내러티브에는 사건과 사건 사이에 독자의 주관적인 사고가 개입되거나 독자의 판단을 유발시킬 만한 '이야기 외적인 요소'가 거의 존재하지 않기 때문에 독자는 화자가 전달하는 일련의 사건들만을 받아들일 뿐이다. 독자가 작품에 대하여 수동적으로 빠져들 수밖에 없는 또 다른 이유는 전통적 내러티브에서 가장 흔히 사용되는 반복(repetition)과 변이(variation)라는 기법 때문이다.『오르페오 경』이나『로마인들의 전기』에서 공통적으로 볼 수 있듯이, '상실과 회복'이라는 기본적인 플롯이 몇 개의 유사한 에피소드를 통하여 똑 같거나 혹은 약간의 변이를 통하여 이야기 속에서 몇 차례 반복된다. 예를 들어,『오르페오 경』에는 두개의 유사한 플롯들, 예를 들어 '왕비의 상실과 회복' 그리고 '왕궁의 상실과 회복'이 내재되어 있는데, 기본적인 구도 측면에서 두 개의 플롯 사이에 차이는 거의 없다. 다만 내용에서 약간의 변이가 있을 뿐이다. 화자는 거의 유사한 두 개의 플롯에 약간의 변이를 가하고 있을 뿐, 실제는 비슷한 내용을 반복하가며 작품을 마지막 절정의 순간까지에 이끌어 간다.

몇 개의 유사한 갈등 구조를 지닌 에피소드가 반복과 변이를 통하여 유기적으로 짜여 있는 전통적 내러티브는 앞서 언급했다시피 화자와 독자와의 긴밀한 유대관계를 이끌어 내는 효과를 갖는다. 이야기의 화자는 자신이 독자에게 전달하려는 생각이나 의도를 독자가 아무런 의심 없이 받아들이도록 만들 뿐만 아니라, 이야기의 결말과 주인공의 승리에 대하여 독자로 하여금 예측이나 기대까지도 가능케 한다. 심지어 이러한 전통적인 이야기에서 반복과 변이의 기법은 마치 이야기의 주인공인 양 독자를 '극적 환상'(dramatic illusion)에 빠져들게 만들기도 한다. 이는 일종의 '최면효과'(effect of incantation)와 같은 것으로 전통적인 내러티브를 대하는 독자는 화자가 전달하는 내용이나 화자의 의도를 아무런 의심 없이 있는 그대로 수동적으로 받아들이게 만드는 효과를 지닌다.[5] 게다가 유사한 플롯의 반복과 변이는 주인공이 궁극적으로 모든 역경과 어려움을 극복하고 처음보다 더 나은 상태로 발전될 것이라는 희망과 확신을 독자들에게 심어주는 중요한 역할을 하게 된다.

---

5) Lévi-Strauss, "The Structural Study of Myth" in *Myth: A Symposium*, ed. Thomas A. Sebeok (Bloomington, Indiana: Indiana UP, 1965)와 더불어 Susan Wittig, *Stylistic and Narrative Structures in the Middle English Romances* (Austin and London: U of Texas Press, 1978), 11-16을 참조.

II. 초서 이야기의 '새로움'과 독자

초서가 원전으로 즐겨 사용한 영국 전통의 내러티브 경우, 독자는 전달자(화자)의 의도나 이야기의 의미를 파악하는데 있어서 앞서 언급한대로 매우 수동적이다. 독자는 단순히 이야기 전달자가 의도하는 방향으로 이끌려가게 되며 이야기의 최종 의미나 판단 역시 전달자의 의도에 의해 결정되곤 한다. 『로마인들의 전기』에 들어있는 짧은 우화 형식의 이야기들을 차치하고라도 『오르페오 경』이나 『호른 왕』에서 독자는 오르페오의 비극적 운명이나 호른 왕의 성공에 대하여 의심을 품지 않는 이유는 전지적인 화자의 목소리에 의해 이야기의 의미나 전개 방향이 명백히 드러나기 때문이다. 심지어 독자는 이야기 흐름은 물론 주인공의 행동이나 태도에 대하여 어느 정도의 예측까지도 가능하다. 이를 다르게 표현하자면, 민담이나 우화와 같은 전통적인 내러티브에는 독자의 비판적이며 주관적인 생각이나 판단이 들어갈 만한 이야기 속 기능적 사건과 기능적 사건들 사이에 틈이 거의 없다는 것을 의미한다. 독자의 생각과 판단이 화자에 의해 좌지우지 되는 결과는 하나의 기능적 사건이 끝나면 곧이어 또 다른 사건이 이어져 오는 전통적 내러티브가 지니는 구조적 특징에서 비롯된다고 볼 수 있다. 또한 전통적 내러티브에는 작품 속 등장인물은 물론 사건에 대한 판단을 독자가 주관적으로 내리기도 전에 이미 내려져 있는 경우도 허다하다. 특히, 선과 악의 전형적인 대립을 통하여 갈등이 유도되고, 선이 승리하는 보편적이며 일반적인 구조는 전통적 내러티브의 내용과 화자의 의도에 대하여 독자가 의문을 품기 어렵게 하는 이유들 가운데 하나이다.

그러나 초서의 이야기 어디에서도 선과 악의 극단적인 대립이 나타나있지 않으며, 어떤 인물이나 사건에 대한 도덕적인 판단 역시 초서의 이야기에서는 유보되곤 한다. 심지어 독자의 눈에 악으로 비춰질 수 있는 인물이나 사건조차도 초서는 이분법적 가치 체계를 통하여 이들을 자리매김하지 않는다. 인물이나 사건 혹은 관점에 대한 최종적 판단이나 해석을 유보한 채 독자 개개인의 주관적인 판단과 생각을 초서는 자신의 내러티브에서 요구하고 있다. 『캔터베리 이야기』 속 어떠한 내러티브에서도 화자는 물론 작가로서 초서가 자신의 관점이나 주장을 직접적으로 주입하는 경우는 매우 드물다. 일종의 '암시적인 작가'(the implied author)로서 초서는 이야기의 해석에 있어서 자신의 절대적인 권위와 전지적인 입장을 지양하고 오히려 독자의 비판적이며 주관적인 수용 능력을 기대한다.

뿐만 아니라, 얼핏 그렇게 보이지 않을 것 같은 「기사의 이야기」(*The Knight's Tale*)나 「시골유지의 이야기」(*The Franklin's Tale*)를 비롯한 일부 이야기들에서조차 독자의 반응이나 응답이 이야기 전달자인 화자가 의도하는 방향으로 통제하거나 이끌어지는 것을 초서는 거부하고 있다. 이들 이야기에서 초서는 전통적 내러티브에서 찾아볼 수 없는 다양한 이야기 기법들을 통하여 독자로 하여금 화자의 관점이나 주장에 거리를 두게 만든다. 심지어 이들 작품들에서 초서는 화자를 단순히 허구를 전달하는 거짓말쟁이로까지 만들어 화자의 관점 그 자체까지도 독자가 의심하게 만든다. 간단히 말해서, 앞서 언급한 전통적 내러티브와는 달리 '의미의 모호함과 다양성,' '관점의 다양성' 그리고 '도덕적이며 절대적인 판단의 회피'를 통하여『캔터베리 이야기』의 대부분에서 초서는 작품 속 의미나 가치의 최종적인 판단을 독자 스스로 내릴 수 있도록 '텍스트의 열림' 현상을 유도하곤 한다. 놀란(Barbara Nolan)은『캔터베리 이야기』에서 하나의 진리나 이념을 전달하는 안내자는 존재하지 않으며, 순례자들은 텍스트를 독자에게 전달할 뿐이며 언어 기호의 집합체인 텍스트 안에 내재된 의미를 파악하는 것은 독자의 책임이라고 말한다(154-69). 놀란의 말을 다르게 표현하자면, 초서의 이야기를 읽는 독자는 항시 주관적이며 비판적인 역할을 필요로 하며, 독서 행위 그 자체가 독자의 주관적인 의지 활동인 셈이다.

초서의 이야기에서 화자의 통제를 벗어나 독자 스스로의 주관적 판단이나 해석이 가능한 이유는 초서만의 독특한 내러티브 기법들 때문이다. 그 가운데서 특히 원전의 기본적인 플롯에 초서가 즐겨 사용하는 이른바 '이야기 외적인 요소'들의 삽입은 전통적 내러티브에서 볼 수 없는 현상으로 이야기 속 '새로움'을 유발시킨다. 예를 들어, 플롯의 전개에 별다른 영향을 주지 않는 '이야기 안의 이야기'(an inset tale), 하나의 사건과 장면에 대한 화자의 필요 이상의 자세한 묘사나 설명, 혹은 주제와 스타일면에서의 상반된 두 요소의 병치 등이 초서의 작품 속 기능적 사건(functional event)과 사건 사이에 더해지곤 한다. 전통적 내러티브에서는 찾아 볼 수 없는 이러한 요소들은 피상적으로는 이야기의 직선적인 흐름을 방해할 뿐만 아니라, 작품에서 '구조적 불일치'(structural disunity)와 '단절'(discontinuity), 혹은 '모순'(inconsistency) 등의 현상을 불러온다. 그러나 이 같은 피상적 현상을 넘어 실제 이야기 외적 요소들은 이른바 '텍스트의 열림'(openness of text) 효과를 가져다 준다. 다시 말해서, 전통적 내러티브에서는 불가능했던 텍스트 안에서 화자의 주관적이며 비판적인 개입이 가능해진다. 독자 스스로의 개인적 경험이나 생각을 바탕으로 한 독자의 관점과 이야기 속 화자의 관점 사이에 상호 작용이 가능하게 된다. 독자는 심지어 화자의 관점에 대하여 의심을 품을 수도 있으며, 화자의 주장에 대해서 부정도 할 수 있게 된다. 이런 점에서 초서의 이야기는 독자에게 어떠한 확실한 하나의 의미나 관점을 부여하지 않는 허공에 떠도는 기호들의 불과한지 모른다. 결국 최종적 의미 해석은 독자의 주관적 판단에 달려있는 셈이다. 이 밖에도 기본적 플롯 속에 '이야기 외적 요소들'이 주입됨에 따라 초서의 이야기에는 화자의 목소리와 관점만이 존재하는 것이 아니라 화자를 비롯한 '다성적 목소리'(multiplicity of voices)가 존재하기 마련이다. 이 또한 전통적 이야기와는 구별되는 초서 이야기만의 특징으로 이야기 속에 내재되어 있는 하나의 주장이나 관점을 있는 그대로 수용하기보다는 독자의 지적능력과 판단을 이끌어내기 위한 초서의 의도에서 비롯된다. 특히 당시 독자는 물론이거니와 오늘날 초서의 독자들 대부분이 캔터베리 순례꾼들 가운데 가장 신뢰를 보내는 기사나 시골유지, 심지어 시골사제(the Parson)가 전달하는 이야기에서 조차도 초서는 그들이 하는 이야기 안에 모순적 상황이나 이치에 어긋나는 내용을 첨가함으로써 독자가 이들 이야기 속에 수동적으로 빠져들거나 화자의 관점이나 생각을 아무런 의심 없이 그대로 수용하는 것을 방해하기도 한다. 이 같은 내러티브 스타일은 독자가 이야기의 화자와 거리를 유지하도록 할 뿐더러 화자가 심지어 거짓말쟁이에 불과하며 화자가 전달하는 내용 역시 어떠한 절대적인 진리나 관점이 내포되지 않은 '픽션'에 해당한다는 점을 초서는 독자에게 수시로 일깨워 주는 구실을 한다.

대부분의 초서의 이야기들은 다양한 주장이나 관점 그리고 목소리의 상호 어울림(orchestration)이 일어나는 공간이다. 초서의 이야기는 어느 관점이 옳고 그른지를 결정짓는 해결(resolution)이나 서로 다른 관점들의 통합(synthesis)이 이루어지는 장(場)이기보다는 대화적 담론(dialogic discourse)이 형성되는 곳이기도 하다. 또한 당시 독자들에게 익숙한 전통적 이야기 소재에 새로운 이야기 기법을 적용하여 초서가 기대한 새로운 효과란 '의미의 불확정성'(indeterminacy)이며 '의미의 열림'(semantic openendedness)인 것이다. 이러한 효과와 더불어 전문적 이야기꾼으로서 초서가 이야기의 의미와 관점의 진위를 파악하는데 있어서 무엇보다 중요시 여겼던 것이 '독자의 수용 능력과 역할' 이라고 보인다. 코프(Leonard Koff)의 표현대로, 초서의 이야기에서 독자란 텍스트의 의미는 물론 텍스트 속에 내재되어 있는 다양한 목소리의 진위를 판단하는 주춧돌(touchstone)인 셈이다(38). 이 점이 초서가 과거 영국의 문학 전통을 계승하고 있음에도 불구하고 '새로운' 이야기꾼으로 간주되는 이유들 가운데 하나이다.

1. 초서의 '이야기하기'와 독자관

초서에게 '이야기'와 '이야기하기(tale-telling)'란 무엇이며, 그가 희망했던 독자관이 『캔터베리 이야기』 속에서 구체적으로 어떻게 드러나고 있는지 알아볼 필요가 있다. 초서가 자신의 입을 통하여 『캔터베리 이야기』 속에서 직접적으로 언급하고 있는 '이야기' 혹은 '이야기하기' 등의 용어를 분석함으로써 그가 의미하는 이야기의 개념은 물론 앞서 언급한 그가 생각하는 이상적 독자의 태도를 확인할 수 있다. 아울러 전통적 이야기의 소재가 독자에게 부여하는 '익숙함'과 '편안함' 그리고 초서만의 이야기 기법에서 비롯되는 '새로움'의 결합을 잘 보여주는 「바쓰의 여장부 이야기」(*The Wife of Bath's Tale*)를 살펴보고자 한다.

초서가 생각하는 이야기에 대하여 간단하고도 명확한 정의를 내리기는 쉽지 않다. 초서가 말하는 이야기의 범주는 광범위하고 매우 다양하다. 초서에게 이야기란 논리적인 플롯과 '기능적인 사건들'로 짜인 완전한 형태의 것을 의미할 뿐만 아니라, 어떠한 '기능적인 사건들'이 들어있지 않은 에피소드 역시 초서는 이야기라 부르고 있다. 심지어 한 사물에 대한 간결한 묘사나 설명까지도 초서는 이야기의 범주에 포함시키고 있다. 그러나 작품 여기저기에서 이야기와 관련하여 초서가 직, 간접적으로 언급하고 있는 내용을 토대로 하나의 이야기가 성립되기 위해 그가 생각했던 필수 불가결한 몇 가지 요소들을 추론해 낼 수 있다. 초서가 말하는 이야기란 말이나 글 가운데 어느 것으로 전해지든 단어들로 구성되어 있어야 한다는 것이며, 이야기의 진행을 위하여 필요한 기능적인 사건들의 존재 유무에 관계없이 단어들의 결합은 특정한 메시지나 의미를 포함하고 있어야 한다는 사실이다. 뿐만 아니라, 결합된 단어들 안에 포함된 의미와 더불어 의미를 수용하는 대상(the recipient) 그리고 의미의 전달자(the sender)가 초서가 말하는 '이야기'의 존재 혹은 형성을 위하여 없어서는 안 될 요소들이다.

아울러 초서가 말하는 이야기의 조건들 가운데 눈에 띄는 것은 단어들의 결합을 통하여 전달되는 메시지의 진위(眞僞)에 대하여 초서는 전혀 개의치 않았다는 점이다. 이야기가 지닌 진(사)실의 문제와 관련한 자신의 생각을 피력하기 위하여「총 서시」(*The General Prologue*)에서 초서는 플라톤의 이론을 언급하고 있다. 그러나 플라톤의 이론이 지닌 원래의 의미와는 다르게 초서는 이를 잘못 인용하고 있다. 놀란이 지적하고 있듯이,『캔터베리 이야기』를 기술하는데 있어 "사실에 근접하는 역사 기록자적(historigraphic)인 입장을 견지하겠다는 자신의 생각을 초서는 단어들을 사물들이 지닌 초월적인 진리와 연관시키는 플라톤의 이론과 우스꽝스럽게 접목시키고 있다"(162):

> 어떤 인물에 대한 얘기를 제대로 하려면,
> 그가 한 대로 한마디 한마디를
> 그것이 아무리 상스런 말이든 간에,
> 가장 충실하게 재생해야 할 것이고,
> 그렇지 않으면, 얘기가 엉뚱한 딴 얘기가 되거나,
> 거짓말이 되거나, 또는 새로운 말을 지어내는 결과가 된다.
> ---------------
> 희랍의 철학자 플라톤도 말하기를--플라톤을 읽어본
> 사람은 아는 얘기지만--「말은 행동의 조카뻘」이라 하였다.

Whoso shal telle a tale after a man,
He moot reherce as ny as evere he kan
Everich a word, if it be in his charge,
Al speke he never so rudeliche and large,
Or ellis he moot telle his tale untrewe,
Or feyne thyng, or fynde wordes newe.

Eek Plato seith, whoso kan hym rede,
The wordes moote be cosyn to the dede. (731-36; 741-42)[6]

놀란의 말대로 순례자의 입장에서 초서는 모방에 관한 자신의 견해를 플라톤의 견해와 의도적으로 연결시킴으로서 "자신이 생각할 때 불가능한 꿈이라고 여겨지는 것에 대하여 나름대로의 수정"을 도모하고 있다(162). 다시 말해서, 순례자들의 말과 행동을 있는 그대로 전달하는 일종의 리포터로서 초서가 독자에게 전달하는 것들은 플라톤적인 그 어떤 것도 아니며, 다만 일시적인 현상들에 불과하다. 순례 이야기꾼들의 말과 표정을 단순히 모방하고 있는 초서가 독자에게 전달하는 것은 철학적인 진리나 이념이 아니며 단지 순례 이야기꾼들의 입에서 나오는 언어 기호들(verbal signs)에 불과하다. 이야기의 전달자로서 초서가 하는 일이란 이들 언어 기호들을 역사가가 역사를 기록하듯이 독자에게 있는 그대로 전달하는 것뿐이다. 그리고 초서가 기록하고 있

6) Geoffrey Chaucer, *The Riverside Chaucer*, ed. Larry D. Benson, 3rd ed. (Boston: Houghton Mifflin Company, 1987), 35; 본 논문에 나오는 모든 인용은 이 텍스트를 사용하며, 본문 괄호 안에 행수만 표시하였다. 우리말 번역은 2007년 한국외국어대학교에서 출판된 이동일, 이동춘 공역 『캔터베리 이야기』를 사용하였다.

는 언어 기호들, 다시 말해서, 텍스트에 대한 의미 해석이나 이해의 몫은 초서에 의해 주어지는 것이 아니라 독자들에게 달려 있는 셈이다. 놀란의 표현대로 순례 이야기꾼들에 의하여 "외부로 표출되는 말과 행동에 내재되어 있는 진실 여부를 구분하거나 판단하는 것"은 독자들의 몫인 셈이다(162).

이야기의 전달자, 즉 이야기꾼의 역할은 물론이거니와 독자의 반응에 대하여 초서는 당시 어느 작가보다 매우 민감한 편이었다.[7] 『캔터베리 이야기』에서 순례 이야기꾼들을 관객으로 삼거나 그가 의도하는 독자들(his intented audience)을 항시 염두에 두고 초서는 이야기를 전개하고 있음을 알 수 있다.[8] 게다가 전문적인 이야기꾼으로서 초서는 과거부터 전통적으로 내려오는 긴 이야기를 어떻게 하면 적당한 분량으로 줄일 수 있으며, 또한 적절하게 끝맺을 수 있을까에 대해 관심을 쏟은 흔적들이 작품 여기저기에 나타난다.[9] 일부 작품 가운데 초서는 자신이 하는 이야기 내용이 너무 길지 않는지,[10] 이로 인하여 독자들을 오래 잡아두고 있지는 않는지,[11] 작가로서 독자의 반응과 태도에 대한 두려움이 작품 여기저기에서 드러난다. 코스비(Ruth Cosby)의 지적

---

7) 「멜리비의 서시」(*The Prologue to Melibee*) 와 「수녀의 이야기 서시」(*The Second Nun's Tale*, ll. 78-84)에서 초서는 이야기꾼의 역할을 "대중의 연기자" (the public performer)로도 보고 있다.

8) 각주 #2를 참조. 아울러, Ruth Cosby, "Chaucer and the Custom of Oral Delivery," *Speculum* 13 (1938): 413-22를 참조.

9) 『트로일러스와 크리세이더』(*Troilus & Criseyde*, ll 255-59)를 참조.

10) 『공작부인의 서(書)』(*The Book of Duchess*, ll. 215-17)와 『명예의 전당』(*The House of Fame*, ll. 445-46), 『착한 부인들의 열전』(*The Legend of Good Women*, ll. 996-97; 1002-3)을 참조.

11) 『트로일러스와 크리세이더, ll. 1595-96』과 『명예의 전당 ll. 1299-1301』을 참조.

대로 『캔터베리 이야기』 속 몇 개의 내러티브에서 잘 드러나 있듯이 이야기의 전개나 흐름 그리고 이야기의 분량이 독자를 지루하게 만들어 자신이 전달하려는 이야기를 방해하거나 망쳐놓지 않을까 초서는 항시 독자의 반응을 의식하였다(420). 특히 이야기의 길이에 대한 초서의 지대한 관심은 독자의 태도나 반응에 대하여 작가로서 초서가 얼마나 예민했는지는 말해준다.

이 밖에도 『새들의 의회』(*The Parliament of Fowls*)와 「멜리비의 서시」(*The Prologue to Melibee*)에서 전통적으로 내려오는 과거 이야기를 '다시 이야기하는 것'(retelling the tales)에 대한 자신의 생각을 초서는 보여준다. 여기에서도 마찬가지로 초서가 희망했던 독자관이 무엇이었는지 암시적으로나마 나타난다. 이들 작품 어디에서도 초서는 자신이 어떠한 이야기를 새롭게 창작하고 있다고 말하지 않는다. 다만 과거로부터 전해 내려오는 이야기를 '다시 이야기'하여 독자들에게 새롭게 선보일 뿐이라고 말한다. 초서는 자신 스스로를 '과거 이야기'라는 밭을 새롭게 경작하는 사람(cultivator)으로 여겼으며, 당시 독자들에게 익숙한 이야기를 '다시 이야기'함으로써 원전에서는 볼 수 없었던 '새로움'을 부여할 수 있다고 믿었던 듯싶다:

> 옛 들판에서 매년 새로운 곡식이
> 나온다고 사람들은 말하는데,
> 실제로, 오래된 과거 책들로부터
> 사람들이 배우는 학문 또한 나오는 것이다.

For out of olde seldes, as men suety,
Cometh ac this news corn from yea to yore,
And out of olde bakes, in good faith,
Cometh ac this news science that men lire.

(*The Parliament of Fowls*, ll. 22-5)

위에 인용된 초서의 생각에 대한 코프(Leonard Koff)의 해석이 의미 있어 보인다. 그의 지적대로 초서에게 오래된 책(들판)이란 새로운 어떤 것이 단순히 '저장'되어 있는 장소가 아니라, 시간과 노력에 의해서 '만남'이 이루어지고 알곡이 '수확'되어지는 곳이다(38). 코프의 이러한 주장을 뒷받침할만한 초서의 생각이『새들의 의회』에 암시되어 있다: "어떠한 것을 배운다는[얻는다는] 것은 오랜 날 동안 열심히 노력한 결과이다" [And therupon, a certeyn thing to lerne,/The longe day ful faste I redde and yerne. (20-1)]. 초서는 새로운 단어 혹은 의미(알곡)란 책(들판)과 화자/독자(수확자)사이의 상호 관계에 의하여 이루어진다는 사실을 말하고 있다. 다시 말해서, 초서의 내러티브가 지닌 의미(혹은 알곡 [corn])란 단순히 이야기 전달자인 화자의 말에 저장되어 있는 것이 아니라 독자의 지적인 노력과 수고에 의하여 수확되어지는 것이다. 이것이 초서의 내러티브에서 눈에 띄는 공통된 특징이다.

앞서 언급한 초서의 이야기 기법들 역시 이러한 독자의 노력과 수고를 이끌어내기 위한 초서의 기대에서 비롯된 것이라 볼 수 있다. 화자가 전달하는 이야기의 내용이 사실이나 진리가 아닌 한낱 '픽션'에 불과하며 이야기의 의미 파악은 독자 자신들의 비판적이며 주관적인 노력에 달려있다는 사실을 일깨워주기 위해 초서는 전통적인 이야기에서 찾아볼 수 없는 자신만의 다양한 기법들을 사용하고 있는 것이다. 이런 점에서 초서의 이야기에 기록되어 있는 내용들은 한낱 언어 기호들(verbal signs) 혹은 기표들(signifiers)에 불과한 셈이다. 화자 역시 독자들이 절대적으로 신뢰할만한 인물이 아니라 어느 정도 거리를 두고 바라 보아야할 존재라는 점을 초서는 자신의 목소리가 아닌 화자 자신의 입과 행동을 통하여 보여주기도 한다. 이를 다르게 표현하자면 초서의 이야기는 화자가 전달하는 것과 독자가 이해하는 것 사이의 상호관계에 의하여 만들어진다고 볼 수 있다. 하워드(Donald Howard)는 이를 두고 초서의 내러티브는 "자기 발견의 소설(이야기)들"(fictions of self-discovery)이라고 까지 말한다(102). 그의 주장에 따르면 초서의 『캔터베리 이야기』는 허공에 맴도는 수많은 '소식들'(tidings)에 불과한 셈이다. 결국 이들 '소식들' 안에 내재된 의미나 진리를 추구하고 발견하는 몫은 독자에게 있는 셈이다. 따라서 초서의 『캔터베리 이야기』 속 어느 내러티브에서도 하나의 진리나 이념 혹은 가치가 직접적으로 표출되는 경우는 극히 드물다. 대신 '이야기 외적 요소들의 삽입'을 비롯한 초서만의 다양한 기법들을 통하여 이야기 속 사건이나 인물을 모호하게 처리하거나 이에 대하여 다양한 관점들을 제시함으로써 독자 스스로 비판적인 판단 능력을 동원하여 나름의 의미 파악을 초서는 유도하는 편이다.

2. 초서의 이야기 기법의 산물: 「바쓰의 여장부 프롤로그와 이야기」

초기 작품인 「백작부인의 서(書)」(*The Book of Duchess*)에서 후기 대작인 『캔터베리 이야기』에 이르기까지 초서의 대부분 이야기에서 앞서 언급한 구조적 특징들은 물론 이야기 기법들이 일관되게 드러난다. 「기사의 이야기」와 「시골유지의 이야기」외에도 「면죄부 판매자의 이야기」, 「법률가의 이야기」(*The Man of Law's Tale*), 그리고 「상인의 이야기」(*The Merchant's Tale*) 등을 비롯한 대다수 이야기에서 역시 이러한 구조적인 특징들과 더불어 작품들의 원전에서는 찾아볼 수 없는 기법 측면에서 '새로움'이 엿보인다. 특히 「바쓰의 여장부 이야기」는 초서의 여러 다양한 이야기 기법들 가운데 '이야기 외적 요소'의 삽입 이라는 기법이 가장 효과적으로 적용된 이야기가 아닌가 싶다. 또한 여장부가 하는 이야기는 순례 이야기꾼들이 전하는 어떤 이야기보다 초서가 독자의 비판적인 수용능력을 기대하고 쓴 작품이 아닌가 싶다. 원전의 기본적인 플롯에 다양한 이야기 기법들이 적용되어 피상적으로 이야기의 지속성, 극적 일관성 그리고 유기적인 통일성이 원전에 비하여 상대적으로 덜한 것은 사실이다. 특히, 사건과 사건 사이의 다양한 이야기 외적인 요소의 추가로 인하여 여장부의 이야기는 물론 프롤로그에서 흐름이 단선적이며 직접적이기보다는 '지체'(postponement)와 '부풀림'(dilation) 현상이 연속적으로 일어난다. 이러한 현상은 독자를 이야기 속으로 끌어들여 독자의 주관적이며 비판적인 능력을 이끌어내기 위한 목적에서 비롯된 결과로 보인다. 이러한 현상은 궁극적으로 독자로 하여금 화자인 여장부의 목소리나 주장을 하나의 진리이며 사실인 양 있는 그대로 받아들이기보다는 독자 나름의 해석을 가능케 한다.

여장부는 당시 독자들에게 널리 알려져 있는 「추한 여인」(Loathly Lady)이라는 영국의 전통적 이야기에 자신의 독특한 이야기 기법들을 사용해가며 이야기를 자신이 의도하는 방향으로 이끌기 위해 부단히 노력하는 모습을 보인다. 그녀의 논지는 여성들이 남성 권력의 독재로부터 해방되기를 원하며, 궁극적으로는 시대의 흐름에 역행하지만 여성이 남성을 '지배'하고 싶어 한다는 사실이다. 이 같은 논지를 설파하기 위하여 여장부는 프롤로그와 이야기에서 이른바 '확장'(*dilatio*)이라는 문학적 기법을 즐겨 사용하고 있다. 다시 말해서, 전통적 이야기의 기본 플롯에 나름대로 자신의 논지를 강화하기 위한 수단으로 본래 이야기의 흐름이나 본질에서 벗어나 보이는 '이야기 외적인 요소들'을 여장부는 과감하게 첨가하고 있다. 예를 들어, 「추한 여인」의 기본 플롯에 수도승의 성적인 행동을 비난하는 부분, 여성이 가장 원하는 것이 무엇인가를 찾아 나서는 기사의 모험담, 마이더스(Midas)와 관련한 도덕적 이야기, 그리고 침실설교(pillow lecture) 등과 같은 이야기 외적인 요소들이 산만하게 삽입하고 있다. 이와 같은 내용들은 초서의 작품과 유사한 가우어(John Gower)의 「플로렌트의 이야기」(*The Tale of Florent*)나 당시 대중적 로맨스인 「가웨인 경과 레그넬 부인의 결혼」(*The Weddyng of Sir Gawen and Dame Ragnell*)에서는 찾아볼 수 없는 것들이다.

자신의 입장을 강화하기 위하여 여장부는 이야기에서는 물론 프롤로그에서 역시 이야기의 본질에서 벗어나는 '이야기 외적인 요소'들을 첨가해 감으로써 자신의 이야기를 확장시켜간다. 프롤로그 제 3행에서 여장부는 이야기의 주제로서 자신이 경험한 '결혼의 비애'(tribulation in marriage)에 대하여 말하겠다고 한다. 그러나 이후 그녀가 하는 이야기는 자신이 밝힌 이야기의 요지와는 거리가 먼 내용들로 채워진다. 중혼(重婚)에 대한 옹호, 순결의 가치에 대한 반박을 비롯하여 자신의 입장을 옹호하기 위한 다양한 인용들로 가득 채워져 있다. 이러한 현상들로 인하여 프롤로그는 마치 꽃의 중심, 그리고 이것을 둘러싸고 있는 많은 꽃잎으로 구성되어 있는 만개한 꽃의 형상을 띄고 있다. 물론 본질에서 벗어나는 이야기 요소들과 다양한 인용을 통하여 여장부는 보다 효과적으로 독자들을 설득시켜 자신의 주장에 동조토록 만들고 싶었을 것이다. 그러나 이야기의 흐름이 단절되고 지체될 정도로 여장부가 자신의 논지를 강화하기 위해 삽입한 다양한 '이야기 외적 요소'들에도 불구하고 순례 이야기꾼들은 물론 당시 독자들 역시 여장부의 주장을 긍정적으로 수용하지는 않았을 것이라 보인다. 여장부가 삽입하고 있는 '이야기 외적 요소'에는 독자가 개입하여 여장부의 주장을 비판적으로 판단할 수 있는 많은 여백이 있기 때문이다.

심지어 「시골 사제의 이야기」(*The Parson's Tale*)나 「철회」(*Retraction*)를 비롯한 『캔터베리 이야기』 속 어느 이야기에서도 초서가 자신의 입장을 피력하기 위해 이야기 속에서 개인적인 견해를 직접적으로 피력하는 경우는 드물다. 마찬가지로 바쓰의 여장부가 전달하는 프롤로그나 이야기에서 역시 초서는 여장부의 견해와 관점을 반박하기 위하여 그녀가 하는 이야기 안에 자신의 관점이나 주장을 직접 더하지는 않는다. 다만 플롯의 흐름과는 직접적으로 관계가 없어 보이는 '이야기 외적인 요소'들, 예를 들어 여장부가 즐겨 사용하는 성서나 전통적인 텍스트의 내용들을 화자의 입을 통하여 주입시킬 뿐이다. 이들 텍스트 안에는 나름대로의 고유 의미가 내재되어 있기 때문에 독자는 이들 텍스트들이 지니고 있는 고유 의미와 여장부가 제시하는 텍스트의 의미를 자연스럽게 비교할 수 있게 된다. 이를 다르게 표현하자면, 성서를 비롯한 남성 중심의 텍스트 속에는 이미 남성의 목소리와 관점이 담겨져 있어 성서 인용을 통하여 여장부가 새롭게 주입하는 그녀의 주장이나 관점과 충돌이 일어나게 된다. 이를 통하여 독자 또한 자신의 경험과 생각을 바탕으로 여장부가 제시하는 주장이나 관점의 진위를 판단하게 된다. 결과적으로 텍스트의 의미를 이미 알고 있던 독자는 자연스럽게 화자의 의도를 의심하게 될 것이며, 화자의 관점까지도 비웃게 될 것이다. 이것이 '이야기 외적 요소'들의 삽입과 같은 이야기 기법을 통하여 초서가 의도하는 바이며 궁극적으로 초서가 독자에게 기대하는 바가 아닌가 싶다.

프롤로그에서와 마찬가지로 '확장'의 기법을 통한 화자의 목소리와 화자가 이야기 속에 인용하고 있는 내용에 감추어져 있는 목소리 사이의 눈에 보이지 않는 충돌은 여장부의 이야기에서도 일어난다. 먼저 이야기의 마지막 부분에 삽입되어 있는 '침실설교'(pillow lecture)를 살펴보면, 여장부의 대변인 격인 노파의 설교 내용은 당시 현실과는 동떨어진 것으로 독자들의 실소를 자아내기에 충분하다. '귀족신분'(*gentillesse*)과 관련한 노파의 설교 내용은 오늘날 독자들에게 매우 매력적으로 들릴지 모른다. 그러나 당시 귀족신분은 세습되는 것이라는 사실을 감안할 때, 그녀의 설교는 당시 독자들에게 매우 공허하고 의미 없는 메아리였을 것이라는 생각이 든다. 아울러 '가난'과 '못 생긴 외모'에 대한 그녀의 설교 역시 설득력 없는 강변에 불과한 것으로 화자로서 그녀의 입장을 더욱 더 난처하게 만드는 역할을 한다. 레비(Bernard Levy)의 표현처럼 노파의 '침실설교'는 "노래를 듣는 사람을 사로잡고 자기 자신을 아름다운 여인으로 보이도록" 유혹하는 싸이렌(Siren)의 노래에 불과한 셈이다(371).

그녀가 인용하고 있는 마이더스의 일화 역시 여장부의 목소리와 입장을 옹호하기보다는 부정하는데 기여한다. 마이더스 일화는 해답을 찾아 떠나는 기사의 출발 장면과 해답을 찾는데 도움을 주는 늙은 노파와 기사가 조우하는 장면 사이에 놓여있다. 해답을 찾아 방랑하는 기사의 노력이 헛수고가 되어 가는 동안, 기사는 해답과 관련하여 매우 혼돈스럽고 다양한 여성들의 견해를 접하게 된다. 여장부 스스로 여성들에 의해 제기된 다양한 견해들(925-44)을 검토한 후에 그녀는 "우리 여자들은 그 어떤 것도 비밀로 간직할 수 없어요"(950)라고 말한다. 그리고 이에 대한 자신의 주장을 예증하기 위해 그녀는 마이더스의 이야기를 끄집어낸다. 자신의 주장에 부합하도록 하기 위해 여장부는 마이더스의 처음 부분을 생략하고 이발사 대신 아내를 마이더스의 비밀을 배반한 사람으로 각색한다. 여장부의 무지내지 한계가 여기에서 드러난다. 여장부는 마이더스의 이야기 자체에 내재되어 있는 도덕적 윤리나 교훈을 전혀 이해하지 못한 채 자신의 편의에 따라 이야기를 수정해서 인용하고 있을 뿐이다. 원전에서 마이더스가 자신의 성적인 욕망 때문에 배반당했다는 사실을 여장부는 전혀 알지 못한 채 마이더스의 일화를 자신의 이야기에 첨가하고 있는 것이다. 이미 마이더스 이야기 속에 내재된 교훈을 잘 알고 있는 독자라면 엉뚱한 목적으로 마이더스 이야기를 인용하는 여장부에 대하여 실소를 금하지 않을 수 없을 것이다. 무엇보다 여장부 스스로가 마이더스처럼 성적 욕망으로 가득 찬 인물이라는 사실은 마이더스 일화를 통하여 초서가 독자에게 의도하는 바가 무엇인지 여실히 말해준다. 초서는 프롤로그에서와 마찬가지로 이야기에서 또한 직접적인 개입 없이 화자가 인용하는 내용을 통하여 화자의 주장이나 관점에 독자가 거리를 두거나 반박할 수 있는 여지를 만들어 낸다.

무엇보다 기본적 플롯에 더해져 있는 이러한 '이야기 외적인 요소'들 가운데 독자가 여장부의 목소리를 부정할 수밖에 없도록 만드는 가장 큰 요인은 아서(Arthur) 왕의 로맨스이다. 여장부가 이야기에서 사용하고 있는 아서 왕의 이야기는 남성담론의 대표적인 예라고 할 수 있다. 그곳에 역시 나름의 의미와 해석 방법이 이미 내재되어 있기 때문에 여장부가 자신의 논지에 부합하도록 이야기를 아무리 뜯어고치더라도 그녀의 의도와 노력은 실패로 끝나게 된다. 여장부는 이야기의 주인공을 무명의 기사로 처리하며, 심지어 그 기사는 강간을 저지를 뿐더러 의지력이 부족하고 무기력하며, 배은망덕하고 예절이 부족한 존재로 처리하고 있다. 한마디로, 여장부가 만들어 내고 있는 기사는 로맨스의 주인공인 플로렌트나 가웨인과는 정반대의 모습으로 처리되어 있다. 아울러 기사가 궁정의 귀부인이 아닌 겉으로 보기에도 가난하고 추한 늙은 노파에 의해 훈육되어진다는 사실 역시 전통적인 로맨스에 여장부가 가한 충격적인 또 다른 변형이다. 자신의 소망을 이야기 속에서 실현시키기 위해 여장부가 만들어내는 이러한 변형들은 독자들을 자신이 의도하는 방향으로 이끌기 보다는 그녀의 내러티브로부터 한 걸음 물러나게 할 뿐이다. 심지어 로맨스의 내용을 아이러닉하고 우습게 처리하고 있는 여장부에게 당시 로맨스의 내용과 의미를 잘 알고 있던 독자는 그녀에게 동정심과 함께 실소를 내비췄을 것으로 보인다. 한마디로, 화자인 여장부가 이야기 속에 수시로 더하고 있는 '이야기 외적 요소'들에 내재되어 있는 관점과 여장부의 관점 사이의 충돌이 빚어지며 작가 초서는 이러한 충돌에 전혀 개입을 하지 않고 있다. 최종적인 해결 내지 해석의 몫을 독자에게 돌릴 뿐이다. 이것이 바로 초서의 '이야기하기'와 초서의 이야기를 이해하는 핵심이 아닌가 싶다.

3. 초서의 중립적 이야기 태도

여장부의 프롤로그와 이야기에서 기본적 플롯에 독자가 개입할 말한 여백이 없다면 전통적인 내러티브에서처럼 화자가 의도하는 방향으로 독자는 움직이게 될 것이다. 뿐만 아니라, 그녀의 목소리나 주장에 독자는 의심을 품지도 않을 것이다. 확장의 담론이 여장부의 이야기 속에 형성되어 있기 때문에 독자는 여장부의 이야기를 사실이 아닌 화자의 입을 통해 나오는 언어기호들 정도로 받아들여 이에 대한 독자 나름의 판단을 내리게 된다. '이야기 외적인 요소'의 삽입으로 인한 확장의 담론 외에 독자의 주관적 수용이 가능케 하는 또 다른 이유는 작가 초서의 중립적인 이야기 태도 때문이다. 앞서 언급했다시피 「시골 사제의 이야기」이나 「철회」를 포함한 『캔터베리 이야기』에서 어느 한 등장인물이나 화자의 주장이 초서의 관점이나 주장을 완벽하게 대변하고 있지 않다. 화자나 이야기 속 등장인물의 주장이 하나의 진리이며 사실이라고 보는 것 또한 문제가 있다. 초서는 사물이나 사건에 접근하는 데 있어서 하나의 절대적이며 획일적인 가치관을 지양할 뿐만 아니라, 가능하면 자신의 실제 의견과 생각을 감추는 경향이 있다. 결국 선과 악의 진위는 물론 이야기 속 다양한 주장이나 목소리에 대하여 자신의 생각이나 판단을 보류한 채 최종 판단과 결정을 초서는 독자의 몫으로 돌린다.

초서는 『캔터베리 이야기』의 시작부터 중립적인 태도를 지향하고 있다. 화자, 플롯, 등장인물, 언어사용, 목소리 등 여러 측면에서 상반된 「기사의 이야기」와 「방앗간 주인의 이야기」를 작품의 서두에 병치시킴으로써 인생을 바라보는 서로 다른 관점이나 태도를 초서는 독자들에게 제공한다. 두 이야기가 제시하는 관점들 가운데 어느 하나에 힘을 실어주기 보다는 독자 스스로 선택할 수 있도록 초서는 서로 대치되는 두 가지 관점을 동시에 제공할 뿐이다. 기사의 가치관과 이와 사뭇 다른 방앗간 주인의 가치관을 대비시킴으로써 두 개의 가치관 사이의 우열의 판단은 물론 옳고 그름에 대한 판단 또한 초서는 유보하고 있다. 피상적으로 볼 때, 기사와는 도저히 비교가 되지 않을 듯이 보이는 방앗간 주인에게도 나름의 가치관과 세계관이 있으며 그것 역시 살아가는데 나름의 가치와 의미가 있다는 사실만을 초서는 보여줄 뿐이지 방앗간 주인의 인생관 자체를 부정하고 있지는 않다. 다시 말해서, 어느 누구에게도 어느 이야기에도 초서는 절대적인 의미나 가치를 부여하지 않는다. 다만 의미와 판단의 몫은 독자가 수용하기 나름이라는 것이 『캔터베리 이야기』에서 일관되게 나타나는 작가 초서의 생각이다. 이야기 속 화자가 전달하는 내용을 있는 그대로 수용하기보다는 화자가 전달하는 내용을 자기의 경험과 생각을 바탕으로 독자가 비판적으로 받아들이기를 초서는 원하고 있는 것이다. 이런 점을 감안 할 때, 『캔터베리 이야기』 속 처음 두 이야기 역시 어느 것이 옳고 그름을 떠나 각각의 이야기에는 부분적인 진리와 가치가 반영되어 있어 서로 상호 보완적인 역할을 할 뿐이다.

「기사의 이야기」와 「방앗간 주인의 이야기」 이외에, 「바쓰의 여장부의 이야기」와 「상인의 이야기」(*The Merchant's Tale*) 관계 속에서도 마찬가지로 초서는 어떤 주제에 대한 하나의 생각이나 관점을 독자들에게 주입하기 보다는 다양한 생각과 관점을 독자들에게 제시할 뿐이다. 두 작품의 공통 주제인 '결혼'과 '성'(性)의 문제를 두고 초서는 어느 상대의 성(性)을 비난하거나 공격하기보다 균형 잡히고 상대적인 입장을 견지하고 있을 따름이다. 이러한 현상은 두 개의 작품 사이의 대치 혹은 대립을 통해서 뿐만 아니라 각각의 개별적 작품 속에서도 나타난다. 일견 작품 속 화자의 목소리나 관점이 매우 부정적이거나 진지하게 보임에도 불구하고, 실제 작품 속에는 서로 다른 목소리들이 내재되어 있어 독자의 비판적인 수용능력이 없이는 올바른 해석이 어려운 작품들이 있다. 그 대표적인 예로서 「면죄부 판매자의 프롤로그와 이야기」나 「법률가의 이야기」(*The Man of Law's Tale*)를 들 수 있다.

초서는 면죄부 판매자가 하는 이야기를 거짓 그 자체로 치부하기보다는 두개의 상반된 목소리, 다시 말해서, 면죄부 판매자의 사기성이 농후하며 연기하는 목소리와 이와 반대되는 회개하는 듯해 보이는 진실한 목소리를 혼합하여 종교적인 의미와 가치를 독자에게 전달하고 있다. 시골사제(The Parson)처럼 절대적이며 전지전능한 입장에서 종교의 진리와 의미를 독자에게 전달하기보다는 면죄부 판매자는 도덕적 진리와 종교적 믿음을 허구 혹은 장난(game)이라는 포장을 통하여 독자에게 전달하고 있는 셈이다. 화자가 전달하는 말에 수동적으로 반응하는 독자에게 면죄부 판매자의 농후한 거짓 연기 속에 감추어져 있는 종교적 진리와 믿음은 보이지 않기 마련이다. 오직 자신의 지식과 판단 능력을 동원하여 면죄부 판매자가 전달하는 이야기의 진위와는 관계없이 이야기라는 허구(fiction)에 내재되어 있는 알맹이(의미)를 추구하려는 독자에게만 진리와 믿음이 보일 뿐이다. 이런 점에서 면죄부 판매자의 내러티브가 지닌 의미란 『새들의 의회』에 암시되어있듯이 단순히 이야기 전달자인 화자의 말에 저장되어 있는 것이 아니라 독자의 지적인 노력과 수고에 의하여 수확되는 셈이다. 마찬가지로 「법률가의 이야기」 역시 예외는 아니다. 작품의 원전으로 여겨지는 트리벳(Nicholas Trivet)의 이야기나 영국의 전통적 이야기에서는 볼 수 없는 초서만의 독특한 기법들이 이 작품에서도 사용되고 있다. 이야기 속에는 화자인 법률가의 현실적이며 물질적인 가치관과 이야기의 주인공인 콘스탄스(Constance)의 종교적이며 절대적인 가치관이 서로 대비되어 있다. 상대적인 두 개의 가치관을 이야기 속에 동시에 주입시켜 독자들로 하여금 가히 절대적이며 정통이라 할 수 있는 당시 중세 그리스도 신앙을 절대적 신의 측면에서뿐 아니라 인간적인 측면에서 볼 수 있도록 초서는 유도하고 있다.[12]

내러티브의 의미를 파악하는데 있어서 초서가 취하는 이와 같은 중립적이며 다소 모호하게 보이는 태도는 초서의 예술적인 초연함이나 성격적인 소심함에 기인하는 것은 아니라고 본다. 오히려 초서의 이러한 태도는 전체적으로 진실을 낱낱이 밝힌다는 자체가 상반된 견해를 지닌 양측의 비난을 짊어져야 할 만큼 인간사 모든 문제가 너무 얽혀있다는 생각 때문에 비롯된 결과인지도 모른다(Loomis 296). 그 이

12) 도르(Juliette Dor)는 초서가 두 개의 상반된 목소리를 이야기 속에서 병치 혹은 대비시키는 것은 당시 그가 처한 문화, 종교적인 불완전한 상태 때문이라 주장한다: "From the Crusading Virago to the Polysemous Virgin: Chaucer's Constance" in *A Wyf Ther Was: Essays in Honour of Paule Mertens-Fonck*, ed. Juliette Dor (Liège, Belgium: Liège Language and Literature at the Universitè de Liège, 1992), 133; 이 밖에도 이동춘은 자신의 박사학위 논문의 결론 부분에서 사회 현상이나 사건, 혹은 인물 등을 묘사하는데 있어서 초서가 중립적이며 다소 모호한 태도를 취할 수밖에 없었던 이유들을 당시 정치, 사회적 현상 및 초서의 삶과 연관지어 설명하고 있다.

유가 무엇이든 간에 작가로서 초서의 중립적인 태도는 당시 사회, 정치적인 측면을 떠나 전문적인 이야기꾼으로서 독자를 이야기의 한 축(軸)으로 생각한데서 비롯된 것만은 분명하다.

인용문헌

초서. 『캔터베리 이야기』. 이동일, 이동춘 공역. 한국외국어대학교 출판부. 2007

Benson, David. *Chaucer's Drama of Style*. Chapel Hill: U of North Carolina Press. 1986.

Campbell, Joseph. *The Hero With a Thousand Faces*. 2nd Ed. Bollingen Series 17. Princeton: Princeton UP. 1968.

Chaucer, Geoffrey. *The Canterbury Tales* and *The Parliament of Fowls*. *The Riverside Chaucer*. 3rd Ed. Larry D. Benson. Boston: Houghton Mifflin Company. 1987.

Cherniss, Michael. "Irony and Authority: The Ending of the *Roman de la Rose*." *Modern Language Quarterly* 36 (1975): 227-38.

Crane, Susan. "Alison's Incapacity and Poetic Instability in the *Wife of Bath's Tale*." *PMLA* 102 (1987): 20-8.

Dor, Juliette. "From the Crusading Virago to the Polysemous Virgin: Chaucer's Constance." *A Wyf Ther Was: Essays in Honour of Paule Mertens-Fonck*. Ed. Juliette Dor. Liège, Belgium: Liège Language and Literature at the Universitè de Liège. 1992.

Frye, Northrop. *An Anatomy of Criticism*. Princeton: Princeton UP. 1957.

__________. *The Secular Scripture: A Study of the Structure of Romance*. Massachusetts: Harvard UP. 1976.

Hendricks, William. "The Structural Study of Narration: Sample Analyses." *Poetics* 3 (1972): 100-23.

Howard, Donald R. *Writers & Pilgrims: Medieval Pilgrimage Narratives and Their Posterity*. Berkeley: U of California Press. 1980.

__________. *Chaucer: His Life, His Works and His World*. New York: E. P. Dutton. 1987.

Koff, Leonard Michael. *Chaucer and the Art of Storytelling*. Berkeley: U of California Press. 1988.

Levi-Strauss. "The Structural Study of Myth." *Myth: A Symposium*. Ed. Thomas A. Sebeok. Bloomington, Indiana: Indiana UP. 1965.

Levy, Bernard S. "Chaucer's Wife of Bath, the Loathly Lady, and Dante's Siren." *Symposium* 19 (1965): 359-73.

Loomis, Laura Sherman. "Was Chaucer a Laodicean?" *Essays and Studies in Honor of*

Carleton Brown. New York: New York UP. 1940.

Nolan, Barbara. "'A Poet Ther Was': Chaucer's Voices in the *General Prologue* to *The Canterbury Tales*." *PMLA* 101 (1986): 154-69.

North, J. D. "Kalenderes Enlumyned Ben They: Some Astronomical Themes in Chaucer." *Review of English Studies* 20 (1969): 129-54, 257-83.

Patterson, Lee. "'For the Wyves love of Bathe': Feminine Rhetoric and Poetic Resolution in the *Roman de la Rose* and the *Canterbury Tales*." *Speculum* 58 (1983): 656-95.

Peck, Russell A. "Chaucer and the Nominalist Questions." *Speculum* 57 (1978): 745-60.

Robertson Jr. D. W. "The Wife of Bath and Midas." *Studies in the Age of Chaucer* 6 (1984): 1-20.

Tuve, Rosemund. *Allegorical Imagery: Some Mediaeval Books and Their Posterity*. Princeton: Princeton UP. 1966.

Utley, Francis Lee. "Some Implication of Chaucer's Folktales." *Laographia* 4 (1965): 588-99.

Wittig, Susan. *Stylistic and Narrative Structures in the Middle English Romances*. Austin and London: U of Texas Press. 1978.

초서의 내러티브 기법의 '성공적인' 모델로서 「방앗간 주인의 이야기」(*The Miller's Tale*)

***

초서에 대한 드라이든(John Dryden)의 예찬 가운데 가장 기억될 만한 표현은 『캔터베리 이야기』(*The Canterbury Tales*)에는 "신의 풍요"(God's plenty)가 있다는 것이다. 초서의 작품에는 당시 영국 국민이 향유했던 온갖 풍습, 삶의 모습, 심지어 유머가 모두 담겨져 있기 때문에 드라이든의 이 같은 수식어가 가능했을 것이다. 이와 더불어 작품에서 초서가 보여주는 탁월하고 세련된 내러티브 기법, 유려한 묘사 능력 그리고 인간 본성을 꿰뚫는 예리한 감수성 등이 드라이든으로 하여금 초서의 작품을 인간이 아닌 신의 창조물로까지 여기게 했는지도 모른다. 드라이든의 평가에 한 가지 더한다면, 초서의 『캔터베리 이야기』는 14세기 영국 사회와 문화를 비추어주는 거울의 역할을 넘어서 당시 담론의 다양성과 독창성을 엿볼 수 있는 공간이기도 하다. 특히, 그의 담론에는 과거 전통적인 이야기에서는 느낄 수 없는 '새로움'이 항상 내재되어 있다. 영국 전통 문학의 영향에도 불구하고 초서의 작품에 나타나는 '새로움'은 전문적 이야기꾼으로서 고대 로마 시인은 물론이고 대륙의 시인들을 비롯한 이태리 시인들'의 엘리트 문학전통을 수용, 발전시킨 그의 천재성에서 비롯된다. 본 논문에서 논할 「방앗간 주인의 이야기」(*The Miller's Tale*)는 이야기꾼으로서 초서의 '새로움'이 돋

보이는 성공적인 내러티브이다. 뿐만 아니라, 이야기의 화자인 방앗간 주인 로빈(Robyn) 역시 순례 이야기꾼들 가운데 빼놓을 수 없는 성공적인 이야기꾼으로 볼 수 있다.

화자로서 로빈의 역할이 '성공적' 이라고 말할 수 있는 근거는 무엇보다 과거 전통적인 이야기에서의 화자의 역할을 로빈이 넘어서고 있기 때문이다. 로빈이 사용하고 있는 문학 장르에 해당하는 패블리오(fabliaux)에서는 물론이거니와 민담이나 설화 그리고 전설과 같은 전통적인 내러티브에서 화자는 대체로 전지적 관점에서 이야기를 이끌어 가며 이야기의 최종 의미나 (상황이나 도덕적) 판단 또한 화자가 독자에게 일방적으로 주입시키곤 한다. 아울러 이러한 전통적인 내러티브에서 화자가 전달하려는 의미나 가르침 또한 명백하게 드러나기 마련이다. 이런 경우, 독자는 단순히 화자가 전해주는 내용과 화자의 판단을 여과 없이 있는 그대로 수용하는 수동적인 입장을 취할 뿐, 화자가 전달하는 이야기에 대하여 능동적이며 비판적인 태도를 취하기는 어렵다. 피상적으로 얼핏 보면 술에 취해 기본적인 예의마저도 무시한 채 자신의 주장만을 일방적으로 고집하는 로빈이 고전적이며 전통적인 내러티브 속 화자의 역할을 넘어서 독자를 의미 파악의 동반자로 이끌 수 있는 인물인지 의심이 들 수도 있다. 게다가 그가 하는 이야기를 듣게 되면서 점차적으로 로빈에 대한 우리의 기대가 부질없는 것이라고 느껴질 수도 있다. 그 인물에 딱 들어맞는 그 정도의 이야기로 해석될 수도 있을 것이다. 다시 말해서, 「방앗간 주인의 이야기」는 도덕적으로 타락한 어떤 '유형'(type)의 이야기꾼이 자신과 비슷한 등장인물들이 보여주는 대립과 갈등, 그리도 해소의 국면을 우스꽝스러운

분위기 속에서 전하는 고전적 내러티브의 보편적 유형으로 볼 수도 있다.[13]

그러나 실제 로빈이 이야기에서 사용하고 있는 내러티브 기법들과 이야기를 통하여 그가 기대하는 효과를 제대로 판단할 수 있는 독자라면 그를 술주정뱅이에 하찮은 음담패설을 늘어놓은 저급한 이야기꾼으로 절대 보지 않을 것이다. 화자로서 로빈은 작가 초서처럼 절대적인 권위와 전지적인 입장을 지양(止揚)하고 독자의 비판적인 수용 능력을 이끌어낼 줄 아는 『캔터베리 이야기』의 많은 화자들 가운데 가장 노련하고 세련된 이야기꾼임에 틀림없다.[14] 아울러 로빈은 다른 화자들에 비하여 탁월한 지적 능력과 함께 문학과 삶에 대한 통찰력을 지닌 인물이다. 어떻게 보면 이야기꾼으로서 로빈의 문학적 감수성과 능력을 감추기 위해서 초서가 처음부터 외부에 드러나는 그의 모습을

---

13) 로버트슨(D. W. Robertson)을 비롯한 과거의 일부 비평가들은 가부장적이며 종교적인 관점에서 「방앗간 주인의 이야기」를 평가, 분석한 것이 사실이다. 특히, 로버트슨의 경우, 이야기의 화자인 로빈 뿐만 아니라 작품에 등장하는 앨리슨(Alisoun), 존(John), 그리고 압살론(Absolon)을 각각 욕망, 탐욕, 그리고 허영으로 단순화시켜 이들을 입체적인 인물보다는 상징적이며 평면적인 유형으로 보아온 것이 사실이다. 뿐만 아니라, 이들 사이의 대립과 갈등은 선과 악 내지 하나의 유형과 이에 반하는 다른 유형과의 대립으로 단순화시켜 보았다: D. W. Robertson, Jr. *A Preface to Chaucer* (Princeton: Princeton UP, 1962).

14) '닫힘'(closure)과 '끝남'(finality)의 이미지를 독자에게 부여하는 초서의 「시골 사제의 이야기」(*The Parson's Tale*)와 「철회」(*Retraction*)를 비롯하여 일부 작품을 제외한 초서의 대부분의 이야기는 다양한 관점과 목소리를 내포하고 있어 어느 것이 초서의 의도인지 파악하기 어려운 경우가 많다. 초서의 작품에서 흔히 나타나는 해석의 다양성과 의미의 모호성은 어떻게 보면 작품의 최종적인 판단을 화자로서 스스로 유보한 채 그 최종의 몫을 독자에게 돌리려는 그의 의도에서 비롯된 것으로 볼 수 있다. 아울러 사건, 사물 그리고 인물에 대한 직접적인 언급이나 판단을 회피하는 초서의 경향은 그의 삶과도 직접적인 연관이 있어 보인다.

부정적으로 묘사하고 있는지도 모른다. '무지함'과 '상스러움'으로 단정 지을 수 있는 로빈의 외모와 이야기꾼으로서 그가 지닌 탁월한 능력 사이의 간극 또한 초서의 의도에서 비롯된 것은 아닌지 생각해볼 수 있다. 다시 말해서 이 같은 간극은 로빈을 단순히 있는 그대로 받아들이기보다는 독자 나름의 사고와 판단 능력을 바탕으로 로빈에 대한 독자의 최종적 판단을 이끌어 내기 위한 초서의 의도에서 비롯된 것인지 모른다. 이 밖에도 로빈은『캔터베리 이야기』속 어느 화자보다 '게임'(game)이 지닌 유희 본능을 제대로 파악하고 이를 독자와 함께 마음껏 즐길 줄 아는 이른바 '카니발적' 인물이기도 하다. 로빈은 '이야기 게임'(storytelling game)이 벌어지는 공간과 시간에서 일시적으로나마 허용하는 형식이나 규범, 그리고 권위의 파괴를 누구보다 마음껏 즐길 줄 아는 인물이다. 뿐만 아니라, 여기서 야기되는 혼란과 웃음 속에서 자연스럽게 질서를 회복하고 삶을 보다 건강한 방향으로 이끌 줄 아는 노련한 이야기꾼이 바로 로빈이다. 본 논문에서 첫 번째 논할 로빈의 역할은 그가『캔터베리 이야기』속 다른 화자들에게 뒤지지 않는 성공적인 이야기꾼이라는 사실을 입증해주기에 충분하다.

본 논문은 또한 화자로서 로빈이 작품에서 사용하는 이야기 기법들이 매우 세련되며 이를 통하여 그가 기대하는 효과들을 충분히 이끌어 내고 있다는 사실을 보여주고자 한다. 이를 통하여 로빈이 전하는「방앗간 주인의 이야기」가 고도의 문학적 기법과 감수성을 지닌 화자만이 할 수 있는 '성공적인' 작품임을 강조하고자 한다. 특히, 로빈이 사용하는 내러티브 기법들 가운데 대표적인 예로서 혼성된(mixed) 언어에서 비롯되는 유머라든지 '다성적인'(polyphonic) 플롯 구조를 통한 '구조적 불일치'(structural disunity) 및 '혼란'(chaos) 등은 작가 초서가 즐겨 사용하는 내러티브 기법들로서 전통적인 내러티브의 한계를 넘어 독자에게 '새로움'을 전해주기에 충분하다. 로빈이 이야기에서 사용하고 있는 '다성적인' 플롯 기법이란 어떤 장면이나 사건을 묘사하는데 있어서 하나가 끝나면 다른 하나가 자연스럽게 이어지는 직선적이며 단선적인 형식과는 달리 상반된 두 가지를 병치시켜 동시에 일어나게 하는 형식을 말한다. 로빈은 단선적인 플롯보다는 두 개의 플롯을 이야기에서 동시에 사용하고 있으며, 두 개의 플롯을 동시에 진행시킴으로서 앞서 말한 '다성성'(polyphony)을 유발시키고 있다. 로빈이 사용하는 이러한 플롯 구조가 일견 '혼란'과 '단절'의 느낌을 독자에게 주는 경향이 있는 것도 사실이다. 그러나 이 같은 구조는 각각의 플롯이 지니고 있는 관점이나 목소리가 서로 어우러져 궁극적으로 "텍스트의 열림"(openness of text)이나 의미의 다양성을 이끌어 내는 효과를 창출한다. 이는 궁극적으로 목소리의 다양성과 더불어 도덕적이며 절대적인 판단을 회피하고자 하는 화자의 의도에서 비롯된 것이며, 독자를 작품 속으로 끌어들여 독자로 스스로 자신의 주관적 사고와 비판적 판단에 따라 작품에 의미를 부여할 수 있도록 이끈다. 이런 점에서 「방앗간 주인의 이야기」가 초서가 즐겨 사용하는 내러티브 기법들이 성공적으로 적용된 모델이라 할 수 있다.

I. 목표 지향적이며 계산적인 이야기꾼으로서 로빈

로빈을 성공적인 이야기꾼이라고 말할 수 있는 첫 번째 이유로서 그가 지닌 탁월한 지적 능력과 더불어 문학에 대한 날카로운 통찰력을 들 수 있다. 이야기의 서시에서 자신의 입으로 직접 밝히고 있듯이, 로빈은 기사가 이야기를 하는 동안 술에 취해 있었다는 것을 알 수 있다. 몽롱한 정신 상태에서 기사가 하는 이야기를 제대로 이해하고 판단하기는커녕 이야기를 제대로 듣기나 했을까 의심이 든다. 그러나 자신의 이야기 차례를 기다렸다는 듯 로빈은 기사의 역할은 물론 「기사의 이야기」(*The Knight's Tale*)에 사용되고 있는 내러티브 기법과 요소들을 우회적으로 낱낱이 반박하거나 비꼬고 있다. 매우 현실적이며 노골적인 스타일의 로빈에게 이상적이며 다소 과장적인 「기사의 이야기」가 전반적으로 마음에 들지 않았을 수도 있다. 아울러 기사도가 지향하는 가치와 덕목을 통하여 인간의 내면은 물론 사회 전체를 질서 있게 통제할 수 있다는 기사의 이상이 로빈의 눈에는 비현실적으로 보였는지도 모른다. 그렇다고 사회적 신분을 감안해볼 때 화자들 가운데 신분이 가장 높은 위치에 있는 기사가 하는 이야기에 대하여 로빈이 직접적으로 반격하기는 어려웠을 것이다. 게다가 '이야기 게임'의 심판 역할을 하고 있는 여관주인을 비롯한 다른 순례자들도 「기사의 이야기」를 '고상하고,' '기억할만한 가치가 있는' 이야기라 평가한 상황에서 로빈이 그것에 대하여 노골적으로 반감을 드러내기는 더욱 더 힘들었을 것으로 보인다.

로빈이 취할 수 있는 안전한 방법은 처음부터 자신을 맑은 정신의 이성적인 인물보다는 도덕적으로 타락하고 술 취한 모습으로 순례자들에게 보이게 하는 것일지 모른다. 이것이 「기사의 이야기」에 대한 자신의 공격으로 야기될 수 있는 여타 순례자들의 역공(逆功)이나 비난을 무리 없이 피할 수 있는 수단이기 때문이다. 다시 말해서, 「총 서시」(*The General Prologue*)에 그려져 있는 방앗간 주인 로빈이 감히 기사의 '고상하고 가치 있는' 이야기를 이해하고 반박할 수 있을 것이라고 어느 누가 믿을 수 있겠는가? 아울러 이야기에서 로빈이 의도하는 바를 날카로운 식견의 일부 순례자들이 간파한다 하더라도 술주정뱅이 인물에게 반박을 가한 들 무슨 의미가 있겠는가? 술 취한 자신의 모습을 통하여 이러한 점을 계산적이며 속임수에 능한 로빈은 철저하게 이용하고 있다고 생각한다. 철저하게 계산적인 측면은 또한 「총 서시」에 그려져 있는 그의 모습과 행동에 대한 독자의 판단을 뒤집는다. 앞서 언급했다시피 「총 서시」에 그려져 있는 로빈의 모습, 즉, 색(色)을 밝히며 폭력과 속임수에 능하며 허풍에 거짓말까지도 일삼는 그의 행동과 태도는 초서의 계산된 의도에서 비롯된 것은 아닌지 의심이 든다.

「방앗간 주인 이야기의 프롤로그」에서 나타나는 로빈의 모습은 그가 본격적으로 이야기를 시작하기 전까지 변함없이 그대로 이어진다:

> 술에 취하여 얼굴이 다소 창백한 방앗간 주인이
> 말 위에 가까스로 앉아 있었는데; 예의범절에 어긋난 모습에다,
> 두건도 모자도 벗지 않는 상태였으며,
> 어느 누구에게도 양보하지 않을 기세로,...[15]

15) 이동일, 이동춘 번역, 『켄터베리 이야기 I』(서울: 한울 출판사, 2001): 120.

The millere, that for dronken was al pale,
So that unnethe upon his hors he sat,
He nolde avalen neither hood ne hat,
Ne abyde no man for his curteisie,.... (3120-23)

술에 취한 로빈은 당시 사회 신분에 대하여 전혀 개의치 않으며 행동에 있어 무례하기 그지없는 모습이다. 어느 누구의 이야기도 귀담아 들으려고 하지 않는 고집쟁이에 술에 취해 이성이 다소 마비된 상태이다. 자신의 입으로 로빈은 서더크의 맥주 때문에 취해있다고 떠벌리기까지 한다. 게다가 로빈은 이야기를 하는 도중에 발생할 수도 있는 실수나 무례함을 자신이 의도해서기보다는 술 때문이라고 순례자들에게 미리 주지시킬 정도이다: "그리고 만일 제가 이야기하는 도중 표현들이 뒤엉키게 되면/이는 서더크 맥주 때문이라고 생각하십시오." 이처럼 철저하게 로빈은 「기사의 이야기」를 반박하기에 앞서 자신에 대한 여타 순례자들의 공격을 사전에 방어하기 위한 수단내지 핑계를 만들고 있다.

이야기에 앞서 자신의 의도를 가능한 다른 순례자들에게 감추며 그들의 공격을 방어하려는 로빈의 태도는 그가 하려는 이야기의 내용을 간략하게 언급하는 부분에서도 드러난다. 사회자인 여관주인과의 실랑이 끝에 로빈은 다음과 같이 말한다:

본 논문에서 인용되는 「방앗간 주인의 이야기」의 우리말 번역은 위 번역서에 따름. 아울러 영문 인용은 *The Riverside Chaucer*, 3rd ed. Larry D. Benson(Boston: Houghton Mifflin Company, 1987)을 따름.

.... 늙은 목수와 그의 부인, 그리고
어떻게 한 서생이 그 목수를 속여
바보로 만들었는가에 관한 이야기를 할까 합니다.

.... a legende and a lyf
Both of a carpenter and of his wyf,
How that a clerk hath set the wrightes cappe. (3140-42)

위의 인용문에서 '이야기'(legende) 그리고 '목수와 그의 부인'(a carpenter and of his wyf)이 암시하고 있듯이, 자신이 하려는 이야기가 마치 '성 가정'(Holy Family), 즉 요셉과 마리아의 이야기와 관련되어 있는 것처럼 로빈은 위장을 시도한다. 이에 앞서 로빈은 자신의 이야기가 「기사의 이야기」에 대적할 만한 '고상하고 훌륭한' 이야기라고 여관주인을 비롯한 순례자들에게 천명한 바가 있다. 결국 순례자들 대부분은 로빈이 하려는 이야기의 본질이 「기사의 이야기」에 버금가는 '고상한' 이야기로 '성 가정'과 관련이 있다는 그의 말에 의심은 할지언정 부정을 할 수 없는 상황이었을 것이다. 다만 '한 서생이 목수를 바보로 만들었다'는 표현을 듣는 순간, 청지기(Reeve)만이 목수라는 자신의 전직(前職) 때문에 발끈하며 로빈에게 대항할 뿐이다.

순례자들을 속여서 아무런 방해 없이 자신의 이야기를 수월하게 하려는 로빈의 속셈은 뒤 부분에 어느 정도 암시되어 있긴 하나 누구도 쉽게 이를 간파해내지 못할 정도이다. 결국 노련한 이야기꾼으로서 로빈의 의도는 시작 부분에서 일단은 성공적인 셈이다. 실제 로빈이 하려는 이야기의 궁극적인 목적은 청지기 오스왈드(Oswald)의 신경질적인 반응에 응수하는 로빈의 말에 암시되어 있다: "하느님 혹은 자신의 부인에 관하여 지나칠 정도로 알려고 해선 안 된다는 말이네"(As housbande shal not been inquisityf/Of Goddes pryvetee, nor of his wyf [3163-64]). 여기에서 로빈은 자기 부인에 관한 깊은 것, 즉 성(sex)에 대하여 민감하게 반응할 뿐만 아니라, 항시 노심초사하는 청지기의 모습을 자신의 이야기의 첫 번 째 목표로 삼고 있다. 다른 한편으로, 전지전능한 하느님처럼 자신을 '절대적 중재자' 로 생각하는 기사와 기사도의 기치 아래 개인적인 삶을 포함한 세상 모든 일에 질서와 안정을 부여할 수 있다는 그의 낙관적인 태도를 로빈은 공격하고 있는 것이다. 이야기 전달자로서 초서를 제외한 순례자들 가운데 어느 누구도 이것을 정확하게 감지할 수 있는 날카로운 감각을 소유하지는 못한 듯하다. 다른 순례자들로부터 자신의 궁극적인 의도를 감춤으로써 이야기를 수월하게 시작할 수 있는 계기를 로빈은 마련한 셈이다. 뿐만 아니라, 자신을 다소 부족하고 타락한 존재로 비하시킴으로써 로빈은 이야기를 마친 뒤 순례자들로부터 돌아올 지도 모를 도덕적 공격이나 비난을 어느 정도 무디게 할 수 있는 발판 또한 마련한 셈이다.

결국 로빈은 여관주인의 바람과는 상반되는 자기 나름의 의도를 가지고 이야기를 성공적으로 시작한다. 그의 이야기는 앞서 언급했다시피 내용과 스타일면에서 "기사가 한 이야기에 필적하는"(to quite with the Knyghtes tale) 고상하고 훌륭한 이야기가 아니라, 기사의 이야기를 패러디 내지 반박하고 있다. 특히, 로빈의 이야기가 청지기를 욕보이고 있다는 점에서는 어느 정도 수긍이 가나, 그의 이야기가 기사가 한 이야기의 내용이나 화자인 기사의 가치관을 반박하고 있다는 점에서는 쉽게 이해가 가지 않을 수 있다. 그 이유는 자신이 하는 이야기의 핵심이 쉽게 드러나지 않을 정도로 매우 우회적이며 암시적으로 기사가 한 이야기를 로빈이 패러디하고 있기 때문이다. 게다가, 겉으로 보이는 로빈의 이야기는 도덕적으로 타락하고 저속한 인간이 성(性)을 소재로 자기 마음대로 지껄여대는 음담패설 정도로 보이기 때문이다. 그러나 비평가마다 어느 부분에서 로빈이 「기사의 이야기」를 패러디 내지 전복(顚覆)시키고 있는 지 각기 다르나, 대부분의 비평가들 사이에서 「방앗간 주인의 이야기」가 「기사의 이야기」를 문학적 장르, 언어, 스타일, 구조, 등장인물의 묘사를 비롯하여 화자의 관점, 주제 등의 측면에서 매우 교묘하게 날카롭게 반박하고 있다는 점에는 이의가 없어 보인다.[16]

특히, 여러 가지 패러디 요소들 가운데 독자의 눈에 쉽게 띄지 않는 것이 바로 '우연성'(chance)의 문제라고 여겨진다. 하늘의 움직임을 섭렵한 듯 보이는 니콜라스가 자신의 목적대로 만사를 계획대로 추진하고 중재하는 모습이 마치 테세우스의 모습과 흡사하다. 테세우스가 궁극적으로 인간 만사가 하늘의 뜻이나 자신의 의지대로 이루어지지 않고 우연적이며 자의적으로 일어날 수 있다는 사실을 깨닫듯이, 니

16) 대표적인 논문으로 Christopher Dean, "Imagery in the Knight's Tale and the Miller's Tale," *Medieval Studies* 31 (1969): 149-63; Helen Cooper, "The Girl with Two Lovers: Four Canterbury Tales," P. L. Heyworth, ed., *Medieval Studies for J. A. W. Bennett, Aetatis Suae LXX* (Oxford: Clarendon P, 1981), 65-79; Scot Vasczily, "Fabliau Plotting against Romance in Chaucer's Knight's Tale," *Style* 31 (1997): 523-42; Derek Brewer, "Knight and Miller: Similarity and Difference," Wendy Harding, ed., *Drama, Narrative and Poetry in the Canterbury Tales* (Toulouse, France: PU du Mirail, 2003), 127-38.

콜라스 역시 작품의 마지막에 이르러 이러한 사실을 뒤늦게 알아차리게 된다. 두 작품 사이의 이러한 밀접한 관계에도 불구하고 작품의 결론 부분이 독자에게 주는 효과는 사뭇 다르다. 「기사의 이야기」의 결론은 테세우스의 마지막 연설에 암시되어 있듯이 다소 인위적이며 어딘가 모르게 불편한 느낌이 주는 것이 사실이다. 어쩔 수 없이 테세우스는 자신의 기대와는 다르게 벌어진 결과를 수습하기 위하여 필요에 의해 현실적인 결론을 내릴 뿐, 독자들에게 자신이 던진 삶의 본질적인 문제에 대한 해답을 전혀 주지 못하고 있다. 이와는 반대로 혼란스럽고 우스꽝스러운 분위기 속에서 「방앗간 주인의 이야기」는 「기사의 이야기」에 비하여 훨씬 안정적이며 합리적으로 결론지어진다. 본 논문의 후반부에서 다시 논하겠지만 니콜라스의 간계에 놀아난 대부분의 등장인물들은 자신의 과오에 대한 합당한 벌을 받음으로써 작품이 끝을 맺는다. 혼란스러운 상황에서 질서와 안정이 자연스럽게 회복되며, 인간의 개별적인 행동에 대한 정의 또한 자연스럽게 구현되는 느낌이다. 결론의 분위기를 감안할 때, 로빈이 구체적이며 개별적인 측면에서 「기사의 이야기」를 반박하거나 전복시키기보다는 기사도(knighthood)라는 시대에 뒤떨어진 비현실적인 가치관과 기사의 이상적인 생각을 보다 현실적이며 다른 순례자들이 납득할 수 있는 단순한 방법으로 반박하고 있다고 볼 수 있다.

이성을 상실한 듯 보이는 술주정뱅이의 가면을 쓰고는 있으나 어느 순례 이야기꾼보다 로빈은 날카로우며 정확한 필치로 자신의 목적을 성공적으로 달성하고 있다고 보인다. 그의 공격 대상에는 청지기는 물론이거니와 이야기라는 허구의 공간이 아닌 당신 현실에서는 신분적으로나 여러 면에서 감히 대적하기 어려운 기사까지도 포함되어 있다. 이것이 가능한 이유는 겉으로의 모습과는 달리 다른 이야기꾼을 능가하는 그만의 문학적인 분석 능력과 감각 때문이라 여겨진다. 특히, 매우 짧은 분량의 이야기를 통하여 로빈은 효과적으로 청지기는 물론 기사가 하는 이야기의 문제점들을 정확하게 파악하여 정곡을 찌르고 있다. 이것이 가능한 것은 '이야기 게임'의 속성을 올바르게 파악하고 이를 적절하게 이용할 줄 아는 로빈의 능력 때문이다. 무엇보다 순례자들 가운데 사회적으로 신분이 가장 높은 기사로부터 반박은 물론 여타 순례 이야기꾼들의 비난을 사전에 차단하기 위하여 로빈이 보여주는 위장술과 그가 하는 이야기의 내용과 스타일은 문학적 재능을 지닌 이야기꾼만이 해낼 수 있는 것임에 틀림없다.

II. 위트와 유모를 겸비한 '카니발적' 인물로서 로빈

로빈을 성공적인 이야기꾼이라고 말할 수 있는 또 다른 이유는 피상적으로 로빈은 자신이 속한 집단의 안정과 질서를 파괴하는 것처럼 보이나 실제는 카니발적 인물로서 그 반대의 역할을 하고 있기 때문이다. 아울러 로빈은 여관주인이 제시한 이야기하기(story-telling)의 기본적 판단 기준들인 '교훈'과 '즐거움'을 어느 이야기꾼 못지않게 제대로 준수하고 있는 인물이다. 무엇보다 카니발적 인물로서 로빈은 '이야기 게임'(storytelling game)의 속성을 누구보다 잘 알고 있는 인물이기도 하다. '게임'이란 한정된 공간과 시간에서 사회적 신분의 지위고하를 막론하고 자유와 해방을 만끽하며 인간에 내재되어 있는 유희본능을 발산할 수 있는 수단이다. '게임'의 본질은 바로 '즐거움' 그 자체라는 사실을 잘 알고 있는 로빈은 등장인물들 사이의 육체적이며 성적인 행동을 이야기의 시작부터 거침없이 그려 낸다:

> 은밀하게 그녀(앨리슨)의 비밀스런 곳을 만지면서
> 말하길, "이렇게 하지 않으면,
> 난 당신에 대한 사랑 때문에 죽을거요."
> 그녀의 엉덩이를 강하고 단단하게 잡으며,
> "즉시 일을 치러야겠소, 제발 부탁이요!"라고 외쳤다.

> And prively he caughte hire by the queynte,
> And seyde, ywis, but if ich have my wille,

For deerne love of thee, lemman, I spille.
And heeld hire harde by the haunchebones,
And seyde, lemman, love me al atones, (3276-80)

로빈의 노골적인 성적 묘사는 일부 남성 순례자들에게는 일종의 도전으로 받아들여질 수도 있다. 특히 이는 여성 순례꾼들을 당황케 하기에 충분한 내용이다. 이 같은 성적 묘사는 또한 사회적 질서와 안정에 집착하는 여관주인 해리 베일리(Harry Bailly)를 겨냥한 것인 동시에 고상하며 철학적인 가치관에 경도되어 있는 기사를 공격하기 위한 것이기도 하다.

그러나 무엇보다도 기사의 중후하고 심각한 이야기로 인한 순례자들의 침묵을 한 순간에 웃음바다로 바꾸는 로빈의 이야기는 순례자들 사이에 일종의 '공동체적 유대감'마저 만들어내는 구실을 한다. 추측건대 「기사의 이야기」가 끝난 뒤, 순례자들이 느꼈을 혼란스러움과 말로 표현하기 어려운 정적(靜寂)을 로빈의 이야기는 말끔히 거둬내고 다시금 순례자들 모두가 다 함께 '이야기 게임'에 참여할 수 있도록 이끄는 계기를 제공한다고 볼 수 있다. 이를 다르게 표현하자면, 사회적 신분이나 생김새 그리고 행동과 태도에서 서로 다른 다양한 순례자들 사이에서 로빈의 이야기는 프로이드(Sigmund Freud)의 표현을 빌자면 "심리적인 일치"(psychical conformity)를 이끌어 내고 있다(151). 실제 그의 이야기에 반감을 드러내며 거부하는 유일한 순례자는 청지기 한 사람뿐이다. 결국 로빈의 이야기가 청지기를 제외한 다른 순례자들로부터 마지막까지 아무런 문제없이 수용되었다는 사실만으로도 의미가 있다. 이는 로빈의 이야기가 상대방을 모욕하고 공격하여 상처를 주기보다는 '게임'에 어울리는 이야기로써 순례꾼들 모두에게 즐거움과 함께 심리적인 통합을 이끌어내는 효과를 지니고 있음을 방증한다.

로빈이 다양한 순례자들로부터 이끌어 내는 심리적 통합의 효과는 인간 내면에 억제되고 감추어져 있는 육체적 욕망에 호소함으로써 이루어진다. 로빈은 감춰져 있는 인간의 육체적 본능을 서슴없이 그리고 자연스럽게 등장인물의 행동을 통하여 공개함으로써 사회적 지위나 신분을 넘어서 우리 모두가 같은 욕망을 지니고 있으며 같은 행동을 할 수 있는 하나의 공동체 속 존재라는 사실을 확인시켜주고 있다. 로빈의 이야기는 어떻게 보면 인간의 내면에 감추어진 성의 욕망을 웃음을 통하여 밖으로 분출시킴으로써 누구에게도 상처를 주지 않고 모두가 즐거움 속에 하나가 될 수 있는 역할을 하고 있다고 볼 수 있다. 이를 통하여 로빈의 이야기는 순례자꾼들에게 편안함과 동시에 즐거움을 부여하고 있다고 보인다. 이런 점 또한 피상적으로 매우 안정적이며 유기적으로 보이는 「기사의 이야기」에서는 찾아볼 수 없는 로빈의 이야기만의 특징이며 장점이라 여겨진다.

이런 사실들을 감안할 때, 올로프(Alexander Orloff)가 주장한 카니발의 의미가 로빈의 이야기에도 적절하게 들어맞는 것 같다. 카니발이란 주술적 시간 안에서 일상 세계를 거꾸로 보거나 조롱함으로써 일상 세계에서는 기대할 수 없었던 새로운 변화와 창조를 모색할 수 있도록 한다는데 그 의미와 중요성이 있다고 올로프는 주장한다(15). 카니발이 진행되는 동안의 해학과 웃음은 카니발이 끝난 뒤 일상 세계에 새로운 활기와 생명력을 불어넣는다. 카니발은 또한 질서와 안정을 부정하고 단순히 먹고 즐기는 위한 인간의 본능을 충족시키기 위한 목적을 넘어 삶에 오히려 긍정적이며 역동적인 힘을 부여한다고 볼 수 있다. 울로프의 주장은 바흐친(Mikhail Bakhtin)의 주장과 매우 유사하다. 바흐친은 카니발 세계를 지배하는 원칙을 '유쾌한 상대성'이라는 용어로 부르고 있으며, 유쾌한 상대성이 지배하는 세계에서 로빈의 이야기에서처럼 진지함이나 절대적인 것이 그 힘을 발휘하지 못한다. 왜냐하면 로빈의 행동과 그의 이야기가 보여주는 카니발적 양상은 일상적인 궤도에서 벗어나기 때문에 어느 정도까지 '속과 겉이 거꾸로 뒤바뀐 삶', 즉 '이면(裏面)의 세계'에 해당하며, 로빈의 세계는 또한 삶을 긍정하고 창조하는 해학과 웃음, 그리고 역동적인 생명력과 다원성 그리고 상대성만이 의미와 가치를 지니고 있다고 볼 수 있다(*Problems* 122). 다시 말해서, 기사의 귀족 신분과 기사가 말하는 고상한 이야기만이 절대적인 의미와 가치를 지닌 것이 아니라 신분적으로나 여러 면에서 기사와 비교가 되지 않는 로빈이 하는 이야기 역시 「기사의 이야기」에 필적할만한 가치와 의미가 있다는 사실을 작가 초서는 의도적으로 보여주고 있는 것이다.

바흐친이 지적하고 있는 카니발의 몇 가지 특징들이 로빈의 행동 및 그가 하는 이야기에 어떻게 적용될 수 있는지 좀 더 살펴보자. 카니발을 민속 문화와 연관시켜 연구한 러시아의 이론가 바흐친은 카니발의 범주를 크게 네 가지 관점에서 논하고 있다(122-23). 실제 각각의 범주는 서로 간에 매우 밀접한 관련을 맺고 있음을 알 수 있다. 첫째, 카니발이 진행되는 동안 일상적인 삶을 지배하고 통제하는 질서와 제도는 일시적으로 그 효력을 상실한다. 다시 말해서, 당시 계급사회가 부여하는 계층 간, 세대 간 그리고 성별 간의 장벽과 차이가 일시적으로 그리고 한정된 공간에서나마 무너지고 모두가 자유와 평등을 구가하게 된다. 앞서 언급한 로빈의 행동과 태도는 첫 번째 범주에 그대로 들어맞고 있다. 둘째는 카니발에서는 구체적이며 육감적인 형태를 지닌 새로운 형태의 인간관계가 수립된다는 사실이다. 다시 말해서, 인위적으로 사회 구성원 사이에 형성된 계층과 차이가 사라짐에 따라 개인의 행위, 몸짓 그리고 언어가 카니발의 세계에서는 격식 없이 표출된다. 결국 이러한 상황에서 그 동안 감추어졌거나 억압되었던 각 개인의 본성이 노골적으로 표현되게 마련이다. 이야기를 시작하기 전에 로빈의 술 취한 모습이나 「총 서시」에 묘사된 로빈의 모습은 모두 바흐친이 말하는 두 번째 범주에 해당하는 것으로써 이야기에서 그가 보여주려는 카니발 세계를 준비하기 위한 수순들에 해당한다.

셋째, 카니발의 세계에는 소위 '카니발적 혼합'을 통하여 그 동안 대립적이고 모순적인 관계에 있던 모든 것들이 서로 혼합, 공존하게 된다. 성스러운 것과 세속적인 것, 높은 것과 낮은 것, 중요한 것과 중요하지 않은 것, 아름다운 것과 추한 것, 정상적인 것과 비정상적인 것, 그리고 현명한 것과 어리석은 것, 이 모든 상대적 대립 항이 카니발 세계에서는 서로 하나가 되어 어우러진다. 초서의 『캔터베리 이야기』자체는 바흐친이 말하는 카니발의 세 번째 특징을 지니고 있는 대표적 작품에 해당한다. 『캔터베리 이야기』는 다양한 등장인물의 입을 통하여 전해지는 다양한 종류의 이야기를 포함하고 있는 이른바 '액자형'(frame-tale) 작품이다. 사회적으로 귀족 신분에 해당하는 기사가 하는 고상하고 훌륭한 이야기가 있는가 하면, 신분이나 인격 면에서 기사와는 비교가 되지 않는 로빈이 하는 패블리오가 공존하는 것이 바로 초서 작품이다. 또한 성과 폭력, 속임수와 계략을 중심으로 구성되어 있는 「방앗간 주인의 이야기」는 「기사의 이야기」가 보여주는 고귀하고 거룩한 모든 것들을 지상으로 끌어내려 모독하고 있다. 특히, 로빈은 「기사의 이야기」의 기저가 되는 중세시대의 지배적 이데올로기와 종교적 권위를 왜곡시키고 있을 뿐만 아니라, 다소 무거운 철학적, 종교적 내용들을 일상적 삶 속에서 벌어지는 어리석은 인간들의 추한 이야기로 덮어씌우고 있다. 구체적인 예로서, 당시 대표적 종교극인 신비극(Mystery play)의 내용이나 노아(Noah)의 홍수 이야기를 왜곡하거나 패러디하여 로빈은 당시 종교와 지배적 이데올로기를 아래로 끌어내려 조롱의 대상으로 만들고 있다.

심지어 「방앗간 주인의 이야기」 속 등장인물들은 「기사의 이야기」에서 연인들이 사용하는 고상한 로맨스 언어를 사용하고 있다. 이는 신분적으로 높고 고상한 사람들의 격식과 태도를 거꾸러트림으로서 관객들에게 웃음만을 자아내는 효과를 가져다준다. 이 밖에도 천상의 흐름을 꿰뚫어 볼 수 있는 혜안과 만사를 주재하는 니콜라스의 역할이 카니발의 등장하는 모의 왕(군주)의 행동과 매우 유사하다. 고대 국가에서뿐만 아니라 기독교 국가에서 행해지던 카니발에서 모의 왕(군주)으로 선출된 사람을 카니발이 진행되는 동안 모든 사람들이 진짜 왕처럼 존경하고 떠받들 듯이, 「방앗간 주인의 이야기」에서 목수 존을 비롯한 모든 등장인물들이 니콜라스를 떠받들고 있다. 니콜라스 또한 자신이 모의 왕 혹은 진짜 왕이라도 된 양 권위와 질서를 파괴시키며 공동체를 혼란과 무질서의 상태로 이끈다. 이러한 현상은 바로 카니발을 구성하는 요소들 가운데 하나인 “권위의 강탈 혹은 전복”(usurpation of authority or overthrow of authority)에 해당하는 것으로, 이 또한 제의적인 것으로 카니발이 진행되는 시간 동안만은 문제없이 허용되는 것이다. 만약 이것을 실제로 받아들였다면 로빈의 이야기는 온전하게 끝을 맺지 못하고 도중에 그만두게 되었을 것이다. 바버(C. L. Barber)의 말처럼 “게임이 권위의 영역을 전용(專用)하고 무효화시키는 것”(38)은 사실이나 이는 일시적인 현상에 해당할 뿐이기 때문에 게임이 지속 가능한 것이다.

오히려 카니발에서 빈번하게 사용되는 욕설이나 음담패설, 그리고 등장인물들의 저속한 몸짓들은 자연의 풍요와 다산을 가져오고 인간의 생산 능력을 높여준다고 카니발 이론가들은 말한다. 그 이유는 카니발이 바흐친이 말하는 이른바 ‘물질적 육체원칙’에 기초로 하기 때문이다. 좀 더 구체적으로 말하면 바흐친의 주장대로 그로테스크 리얼리즘(grotesque realism)에서는 신체 부위들, 예를 들어, 코, 입, 젖가슴, 성기, 항문, 창자, 배 등과 구멍이 나있거나 돌출된 부위가 무엇보다 중요하게 취급된다. 이처럼 볼록하게 튀어나오거나 구멍이 나있는 부위는 자기 신체와 다른 사람의 신체 그리고 신체와 세계 사이에 놓여있는 장벽을 허물어 버린다고 바흐친은 주장한다. 여기서 바로 상호 교환과 상호 작용이 일어나는 셈이다. 로빈하는 이야기에서 벌어지는 웃지 못한 현상들은 신체와 관련한 외설적인 표현들과 깊은 관련이 있으며, 특히 신체 부위 가운데서도 상위 부위보다는 하위 부위, 즉 바흐친이 말하는 “물질적 육체의 하위 층위”(lower stratum of material body)와 보다 깊은 연관이 있다(*Rabelais* 317). 배설 및 성행위와 밀접한 신체 부위 그리고 이와 같은 하향성은 인간의 생명력이나 창조력을 증진시키는 역할을 할뿐더러, 천상의 세계관을 지상의 세계관으로 수직적인 세계관을 수평적 세계관으로 이끌어 내리는 역할을 한다. 이런 점에서 이야기가 시작하기 전 로빈이 보여주는 행동이나 태도는 과히 카니발의 시작을 알리는 역할을 할 뿐만 아니라 그의 이야기는 카니발 정신을 실현시키고 있다고 볼 수 있다.

로빈의 모습과 행동 그리고 그가 하는 이야기가 유발시키는 카니발 효과를 작가 초서는 알고 있었던 듯싶다. 마치 이것으로 인한 공격에서 자신을 방어라도 하듯 로빈의 이야기가 시작하기 전 초서는 다음과 같이 말한다:

.... 좋든 나쁘든 간에
그들이 하는 모든 이야기를 전해야만 하기 때문입니다.
....
만일 이 이야기를 듣고 싶지 않으신 분은,
책장을 넘겨 다른 이야기를 선택하시지요.
....
방앗간 주인은, 여러분이 알다시피, 천한 존재이며,
....
이들 부류의 사람들이 하는 이야기는 상스런 것들입니다.
이 점을 고려하시어, 저를 비난하진 마시기 바라며;
또한 게임을 진지하게 받아들이지 말아 주시길 바랍니다.

.... but for I moot reherce
Hir tales alle, be they bettre or werse,

....

And therfore, whoso list it nat yheere,
Turne over the leef and chese another tale;

....

The millere is a cherl, ye knowe wel this;

....

And harlotrie they tolden bothe two.
Avyseth yow, and put me out of blame;
And eek men shal nat maken ernest of game. (3173-86)

초서의 말에서 눈에 띄는 것은 마지막 행이다. 그는 '이야기하기'(storytelling)를 현실이나 실제로 받아들이지 말고 단순히 인간의 유희 본능을 충족시키기 위한 하나의 '게임'으로 보아줄 것을 독자들에게 요구하고 있다. 초서의 이러한 의도를 성공적으로 실현시킬 수 있는 최고의 이야기꾼이 바로 로빈인 셈이다. 언젠가는 로빈이 술에서 깨어나듯 그가 하는 이야기 또한 웃음과 혼란의 분위기에서 벗어나 결론에 이르러 처음보다 더 안정적이며 질서 있게 매듭지어진다.

결론적으로 초서는 '게임'의 속성과 '게임'에서 비롯되는 카니발의 효과를 이해하는 성공적인 이야기꾼으로서 『캔터베리 이야기』 속 여러 이야기꾼들 가운데서 로빈을 설정하고 있다. 기사 다음에 이어질 수도승(the Monk)의 이야기 차례를 뒤엎는 로빈은 '게임'이 진행되는 동안이나마 모든 형식과 권위를 부정하며 본질적으로 자유분방하고 파괴적인 힘을 가진다. 카니발적 인물로서 로빈은 겉으로는 이야기가 시작되기 전부터 자신이 속한 이야기 집단의 질서와 안정을 저해하는 역할과 함께 독자들에게 혼란스러운 느낌마저 부여한다. 그러나 실제 그 효과는 정반대이다. 로빈의 행동은 이야기에서는 물론이거니와 이야기 시작 전부터 독자에게 '즐거움'을 부여하며 이는 여관주인이 제시하고 있는 '좋은 이야기'의 첫 번째 조건에 부합된다. 아울러 이야기가 시작하기 전부터 이야기가 진행되는 동안 웃음과 혼란은 지속되나, 이야기의 마지막에서 화자는 궁극적으로 안정적이며 질서 있는 분위기를 독자들에게 가져다준다. '게임'의 이 같은 효과와 인간의 유희본능을 제대로 알지 못하는 청교도적 인품의 소유자인 청지기가 로빈에게 신경질적으로 반응하는 것은 너무나 당연한 일이다. 아울러 성공적이며 질서 있게 이야기를 진행시킬 의무와 책임을 지고 있는 여관주인 베일리 역시 이야기 진행 순서를 뒤집는 로빈에 대하여 감정적으로 대처하는 것 역시 당연하게 보인다.

III. 초서의 내러티브 기법이 적용된 성공적 이야기

「총 서시」와 「방앗간 주인의 이야기」의 서시에 그려져 있는 로빈은 술주정뱅이에 성적 욕망을 탐하는 폭력적인 인간이다. 그러나 겉으로 드러나는 모습과는 달리 이야기를 통하여 로빈은 이야기꾼으로서 노련하면서도 세련된 면모를 보여준다. 초서는 그가 즐겨 사용하는 내러티브의 기법들 가운데 하나인 아이러니를 통하여 로빈의 겉모습과 이야기꾼으로서의 치밀하고 숙련된 그의 능력 사이의 차이를 보여준다. 단순하고 무지한 인물의 머리에서 그렇게 정교하고 세련된 작품이 나올 수 있을까? 특히, 로빈은 자신이 목표하는 바를 이야기 속에서 정확히 관철시키는 치밀함을 물론 플롯의 흐름을 제대로 통제할 줄 아는 예술적 능력을 지니고 있는 이야기꾼이다. 게다가 작품을 통하여 즐거움과 교훈을 동시에 독자에게 선사할 줄 아는 이야기꾼으로서 로빈은 여관 주인이 제안한 '이야기 게임'에서 경쟁력을 갖춘 몇 안 되는 순례 이야기꾼임에 틀림없다. 따라서 단순하게 인물의 외양과 행동을 바탕으로 이야기의 내용과 스타일을 미리 재단하는 독자들에게 로빈의 이야기는 놀라움과 신선함을 던져주기에 충분하다.

무엇보다 작품 속 의미나 작가의 관점을 파악하는데 있어서 독자를 동반자로 끌어들이려는 초서의 의도가 로빈이 사용하고 있는 내러티브 기법에서도 엿보인다. 기존의 전통적인 패블리오는 하나의 플롯으로 구성되어 있을 뿐만 아니라 화자가 전지적 관점에서 독자들에게 작품의 의미나 관점을 주입하는 방식으로 이루어져 있다. 이야기의 전개나 흐름에 지장을 주는 이른바 '이야기 외적요소'(digressive materials)가 전통적인 패블리오에는 들어가 있지 않기 때문에 그 흐름이 매우 직선적이라고 말할 수 있다. 또한 전통적 패블리오에는 등장인물의 내적인 심리묘사나 사건을 둘러싼 배경 설명이 거의 없으며, 이야기는 행동 중심적(action-oriented)으로 전개되기 때문에 그 구조가 매우 간결하면서도 유기적인 편이다. 이러한 스타일의 내러티브에는 대체로 독자의 판단이나 주관적인 사고가 개입될 공간이 없는 것이 특징이다. 다시 말해서, 작품의 의도와 관점은 전적으로 화자가 부여하는 것이며, 독자는 단순히 이야기의 흐름에 따라 있는 그대로 그것을 자연스럽게 수용할 따름이다. 이에 반하여 초서의 내러티브는 단순한 플롯으로 이루어져 있지 않을뿐더러 플롯의 흐름을 방해하는 이질적이며 다소 거리감이 느껴지는 '이야기 외적 요소'들이 작품 여기저기에 산재되어 있다. 이를 통하여 초서는 바흐친이 말하는 소위 '다성성'(polyphony)의 효과를 일으켜 독자로 하여금 가능한 이야기에 참여할 수 있는 공간과 함께 독자의 비판적 이해와 수용을 촉구한다.[17] 결국

17) '다성성'(polyphony)의 효과를 이끌어내는 문학적 기법을 초서가 어디에서 배웠는가에 대한 의견이 비평가마다 다소 다르다. 먼저, 캠벨(Thomas Campbell)은 초서에게 많은 영향을 끼친 프랑스의 시인이자 작곡가인 기욤(Guillaume de Machaut)의 영향이 컸다고 주장한다. 캠벨은 초서의 내러티브 기법과 기욤마쇼의 다성적 음계를 연결시켜 서로의 유사성을 강조한다: "Machaut and Chaucer: *Ars Nova* and the Art of Narrative," *Chaucer Review* 24 (1990): 275-289. 반면 음악적 기법과 초서 문학기법과의 유사성에 대하여 다소 부정적인 견해를 피력하고 있는 논문으로 Stephen Paul Scher, "Literature and Music," *Interrelations of Literature*, ed. Jean-Pierre Barricelli and Joseph Gibaldi (New York: Modern Language Association of America,1982): 225-50을 들 수 있다. 논문에서 필자는 초서의 '다성성'이 당시 음악의 영향 때문이기보다는 초서의 작품 활동에 지대한 공헌을 한 고급문학의 전통, 다시 말해서 당시 예술적으로 영국보다 앞선 프랑스, 이태리 그리고 그리스, 로마의

작품 속 의미의 모호함, 관점 및 목소리의 다양성, 그리고 도덕적이며 절대적인 판단의 회피를 통하여 초서는 독자 스스로 작품의 의미나 가치의 최종 판단을 내릴 수 있도록 이끈다.

전통적인 패블리오에서 찾아 볼 수 없는 복잡하고 세련된 스타일의 플롯을 사용하여 로빈은 앞서 언급한 효과들을 이끌어내고 있다. 로빈이 이야기에 사용하고 있는 플롯 구조는 전통적인 패블리오의 단순함과 '단성성'(monopoly)을 훨씬 뛰어 넘는 것이다. 먼저 「기사의 이야기」에 등장하는 젊은 두 기사가 한 여인을 두고 벌이는 고상한 사랑 이야기를 비웃기라도 하듯 로빈이 이야기에 사용하는 플롯의 소재 역시 이룰 수 없는 삼각관계의 사랑 이야기이다. 이와 더불어 두 개의 서로 다른 플롯의 중심에는 매혹적인 젊은 아내와 성적으로 무능한 늙은 남편이 자리하고 있다. 하나의 노래에서 서로 다른 두 개의 소리가 나오듯이, 로빈의 이야기에는 서로 다른 두 개의 플롯이 독립적으로 분리, 진행되고 있으며 어느 정도 상호 보완적인 역할을 하고 있다. 이러한 사실은 화자가 하나의 플롯을 다른 플롯으로 전환하는 과정들에서 명확하게 드러난다(3303-13, 3385-87, 3397-98, 3653-58). 각각의 등장인물들이 수작을 부리고 있는 와중에 화자는 또한 어리석은 목수 존에 대한 이야기를 빼놓지 않고 있다. 다시 말해서, 앨리슨(Alison)이라는 한 여인을 두고 세 명의 남성들은 상대방의 의도를 각기 모른 채 자기 소리만을 내고 있는 형상이다. 니콜라스가 하고 있는 행동과 의도를 압살론(Absolon)이 모르고 있듯이, 압살론의 행동과 의도 또한 니

고전작품에서 비롯되었다고 보고 있다.

콜라스가 모르고 있는 것이다. 게다가 존은 자신의 젊은 부인을 두고 두 젊은 남성들이 벌이는 농간(弄奸)을 전혀 알아차리지도 못하고 있는 상황이다. 이를 정리하자면, 세 명의 남성들이 앨리슨이라는 대상을 두고 각기 서로 다른 행동과 소리를 만들어내고 있다고 볼 수 있다.

이 밖에도 각각의 등장인물들이 사랑하는 대상을 두고 접근하는 태도 역시 매우 상이하다. 음악에 비유하자면 사랑하는 대상에 대하여 각각의 등장인물이 내는 서로 다른 목소리와 관점들이 한데 어울려 하나의 오케스트라를 이루고 있는 모습이다. 이들 세 명이 만들어 내는 목소리와 태도는 각자의 성격과 매우 긴밀한 관계가 있다고 볼 수 있다. 로빈은 전통적인 패블리오에 등장하는 추상적이며 정형화된 등장인물보다는 어느 정도 현실적이며 살아있는 모습의 등장인물을 작품에 제시하고 있다. 게다가 로빈은 이들 각각에 대한 충분한 성격묘사를 통하여 독자의 주관적인 생각과 판단을 요구할뿐더러 각자의 등장인물이 서로 다른 독특한 성격의 소유자라는 점을 말해주고 있다. 먼저 로빈은 니콜라스의 이름 앞에 로맨스의 주인공에나 어울리는 '멋쟁이'(hende)라는 수식어를 붙이고 있다. 이 같은 수식어는 그의 행동에 어울리지 않는 것으로 독자에게 일종의 아이러니 효과를 유발시키는 것은 사실이나, 또 다른 한편으로는 이는 그가 어떠한 인물인가를 말해주기에 충분하다. 겉으로는 서생(the clerk)으로서 천문학에 관심과 더불어 풍류를 아는 낭만적 인물처럼 보이나 실제는 화자의 표현대로 "약삭빠르고 음흉하며" 색(色)을 탐하는 전형적인 속물이 바로 니콜라스이다. 게다가 니콜라스는 단순히 말로서가 아니라 자신의 욕정을 실제 행동으로 옮기는 추진력과 신중함을 두루 갖춘 인물이기도 하다.

이와는 사뭇 다른 모습으로 화자는 압살론을 묘사하고 있다. 그의 외모나 의복을 살펴보면 압살론 역시 화자의 말대로 매우 멋진 청년임에 틀림없어 보인다. 그러나 실제 자신이 하는 일보다는 여관이나 술집을 돌아다니며 생기발랄한 여인들을 찾는 것이 주요 일과처럼 느껴질 정도로 압살론도 니콜라스에 버금가는 호색한(好色漢)임에 틀림없다. 그러나 사랑을 표현하고 실천하는 방법에 있어서 압살론은 니콜라스와 큰 차이를 보인다. 압살론에게 사랑은 직접 몸으로 부딪치면 부서지고 마는 섬세한 것처럼 여겨진다. 아름다운 여성에 대해 추파를 던지고 여러 방법을 동원하여 애정을 보이나 항상 안타까워하는 마음뿐 자신의 마음을 실행에 옮기지 못해 전전긍긍하는 전형적인 상사병 환자의 모습이다. 니콜라스의 도전적이며 추진력 있는 모습과는 다르게 압살론은 사랑의 대상과의 육체적 결합보다는 이상적이며 우아한 무언가를 추구하려는 모습으로 그려져 있다. 이와 더불어 존은 매우 무지하고 어리석은 인물로서 자신의 정당한 몫인 배우자의 성을 제대로 통제하거나 이용할 줄 모르는 인물이다. 그는 성적으로 무능한 인물일 뿐만 아니라 자신의 성적 대상을 지키기 위해 노력하나 결국에는 물통에서 코만 고는 바보인 셈이다. 이처럼 각기 서로 다른 성격의 등장인물들이 각자 다른 방법을 동원하여 성적으로 아름다우며 매력적인 한 여성을 공략하기 위해 부단히 노력한다. 이를 다르게 표현하자면, 세 명의 남성들이 성에 대하여 각자의 독특하며 독립적인 소리를 내고 있는 형국이다. 캠벨(Thomas Campbell)의 표현대로 「방앗간 주인의 이야기」에서 성을 얻기 위한 니콜라스의 비파소리, 압살론의 사랑의 세레나데 그리고 존의 코고는 소리가 서로 한데 어울러 합창을 만들어 내고 있다.

세 개의 서로 다른 목소리가 화자인 로빈의 이중 플롯(double plot), 그리고 이를 의도적으로 분리, 진행시키는 그의 내러티브 기법과 어우러져 더욱 더 효과를 발휘하고 있다. 게다가 두 개의 플롯은 처음부터 유기적으로 교차되어 있기보다는 독립적으로 서로 다른 소리를 낼 수 있도록 구성되어 있다. 이러한 양상은 작품이 거의 끝날 때까지 지속되다가 자신이 당한 것에 복수하기 위해 압살론이 앨리슨에게 선물을 제공하는 과정에서 하나로 합치된다:

> "나의 사랑스런 연인이여, 당신의 압살론이라오,
> 내가 무엇을 가져왔는지 보시오, 금반지요,
> 내 어머니가 주신 것이요.
> 정말 아름답고, 정교하게 새겨진 것이요,
> 당신이 키스만 해준다면 이것을 주겠소."
> 이때 니콜라스가 소변을 보기 위해 일어났는데,
> 보다 재미있는 장난을 할 생각이었다.
>
> "I am thyn Absolon, my deerelyng.
> Of gold," quod he, "I have thee broght a ryng.
> My mooder yaf it me, so God me save;
> Ful fy it is, and therto wel ygrave.
> This wol I yeve thee, if thou me kisse."
> This Nicholas was risen for to pisse,
> And thoughte he wolde amenden al the jape. (3793-99)

뒤이어 수평적이며 각기 독립적으로 진행되던 두 개의 플롯이 순식

간에 서로 충돌 빛을 뿐만 아니라 세 사람의 각기 다른 목소리가 동시에 부딪치는 현상이 벌어진다.

'물'(water)이라고 외치는 니콜라스의 터질 듯이 다급한 목소리와 압살론의 침묵, 그리고 존의 코고는 소리들이 동시에 한데 어우러지게 된다. 그러나 이러한 어울림은 하나로 화합하는 조화로운 것이기보다는 각각이 내는 독립적인 소리이다. 게다가 도저히 서로 융합할 수 없는 상반된 속성을 지닌 두 개의 플롯--'노아의 홍수'(Noah's Flood)와 '잘못된 방향으로의 키스'(A Misdirected Kiss)--역시 서로 다른 물체가 부딪혀 순간 빛을 발하는 인상을 준다. 위의 인용문에서 'kiss'라는 단어와 'piss'라는 단어의 상호 부딪힘에서 알 수 있듯이, 니콜라스의 육체적 사랑과 압살론의 이상적 사랑이 순식간에 충돌하면서 불협화음을 연출하는가하면 두 개의 서로 다른 플롯 또한 조화로운 결합보다는 충돌에 가까운 인상을 독자에게 주고 있다(Jordan 92). 이러한 인상은 하나의 목소리가 끝난 뒤, 다음 목소리가 유기적이며 순차적으로 나올 때 가능한 현상은 물론 아니다. 이는 서로 다른 독립적인 목소리가 동시에 그것도 순식간에 나올 때 가능한 것이다. 목소리와 마찬가지로 플롯 또한 그렇다고 볼 수 있다. 서로 다른 속성, 예를 들어, 종교적인 것과 세속적인 것, 천상적인 것과 육체적인 것이 서로 어울려 어느 하나가 다른 하나에 통합되거나 함께 조화가 이루어짐 없이 각각이 독립을 유지한 채 혼합될 때야 비로소 이러한 효과가 가능한 것이다.

아울러 이러한 효과는 억눌린 채 숨겨진 각자의 욕망의 목소리들이 한 번에 분출됨으로써 가능한 것이다. 로빈은 패블리오가 지니고 있는 이러한 속성을 적절하게 이용하고 있다. 다시 말해서, 전통적인 패블리어의 세계는 '은밀함,' '개인적 욕망,' '감추어짐,' '밀애' 등으로 특징져지는데, 이러한 요소들이 작품의 마지막 부분에서 대중들의 웃음 속에 갑작스럽게 한꺼번에 공개됨으로서 충돌에 가까운 불협화음의 효과를 연출한다. 이와 더불어 일찍이 조단(Robert Jordan)과 머스카틴(Charles Muscatine)이 지적했듯이, 로빈이 다른 이야기에 비하여 '행동'(action)과 관련된 동사를 많이 사용하고 있다는 사실 또한 이야기를 통하여 그가 독자에게 주려는 효과가 무엇인지 알 수 있다. 조단의 표현대로 로빈의 이야기는 물이 흐르듯이 이야기가 순차적으로 전개되기보다는 갑작스럽게 '도약'(leap)하는 듯하며 무엇인가 부딪쳐 '발작하는'(spasmodic) 느낌마저 들게 한다. 이처럼 갑작스러운 진행과 움직임, 이로 인하여 연출되는 혼란스러운 분위기는 어느 것이 옳고 그른가에 대한 독자의 최종적 결정을 모호하게 만든다.

실제로 성에 대한 서로 다른 접근 양상을 보이는 등장인물의 행동과 태도를 통하여 어느 것이 이상적이며 어느 것이 옳고 그른 가에 대한 판단을 화자 로빈은 보여주고 있지 않다. 등장인물의 행동과 태도에 대한 직접적인 판단이나 언급을 회피한 채 모호함으로 일관하는 로빈의 태도는 작품의 의미 해석에 있어서 단순히 기능적인 역할만을 고집하는 작가 초서의 태도와 일치한다. 특히, 작품의 결론 부분에서 알 수 있듯이 등장인물들 가운데 어느 누구의 방법이나 행동도 성공으로 이어지지 않고 있다. 또한 도덕적으로 누가 옳고 그름의 평가를 내리기 어려울 정도로 이야기의 끝이 모호할 따름이다. 물론 어리석고 탐욕스러운 존의 태도와 행동에 대한 응분의 대가가 작품의 마지막에서 따른다. 그와 더불어 압살론과 니콜라스에게도 어느 정도의 합당한 대가가 따르는 것이 사실이다. 그러나 전통적인 패블리오의 경우, 등장인물은 자신이 한 행동에 대하여 응분의 대가를 치르는 것은 물론이거니와 이에 대한 화자의 도덕적인 판단 또한 매우 명백하게 드러나는 경향이 있다. 그것과 비교해볼 때 작품에서 기능적인 역할을 맡고 있는 앨리스의 행동과 태도에 대한 합당한 결과가 드러나 있지 않을 뿐만 아니라, 그녀의 행동에 대한 도덕적 판단 또한 유보되어 있는 셈이다. 물론 작품의 결론부분에서 기대치 않은 안정과 질서가 정립되는 느낌이 드는 것은 사실이나 전통적인 패블리오와 비교해볼 때 무언가 '열려있는'(open-ended) 느낌이 든다. 이러한 결과는 화자로서 각각의 등장인물의 행동과 태도에 대한 도덕적인 판단을 유보시키기 위한 로빈의 의도에서 비롯된 것은 아닌지 의문이 든다. 로빈은 단지 몇 명의 서로 다른 인간들과 이들이 만들어 내는 각각의 서로 다른 목소리, 그리고 이들의 행동에 대하여 전통적인 이야기의 화자처럼 자신이 전적으로 최종적 판단을 내리기 보다는 독자들에게 그 몫의 일부를 넘기고 있지는 않는가 싶다.

결론적으로 '이야기 게임'의 심판 역할을 맡은 여관주인 베일리가 이야기에 앞서 로빈에 보인 우려와 걱정이 헛된 것으로 판명이 된 셈이다. 베일리는 로빈에게 자신이 정한 "적합한 절차를 따를 것"(werken thriftily)을 주문한다. 베일리의 걱정은 로빈이 하는 이야기의 내용은 물론 내러티브 스타일까지도 그의 태도와 행동을 그대로 닮지는 않을까 염려한 것이다. 베일리의 요구에 반감을 드러내듯 로빈은 다음과 같이 말한다:

> "맹세코 난 못하겠소," 라고 그는 말하며,
> "난 이야기할 참이오, 그렇지 않으면 내 방식대로 여행을 할 것이오."
>
> "By Goddes soule," quod he, "that wol not I,
> For I wol speke or elles go my wey."(3132-33)

로빈의 다소 무리하게 보이는 행동과 태도와는 달리 이야기가 진행되는 동안 내내 로빈은 올바르고 매우 적절하게 자신의 이야기를 전개해나가며 결국 성공적으로 이야기를 끝맺는다. 이야기꾼으로서의 문학적 감수성과 두뇌 회전의 민첩성은 물론이거니와 이야기를 전개하는 스타일 또한 누구에게도 뒤지지 않을 정도의 수준급이라는 사실에 의심의 여지가 없어 보인다. 아울러 자신이 공격하려는 대상의 이야기 속 맹점들을 날카롭게 간파한 뒤, 매우 우회적이며 간접적으로 그리고 지루함을 느끼지 않을 정도의 짧은 분량의 이야기와 간결한 문체로 자신의 목표를 성공적으로 달성하고 있다. 한마디로 사회적 품위와 인격은 부족할지언정, '이야기 게임'의 세계에서 로빈은 이야기꾼으로서 어느 누구와 비교하여 부족함이 없는 훌륭한 이야기꾼임에 틀림없다. 아울러 그가 순례자들에게 들려주는 이야기 또한 크냅(Peggy Knapp)의 지적대로 모든 것이 너무나 "자연스럽게" 이루어져 있어 우리 인간의 언어로 짜인 단순한 픽션이기보다는 신이 창조한 "실제의 세계"처럼 느껴지기까지 한다(307).

인용문헌

이동일, 이동춘. 역. 『켄터베리 이야기 I』, 서울: 한울 출판사, 2001.

Alexander, Orloff. *Carnival: Myth and Cult.* Worgl: Perlinger, 1981.

Bakhtin, Mikhail. *Problems of Dostoevsky's Poetics.* Ed & Trans. Caryl Emerson. Minneapolis: U of Minnesota P, 1984.

________________. *Rabelais and His World.* Trans. Helene Iswolsky. Bloomington: Indiana UP, 1984.

Barber, C. L. *Shakespeare's Festive Comedy: A Study of Dramatic Form and Its Relation to Social Custom.* Princeton: Princeton UP, 1959.

Brewer, Derek. "Knight and Miller: Similarity and Difference." Ed. *Drama, Narrative and Poetry in the Canterbury Tales.* Wendy Harding. Toulouse, France: PU du Mirail, 2003, 127-38.

Campbell, Thomas. "Machaut and Chaucer: *Ars Nova* and the Art of Narrative." *Chaucer Review* 24 (1990): 275-289.

Chaucer, Geoffrey. *The Riverside Chaucer.* 3rd Ed. Larry D. Benson. Boston: Houghton Mifflin Company, 1987.

Cooper, Helen. "The Girl with Two Lovers: Four Canterbury Tales." Heyworth, P. L. Ed. *Medieval Studies for J. A. W. Bennett, Aetatis Suae LXX.* Oxford: Clarendon P, 1981, 65-79.

D. W. Robertson, Jr. *A Preface to Chaucer.* Princeton: Princeton UP, 1962.

Dean, Christopher. "Imagery in the Knight's Tale and the Miller's Tale." *Medieval Studies* 31(1969): 149-63.

Jordan, Robert. "Chaucerian Narrative." *Companion to Chaucer Studies.* Beryl Rowland. Ed. Toronto: Oxford UP, 1968, 85-102.

________________. *Chaucer's Poetics and the Modern Reader.* Berkeley: U of California P, 1987.

Knapp, Peggy. "Robyn the Miller's Thrifty Work." *Sign, Sentence and Discourse: Language in Medieval Thought and Literature.* Julian N. Wasserman & Lois Rodney. Ed. Syracuse: Syracuse UP, 1989, 294-308.

Muscatine, Charles. *Chaucer and the French Tradition: A Study in Style and Meaning.*

Berkeley: U of California P, 1957.

Scher, Stephen Paul. "Literature and Music." *Interrelations of Literature*. Jean-Pierre Barricelli and Joseph Gibaldi. Ed. New York: Modern Language Association of America, 1982, 225-50.

Vasczily, Scot. "Fabliau Plotting against Romance in Chaucer's Knight's Tale." *Style* 31 (1997): 523-42.

「기사의 이야기」(*The Knight's Tale*) 속 내러티브 스타일: 형식(Forms)과 부조화(Incongruities)

***

초서는『새들의 의회』(*The Parliament of Fowls*)와「벨리비의 서시」(*The Prologue to Melibee*)에서 전통적으로 내려오는 과거 이야기를 '다시 이야기하는 것'(retelling the tales)에 대한 자신의 생각을 내 비치고 있다. 여기에서 초서는 자신이 어떠한 이야기를 새롭게 창작하고 있다고 말하지 않는다. 다만 과거로부터 전해 내려오는 이야기를 '다시 이야기'(retelling)하여 독자들에게 새롭게 선보일 뿐이라고 주장한다. 초서는 자신 스스로를 "과거 이야기"라는 밭을 새롭게 경작하는 사람(cultivator)으로 여겼으며, 당시 독자들에게 익숙한 이야기를 다시 이야기함으로서 원전에서는 볼 수 없었던 새로움을 독자들에게 부여할 수 있다고 믿었던 듯싶다:

> 옛 들판에서 매년 새로운 곡식이
> 나온다고 사람들은 말하는데,
> 실제로, 오래된 과거 책들로부터
> 사람들이 배우는 학문 또한 나오는 것이다. [18]

> For out of olde seldes, as men suety,

18) 본 논문에 인용된「기사의 이야기」의 우리말 번역은 이동일, 이동춘,『켄터베리 이야기 I』, 서울: 도서출판 한울, 2001을 따르고 있다.

Cometh ac this news corn from yea to yore,
And out of olde bakes, in good faith,
Cometh ac this news science that men lire.[19] (22-5)

초서에게 오래된 책(들판)이란 새로운 어떤 것이 단순히 '저장'되어 있는 장소가 아니라, 시간과 노력에 의해서 '만남'이 이루어지고 알곡이 '수확'되어지는 곳이다(Koff 38). 코프의 이러한 주장을 뒷받침할만한 초서의 생각이 『새들의 의회』에서 다시 한 번 암시적으로 드러난다: "어떠한 것을 배운다는[얻는다는] 것은 거의 오랜 날 동안 열심히 노력한 결과이다" [And therupon, a certeyn thing to lerne,/The longe day ful faste I redde and yerne. (20-1)]. 초서는 새로운 단어 혹은 의미(알곡)란 책(들판)과 화자/독자(수확자)사이의 상호 관계에 의하여 이루어진다는 사실을 말하고 있다. 이것은 초서의 내러티브에서 눈에 띄는 공통된 특징이다. 다시 말해서, 초서의 내러티브가 지닌 의미(혹은 알곡[corn])란 단순히 이야기 전달자인 화자의 말에 저장되어 있는 것이 아니라 독자의 지적인 노력과 수고에 의하여 수확되어지는 것이다.

초서의 일부 이야기들, 예를 들면 「시골 사제의 이야기」(*The Parson's Tale*)나 「철회」(*Retraction*) 등을 제외한 『캔터베리 이야기』안의 어느 내러티브에서도 하나의 진리, 이념 혹은 가치가 직접적으로 표출되는 경우는 극히 드물다. 대신 초서는 이야기 속의 사건이나 인물을 모호하게 묘사하거나 이에 대하여 다양한 관점들을 제시함으로서 독자

19) *The parliament of Fowls*를 비롯한 본문에 인용된 초서 작품의 원문은 *The Riverside Chaucer* (Boston: Houghton Mifflin, 1987)를 따르고 있다.

로 하여금 비판적인 판단 능력을 동원하여 나름대로 각자가 의미를 추구하도록 하고 있다. 초서의 이야기는 화자가 전달하는 것과 독자가 이해하는 것 사이의 상호관계에 의하여 만들어진다는 표현이 적절해 보인다.

초서의 「기사의 이야기」 또한 앞서 언급한 내용들에서 벗어나지 않는다. 보카치오의 『테세이다』(*Teseida*)라는 밭을 초서가 나름대로 새롭게 경작한 것이 「기사의 이야기」이다. 이태리의 여러 많은 작품들 가운데 『테세이다』만큼 초서가 즐겨 사용한 원전도 없을 것이다. 본 논문에서 다루게 될 「기사의 이야기」에서는 물론이고 『아넬이다와 알시테』(*Anelida & Arcite*), 『새들의 의회』, 『트로일러스와 크리세이다』(*Troilus & Criseyde*), 『착한 여인전(傳)』(*The Legend of Good Women*), 「시골 유지의 이야기」를 비롯하여 『명예의 전당』(*The House of Fame*)에서 초서는 『테세이다』의 일부 혹은 전체를 '다시 읽기'의 대상으로 삼고 있다. 이러한 사실은 그 만큼 초서가 보카치오의 작품들 가운데 이 작품에 익숙해져있었다는 것을 말해준다. 특히, 「기사의 이야기」에서 초서는 『테세이다』의 전체적인 내용과 기본적인 플롯을 그대로 이용하고는 있으나, '다시 읽기'를 통하여 당시뿐만 아니라 오늘날 독자에게 원전에서 찾아볼 수 없는 '새로움'을 여러 측면에서 초서는 부여하고 있다.

원전에서 찾아볼 수 없는 '새로움'이란 「기사의 이야기」 속 내러티브 형식과 스타일에서 비롯되며 이는 독자들에게 작품에 대한 새로운 의미와 관점을 제공해준다. 「기사의 이야기」에서 만큼 철저하게 형식을 절제하고 통제함으로서 원전에서 볼 수 없는 '새로움'을 독자에게 부여하는 작품도 드물다. 특히, 순수 서사시도 아니며 그렇다고 로맨스도 아닌『테세이다』의 형식을 초서는 나름의 의도를 가지고 균형과 조화를 갖춘 새로운 형식의 기사도적(chivalric)이며 궁정풍(courtly)의 로맨스로 다시 쓰고 있다(Pratt 603). 그러나 완벽하고 절제된 형식에도 불구하고 내용과 스타일 면에서 초서는 작품의 전체적인 분위기에 어울리지 않아 보이는 부자연스럽고 부조화적인 양상들을 초서는 작품 여기저기에 주입하고 있다. 작품의 의미가 화자의 말에 단순히 내재되어 있지 않을 뿐더러 화자의 주장과 관점은 작품에 내재되어 있는 여러 관점들 가운데 하나에 불과하다는 사실을 보여주기 위한 초서의 의도로 보인다. 이는 또한 내러티브의 의미를 파악하는데 독자의 지적인 노력과 비판적인 사고가 필수적일 수밖에 없다는 사실을 말해준다. 본 논문의 목적은 원전에서 볼 수 없는「기사의 이야기」만의 새로운 요소, 즉 형식과 내용 그리고 스타일의 부조화를 통하여 독자에게 전달하려는 초서의 의도를 알아보는데 있다. 이와 더불어『캔터베리 이야기』라는 전체 속에서 초서가 전달하려는「기사의 이야기」 의미가 무엇인가를 살펴보고자 한다.

I. 형식의 절제와 균형

『테세이다』의 다시 읽기를 통하여 초서가 당시 독자들을 위해 「기사의 이야기」에서 이끌어내고 있는 원전과의 차이점들은 매우 다양하다(Pratt 598-621; Wilson 131-146). 그 가운데서 무엇보다 가장 두드러진 차이점이 바로 플롯 구조에 있다는 점에 비평가들 사이에 이견이 없어 보인다. 그러나 「기사의 이야기」의 기본적인 플롯 구조에 대한 비평가들 사이의 공통적인 합의는 지금까지 이루어지지 않고 있다. 킨(Patricia Kean)의 경우, 작품의 플롯으로 화자인 기사가 설정해놓은 네 부분을 그대로 받아들이고 있다. 그에 따르면, 첫째 부분에 장면(배경) 그리고 이야기의 기본적 패턴과 주제가 설정되어 있으며, 두 번째 부분에서 이야기가 본격적으로 진행되는데, 특히 연인들과 테세우스 사이의 대립양상이 발전된다. 그리고 연인들과 관련된 신들의 대립 및 발전이 세 번째 부분의 주된 내용이며, 네 번째 부분의 초점은 작품에서 화자가 의도하는 '거대 효과(grete effect)'에 맞추어져 있다고 킨은 설명하고 있다(16-17). 킨과 마찬가지로 윌슨(H. S. Wilson) 또한 작품을 네 부분으로 구분 짓고는 있으나, 아리스토텔레스 방식의 다섯 단계, 즉 도입(*protasis*), 발전(*epitasis*), 위기(*catastrophe*), 격변(*peripeteia*), 그리고 결론(*anagnorisis*)에 맞추어 작품을 분석하고 있다. 다섯 단계로 작품의 플롯 구조를 나누고 있다는 점에서 피필드(Merle Fifield)의 구조적인 분석 또한 윌슨과 대체로 일치한다. 그러나 피필드는 작품 속의 여러 다양한 시점에서 화자인 기사가 내리는 지시에 따라 다음과 같이 다섯 단계로 나누고 있다(95-106): 1354행(첫 번째 부분의 끝), 1881행-83행(세 번째 부분의 시작), 2479행(세 번째 부분의 끝), 그리고 2965행-66행(네 번째 부분의 끝). 로우(Elizabeth Ashman Rowe) 또한 「기사의 이야기」를 다섯 부분으로 나눠 설명하고 있는데, 피필드와 다른 점은 이야기의 자연스런 흐름을 위하여 화자가 혼자 내뱉는 말보다는 사건의 기본적 패턴에 근거하여 이야기를 다섯 부분으로 나누고 있다. 필자의 생각 또한 로우의 이러한 분석이 다른 분석들에 비하여 보다 합리적이라 본다. 뒤에서 보다 구체적으로 밝히겠지만, 작품의 화자인 기사, 기사가 추구하는 가치관내지 이상 그리고 『캔터베리 이야기』라는 전체 속에서 「기사의 이야기」의 위치 등을 고려할 때, 로우의 분석이 원전의 '다시 읽기'를 통하여 초서가 기획했던 의도와 일치한다고 볼 수 있다. 아울러 로우의 분석은 「기사의 이야기」의 문학적 장르를 로맨스로 보는 대다수의 많은 비평가들의 주장과도 일맥상통하고 있다.

통일성이 없을뿐더러 주제와 디자인이 독자에게 전달해주는 힘과 등장인물의 성격묘사가 미약하다는 점을 들어 프랫(Robert A. Pratt)은 『테세이다』의 장르를 의사(疑似) 서사시(pseudo-epic)라고 규정짓는다 (603). 초서의 「기사의 이야기」에 서사시적인 요소들이 완전히 배제된 것은 물론 아니다. 그러나 확실한 것은 가능한 원전이 지니고 있는 서사적인 구조와 스타일을 벗어나 플롯의 통일성과 균형이 강조되는 로맨스의 기본적 구조로 초서는 「기사의 이야기」를 전환시키고 있다는 사실이다. 「기사의 이야기」에는 로맨스의 중요한 요소들인 사랑, 기사도, 시련 그리고 정의 등이 포함되어 있을 뿐만 아니라, 작품의 시작과 끝이 결혼 장면으로 구성되어 있고 작품의 중간 중간에 갈등과 대립의 양상이 지속적으로 이어지다 마지막에 이르러 행복한(?) 결론에 이른다. 「기사의 이야기」에는 갈등과 혼란 그리고 질서의 회복이라는 구조가 작품의 기본적 골격으로 반복되어 사용되고 있다고 말할 수 있다. 아울러 로맨스에 자주 쓰이는 판에 박힌 용어나 스타일 또한 「기사의 이야기」에 많이 사용되고 있는 편이다.

「기사의 이야기」를 구성하는 갈등-혼란-질서 회복의 기본적인 순환틀은 초서가 '다시 읽기'의 대상으로 즐겨 삼았던 영국의 전통적인 내러티브의 구조와도 매우 유사하다. 브레몽(Brémond)에 따르면, 전통적인 내러티브란 '결손'(deficiency) 혹은 '부족'(lack)의 상태에서 시작하거나 '만족'(satisfaction)의 상태에서 시작하여 최소한 한 바퀴를 돌아 '만족'의 상태로 끝나게 된다.[20] 이를 달리 표현하면, 하나의 이야기가 '악행'(villainy) 혹은 '부족'(lack)에서 시작하여 발전 및 갈등을 비롯한 몇 개의 기능적인 사건들(functional events)을 거쳐 '결혼' 혹은 '불행의 해소'(liquidation of misfortune)로 끝을 맺는다. 용어에서 차이만이 존재할 뿐, 전통적인 내러티브가 지닌 이러한 보편적인 구조는 로맨스에도 적용되며, 앞서 언급한 「기사의 이야기」의 기본적인 플롯 구조 또한 여기에서 크게 벗어나지 않는다. 뿐만 아니라, 이야기 기법의 측면에서

---

20) 헨드릭(William Hendrick)의 논문, "The structural Study of Narration: Sample Analyses," *Poetics* 3 (1972): 100-105와 캠벨(Joseph Campbell)의 *The Hero with a Thousand Faces*, 2nd ed. Bollingen Series 17 (Princeton: Princeton UP, 1968), 28을 참조. 캠벨에 따르면 모든 로맨스의 첫 부분은 비극 혹은 소위 '아래로 향함'(down-going)으로 특징 지워지며, 후반부는 '시작점'(the point of initiation)에서부터의 귀환으로 구성되어 있으며 첫 부분과는 반대로 희극 혹은 '위로 향함'(up-going)으로 특징 지워진다.

영국의 전통적인 내러티브가 지니는 대표적인 특징으로 '반복'(repetition)과 '변이'(variation)를 들 수 있는데, 이것 또한 「기사의 이야기」의 기본적 플롯 구조를 논하는데 필수적인 것들이다. 한마디로 「기사의 이야기」의 기본적인 플롯 구조는 '상실과 회복'(loss and restoration)이라는 전형적인 주제를 몇 개의 유사한 에피소드를 통하여 '반복'하고 '변이'(repetition and variation)시킴으로써 독자들에게 화자의 목소리를 강조하여 전달하고 있다.

「기사의 이야기」의 경우, 로우의 분석대로 사건을 중심으로 작품의 기본적 플롯을 살펴보면 세 개의 유사한 플롯이 작품에 내재되어 있음을 알 수 있다. 그것이 바로 앞서 말한 갈등-대립(간청)-질서의 회복이라는 기본적 플롯이다:

<u>The Chain of Events</u> (I)

The Battle of the Seven Against Thebes
<테베에 대항한 일곱 용사의 전투>

The Theban Widows Plead for Mercy (950)
<테베 미망인들의 간청>

RESTORATION OF ORDER (1023)
<테세우스에 의한 질서 회복>

Palamon and Arcite Fight (1654)
<팔라몬과 알시테의 싸움>

Theseus' Women Plead for Mercy (1757)
<테세우스 여인들의 간청>

RESTORATION OF ORDER (1826)

<테세우스에 의한 질서 회복>

Palamon and Arcite Fight (2602)

<팔라몬과 알시테의 싸움>

Arcite Pleads for Mercy (2808)

<알시테의 간청>

RESTORATION OF ORDER (2974)

<테세우스에 의한 질서 회복>

위에서 알 수 있듯이, 대립과 갈등, 간청 혹은 중재, 그리고 질서 회복이라는 기본적인 플롯 구조에 약간의 변이는 있으나 작품의 시작부터 끝에 이르기까지 이 같은 기본적 플롯은 반복된다. 특히, 눈에 띄는 것은 대립과 갈등의 조정자 내지 질서를 회복시키는데 중요한 역할을 하는 인물이 바로 테세우스라는 사실이다. 그의 역할은 한 번에 끝나는 것이 아니라 세 번에 걸쳐 반복적으로 이루어진다. 프라이(Northrop Frye)의 표현을 빌자면, 단순하지만 이러한 플롯구조를 "소원성취의 구조"(a form of wish-fulfilling) 혹은 "갈등 해결의 구조"(a structure of problem solving)라 부르는데(187), 이러한 구조가 반복적이며 순환적으로 「기사의 이야기」에 사용되고 있다는 사실과 더불어 질서 회복의 중추적 역할을 전담하는 인물이 테세우스라는 사실 역시 매우 중요한 의미를 지닌다.

원전에서 볼 수 없는 「기사의 이야기」만의 이러한 구조를 통하여 초서가 독자에게 전달하려는 의도를 논하기에 앞서 작품에 내재되어 있는 또 다른 일련의 구조를 분석해 볼 필요가 있다. 앞서 언급한 갈등 해결의 구조와 구조 사이에서 이와 유사한 또 다른 플롯 구조가 도출되어진다. 이러한 구조 또한 한 번에 걸쳐 나타나는 것이 아니라 갈등 해결의 구조와 마찬가지로 세 차례에 걸쳐 반복적으로 나타난다:

<u>The Chain of Events</u> (II)

Palamon and Arcite Are Found Together (1011)
<팔라몬과 알시테가 함께 발견됨>

Palamon and Arcite Fight (1128)
<팔라몬과 알시테의 싸움>

Palamon and Arcite Separate (1206)
<팔라몬과 알시테의 헤어짐>

Palamon and Arcite are Reunited (1574)
<팔라몬과 알시테의 재결합>

Palamon and Arcite Fight (1654)
<팔라몬과 알시테의 싸움>

Palamon and Arcite Separate (1879)
<팔라몬과 알시테의 헤어짐>

Palamon And Arcite Are Reunited (2096)
<팔라몬과 알시테의 재결합>

Palamon and Arcite Fight (2602)
<팔라몬과 알시테의 싸움>

Palamon and Arcite Separate (2809)
<팔라몬과 알시테의 헤어짐>

위의 구조에 나타나 있지는 않으나 간과할 수 없는 사실은 '팔라몬과 알시테의 싸움'과 '팔라몬과 알시테의 헤어짐' 사이에 항상 테세우스가 개입한다는 것이다. 팔라몬과 알시테가 상호 대립할 때마다 이를 중재하여 평화적이며 합리적으로 해결을 시도하는 인물이 바로 테세우스이다. 이를 다르게 표현하면, 팔라몬과 알시테가 반복적으로 야기하는 혼란과 갈등에 테세우스는 안정과 질서를 부여하고 있는 것이다. 위의 구조 또한 도표 I (The Chain of Events)와 마찬가지로 반복적이고 순환적이며 안정과 질서를 희구하는 화자의 의도에 부합하고 있다. 무엇보다 도표 I의 사이사이에 끼워져 있는 도표 II는 전자가 지향하는 이른바 갈등 해결의 국면을 보다 강화시키는 역할을 해준다고 볼 수 있다.

도표 I, II를 통합하여 정리해보면 내러티브의 구조와 테세우스에 대한 화자의 의도가 보다 확연히 드러난다. 로우의 분석이 매우 유기적이며 단순해 보이나 갈등(혼란)과 테세우스의 역할(중재) 그리고 질서(안정) 회복의 기본적 구조가 다음처럼 몇 차례에 걸쳐 반복되는 양상을 띤다:

The Chain of Events (III)

A[1] ┬ The Battle of the Seven Against Thebes
A[1] ├ The Theban Widows Plead for Mercy (950)
PALAMON AND ARCITE ARE FOUND TOGETHER — B[1]
A[1] └ RESTORATION OF ORDER (1023) — B[1]
PALAMON AND ARCITE FIGHT — B[1]
PALAMON AND ARCITE SEPARATE — B[1]

PALAMON AND ARCITE ARE REUNITED — B[2]
A[2] ┬ Palamon and Arcite Fight (1654) — B[2]
A[2] ├ Theseus' Women Plead for Mercy (1757) — B[2]
A[2] └ RESTORATION OF ORDER (1826) — B[2]
PALAMON AND ARCITE SEPARATE — B[2]

PALAMON AND ARCITE ARE REUNITED — B[3]
A[3] ┬ Palamon and Arcite Fight (2602) — B[3]
A[3] ├ Arcite Pleads for Mercy (2808) — B[3]
PALAMON AND ARCITE SEPARATE — B[3]
A[3] └ RESTORATION OF ORDER (2974)

위의 도표가 보여주듯이, 도표 I의 기본 구조와 도표 II의 기본 구조가 단순히 일렬로 반복 교차되기보다는 교차와 중복이 반복되는 양상을 보인다. 좀 더 설명하자면, 도표 II의 첫 번째 구조에 앞서 도표 I의 첫 번째 구조가 시작되며, 도표 I의 두 번째 구조는 완전히 도표 II의 두 번째 구조 안에 포함되어 있다. 또한 도표 I의 세 번째의 경우, 첫 번째 구조와는 반대로 도표 II의 세 번째 구조 다음에 뒤따른다.

이와 유사하게 작품의 공간적인 배경에 있어서 또한 반복과 교차가 눈에 띄게 드러난다. 작품의 전반부에서는 아테네와 테베가 후반부에서는 아테네와 올림퍼스가 반복되며 서로 교차된다. 이와 같은 양상은 베시(David Vesey)가 지적하고 있듯이, 『테베이드』(*Thebaid*)에서 테베와 아르고스(Argos)가 반복, 교차되어 나타나는 것과 유사하다(320). 「기사의 이야기」의 첫 번째 장면의 배경은 아테네의 밖이며 그곳에서 테베의 아낙네들이 테세우스의 행진을 멈추게 한다. 두 번째 장면은 테베를 배경으로 하고 있으며, 그곳에서 팔라몬과 알시테가 발견된다. 세 번째는 아테베의 감옥을 배경으로 삼고 있는 반면, 네 번째의 배경은 테베로서 상사병을 앓고 있는 알시테에게 머큐리가 나타난다. 다섯 번째 장면의 경우, 여러 측면에서 세 번째 배경이 반복적으로 사용된다. 공간적 배경이 바뀌는 시점은 알시테가 마르스(Mars)에게 기도를 올린 이후부터이며 그 배경이 신들의 대립과 갈등으로 대표되는 올림퍼스로 바뀐다. 그 다음 배경은 아테네의 경기장이나, 마상시합이 끝난 후 올림퍼스를 배경으로 비너스가 울고 새턴이 비너스를 달래준다. 아테네와 올림퍼스의 반복과 교차는 초서의 원전인 『테세이다』에서 볼 수 없는 것으로 추측건대 초서의 의도에 의해서 비롯된 것으로 여겨진다. 결국, 「기사의 이야기」의 마지막 장면은 아테네를 배경으로 하고 있는데, 아테네 중에서도 슈바이쩌(Edward Schweitzer)의 주장대로 작품이 시작하는 바로 그 숲에서 끝나는 듯 보인다(25). 공간적 배경의 반복과 교차는 단순한 배경의 변화이기보다는 화자의 의도에 의해 이루어진 것이다. 앞서 언급한 구조와 마찬가지로 화자는 테세우스가 통치하는 아테네를 안정과 질서의 영역으로 설정한 반면, 테베와 올림퍼스를 혼란과 무질서의 영역으로 설정하여 상호 대립시키고 있다.

유사한 갈등과 해결 구조를 지닌 몇 개의 에피소드를 비롯하여 공간적 배경을 유기적으로 결합시킴으로써 화자는 독자와의 긴밀한 유대관계를 이끌어낼 뿐만 아니라 독자에게 자신의 메시지 혹은 의도를 보다 효과적으로 전달한다. 원전에서 볼 수 없는「기사의 이야기」만의 구조적 형태와 기법, 즉 순환적 구조를 비롯한 유사한 주제의 반복과 교차를 통하여 화자가 독자로부터 이끌어 내려는 것은 무엇인가? 해답은 한마디로 단순하면서 독자에게 익숙한 구조와 전개 기법을 통하여「기사의 이야기」의 화자가 독자들을 자신이 의도하는 방향으로 이끌기 위한 것이다. 이야기를 통하여 전달하려는 내용이나 사실을 이야기의 화자는 독자가 아무런 의심이나 반박 없이 자연스럽게 받아들이도록 유도하며, 비슷한 주제를 가진 플롯 그리고 플롯의 교차와 반복을 통하여 이야기의 결말에 대하여 독자 스스로 예측이나 기대할 수 있도록 화자는 유도한다. 심지어 이러한 기법들은 마치 이야기의 주인공인 것처럼 독자를 이른바 '극적인 환상'(dramatic illusion)에 빠져들게 만든다. 이 같은 '최면효과'(effect of incantation)를 통하여「기사의 이야기」를 대하는 독자는 이야기의 화자가 전달하는 내용과 의도를 아무런 의심 없이 있는 그대로 자연스럽게 수용하게 된다.[21]

21) Lévi-Strauss, "The Structural Study of Myth," *Myth: A Symposium*, ed., Thomas A. Sebeok (Bloomington, Indiana: Indiana UP, 1965)와 더불어 Susan Wittig, *Stylistic and Narrative Structures in the Middle English Romances* (Austin and London: U of Texas P, 1978), 11-16을 참조.

독자로 하여금 자신이 지향하는 안정과 질서를 의심 없이 받아들이도록 하기 위하여「기사의 이야기」의 화자는 앞서 언급한 구조와 배경 이외에도 등장인물, 신, 그리고 색채 등에도 철저한 형식과 구도를 적용하고 있다. 이미 터너(Frederick Turner)가 매우 자세하게 논한바 있듯이,「기사의 이야기」에는 이원론적 관계뿐만 아니라 삼각(triadic) 그리고 사각(quadratic)의 형식과 구도 속에서 앞서 언급한 대상들이 대립 혹은 갈등을 빚고 있다 (282-85). 특히 그의 주장에 따르면, 삼각의 관계는 헤겔의 정반합의 원리와 유사하며, 중세 봉건사회의 근간인 복종과 지배의 관계 혹은 위계질서의 의미를 띈다. 구조적인 분석에서 보았듯이, 안정과 질서를 유지하고 회복시키는 테세우스와 이를 방해하는 팔라몬과 알시테를 삼각관계로 설정해볼 때 터너의 이러한 주장은 의미가 있어 보인다. 뿐만 아니라 신들의 세계의 경우, 대립과 갈등을 야기하는 마르스와 비너스 그리고 이를 중재하는 주피터의 관계, 아울러 이들 신들을 대표하는 삼색의 깃발(붉은 색, 흰색 그리고 황금색) 또한 인간세계가 보여주는 삼각관계와 매우 흡사하다. 등장인물을 사각관계로 설정해볼 때, 화합과 조화를 상징하는 에밀리와 테세우스(2576-769)와 그 상대편에는 갈등과 대립을 상징하는 팔라몬과 알시테가 존재한다. 뿐만 아니라, 신의 세계와 색채의 관계에서도 터너는 사각관계를 도출시키는데, 이들 사각관계는 계절, 만물을 구성하는 구성 원소 그리고 인간의 체액(humours)의 수(數)와 일치한다고 터너는 주장한다(285). 다소 무리가 있어 보이나 터너의 이와 같은 주장은 등장인물, 신, 그리고 색채의 사용에 있어서까지 화자가 구조와 배경에서 못지않게 질서와 조화를 부여하는데 신경을 쓰고 있음을 말해준다. 화자인 기사가 형식과 구조 등에 있어서 안정과 질서를 구현하려고 하는 것은 자신의 분신처럼 느껴지는 테세우스의 신념과 행동을 옹호하기 위한 것이기도 하다. 화자의 이러한 의도가 다소 비현실적으로 보일지 모른다. 그러나 화자가 내러티브 형식과 구조를 통하여 독자에게 부여하고자 하는 질서와 안정은 기사도적 가치와 이념을 통하여 공동체에 안정과 질서를 이끌려는 테세우스의 신념과 일맥상통한다고 볼 수 있다.

화자의 의도와 테세우스의 신념에 대한 화자의 확신은 「기사의 이야기」의 중심 부분에 해당하며 작품 전체의 축도(縮圖)라 할 수 있는 제 3부에서 보다 확실하게 드러난다. 「기사의 이야기」 제 3부의 중심 내용인 원형 경기장과 각 방향에 위치하고 있는 신들의 묘사는 작품의 또 다른 중요한 구조이다. 먼저 작품 전체적으로 볼 때, 「기사의 이야기」의 시작과 끝은 결혼이며, 동시에 장례식이기도 하다. 결혼과 장례식은 서로 유사할 뿐만 아니라 상이한 의식으로써 시작과 끝이 일치하는 로맨스 작품의 기본적인 축을 제공한다. 특히, 알시테의 장례식은 원 혹은 주전원(epicycle)으로써 앞서 언급한 등장인물, 색채, 그리고 신들 사이의 대립과 갈등을 화합시키며 위계 질서를 이끌어내는 역할을 한다. 예를 들어, 알시테의 시신은 황금색 천으로 둘러싸이며, 머리에는 녹색의 월계관이, 그의 손에는 흰색의 장갑이 끼워지며, 조문객들의 옷은 온통 검정 색으로 그의 부장품인 무기를 운반하는 말은 흰색으로 묘사되어 있다. 마지막으로 그의 육체를 태우는 붉은 불꽃에 황금 그릇에 담겨져 있는 꿀, 우유, 피 그리고 술이 부어진다.

제 3부의 구조 역시 알시테의 장례식 역할과 매우 유사하다. 제 3부

의 원형경기장에는 전반부와 후반부에서 일어나는 대립과 갈등, 상하위계질서와 형식이 축약되어있을 뿐만 아니라 작품 전체의 원형적인 구조를 대변해준다고 로우는 말한다(177-78):

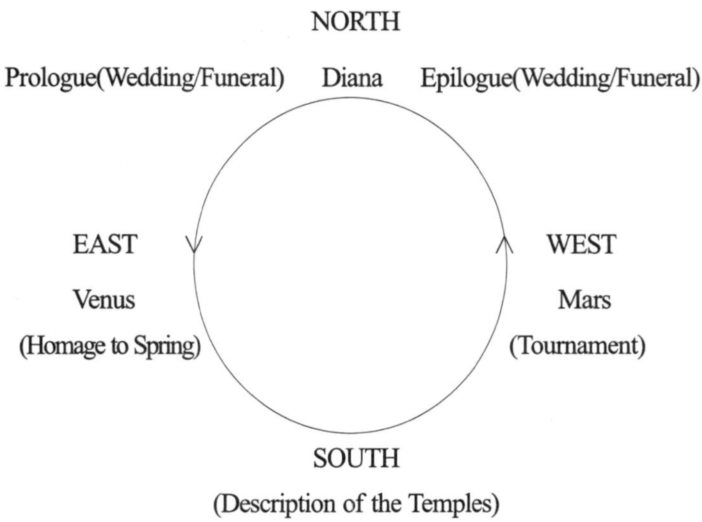

원형경기장의 네 방향 가운데 동쪽이 작품의 제 2부에 해당한다면 그 반대편에 위치한 서쪽은 제 4부에 해당하는 셈이다. 제 2부에서 비너스가 자주 언급되어 있는데, 에밀리를 포함하여 알시테와 팔라몬이 봄의 여신인 비너스에게 탄원을 하는 모습이나 비너스에 대한 화자의 언급이 제 2부에서 자주 눈에 띈다(1052-55; 1104-11; 1506-09; 1528-29). 반대로 제 4부에는 알시테와 팔라몬의 대결 장면으로 전투를 주관하는 마르스와 죽음을 암시하는 서쪽 방향이 설정되어 있다. 아울러 작품의 시작과 끝에 다이애나와 북쪽을 설정해놓은 이유를 로우는 작품의 시작 부분에는 직접적으로 묘사되고 있지 않으나 아마존 여전사들과 에밀리 사이에는 연관성에서 찾고 있다. 즉 순결을 유지하며 처녀로서 삶을 지키고 싶었던 이들 여성들의 바람을 다이애나가 들어주지 못했다는 점이 바로 그것이라고 로우는 주장한다. 앞서 언급했듯이, 로맨스의 보편적인 구조인 원형적 모델은 작품에 나타나는 이원론적, 삼각 혹은 사각 구조를 모두 통합하거나 수용하는 형태임에 틀림없다. 작품에 나타나는 대립과 갈등, 이로 인하여 비롯되는 혼란과 무질서를 질서와 조화를 이루는 원형의 상태로 화자는 작품을 궁극적으로 기획하고 있는 것이다.

또 하나 중요한 사실은 구조적 분석에서 이미 언급했듯이 원형적 모델의 중심에는 항상 질서를 회복하고 안정을 갈구하는 테세우스가 위치하고 있다. 터너의 주장대로, 「기사의 이야기」가 전체적으로 원형적인 조화와 안정에 맞추어져 있을뿐더러 작품의 이러한 모델은 초서가 많은 관심을 가졌던 것으로 알려진 중세시대 우주 천체의 모델을 기초로 이루어졌다(286). 이러한 사실은 테세우스에 대한 화자의 입장이 무엇인가 보다 더 명확하게 해준다. 당시 중세 대다수의 사람들이 믿었던 천체의 구조는 여러 동심원으로 이루어져 있는데, 작품에 나오는 신의 이름을 지닌 혹성들, 예를 들어 비너스, 마르스, 주피터, 새턴 등이 포진되어 있는 첫 번째 구(sphere)가 있으며, 새턴의 외부에는 항성(fixed stars)들이 있고 그 다음 구에 포진되어 있는 것이 바로 *Primum Mobile*, 즉 테세우스가 팔라몬과 에밀리의 결혼식에서 언급하는 '원동력이신 분'(First Mover)이다(2987-3038). '원동력이신 분'의 내부에 포진하고 있는 혹성들이 자리를 바꿔가며 운행을 할지라도 '원동력이신 분'만은 '영원하고 안정적'으로 처음과 같이 그대로 변함없이 그 자리를 지킨다고 테세우스와 마찬가지로 당시 사람들은 믿었다. 이러한 사실을 감안해 볼 때, 「기사의 이야기」에 등장하는 인물들의 대립과 갈등, 그리고 이들을 옹호하는 신들의 대립은 자리를 바꿔가며 운행하는 혹성들 사이의 대립에 비유되는 반면, 규범과 질서 그리고 영원성을 의미하는 '영원하신 분'은 작품의 테세우스와 동일하게 볼 수 있다. 이것이 바로 테세우스에 대한 이야기의 화자인 기사의 입장이며, 아울러 테세우스가 지향하는 기사도의 이상과 가치에 대한 화자의 변치 않는 믿음이라고 볼 수 있다.

II. 내용과 형식의 부조화

작품의 시작부터 화자는 테세우스를 기사도의 본보기로서 매우 긍정적이며 이상적으로 묘사하고 있다. 테세우스는 기사도의 기본적인 정신이라 할 수 있는 정의감, 약자에 대한 배려, 물리적인 힘 등을 두루 갖춘 이상적인 인물인 것처럼 보인다(981-90). 테세우스에 대한 화자의 신념은 그를 묘사하기 위하여 화자가 반복적으로 사용하는 형용사에서 엿볼 수 있다. "훌륭한", "뛰어난", "가치 있는" 등의 수식어를 통하여 화자는 독자들로 하여금 기사로서 테세우스의 역량과 품성에 의문을 품지 못하도록 만들고 있다. '갈등 해결'이라는 간단한 구조를 반복적이며 교차적으로 사용함으로써 독자가 무의식적으로 화자의 의도를 수용하도록 만들듯이, 작품의 시작부터 테세우스를 완벽한 인물로 묘사함으로써 테세우스가 기사도 정신에 위배되지 않는 완벽한 인물임을 독자가 믿도록 화자는 이끈다. 앞서 언급한 기본적 구조의 반복 및 교차적인 사용 그리고 작품 전체를 통합하는 원형적 구조와 더불어 테세우스에 대한 화자의 묘사는 테세우스와 그가 지향하는 기사도에 대한 화자의 태도를 분명히 보여준다.

분명 절제된 구조와 테세우스의 모습을 통하여 혼란과 무질서를 기사도의 기치(旗幟)하에 질서와 안정으로 이끌 수 있다는 자신의 믿음을 화자는 독자들에게 보여준다. 그러나 일부 비평가들이 언급했듯이 실제 작품을 자세히 들여다보면 기사의 신념이 현실 속에서 무모할 정도로 이상적이라는 것을 알 수 있다.[22]

이러한 사실은 「기사의 이야기」 곳곳에 내재되어 있는 내용과 형식의 '부조화'(incongruities)를 통하여 암시적으로 드러난다. 먼저 내용면에서 볼 때, 테세우스에 대한 화자의 이상적인 묘사와 사뭇 어울리지 않아 보이는 내용들이 작품에서 종종 발견된다. 전체적으로 테세우스는 화자의 표현대로 이상적인 인물로 보이나 작품 여기저기에서 그가 보여주는 행동들과 이로 인하여 비롯된 결과들은 그의 신념과 가치에 대하여 독자가 회의를 품기에 충분하다. 가장 대표적인 예로서 팔라몬과 알시테의 사랑으로 비롯된 사적인 대립과 갈등을 테세우스가 기사도를 통하여 해결하려는 과정과 이로 인하여 야기되는 결과를 들 수 있다.

아마존과 테베에서 혼란과 갈등을 성공적으로 해결한 테세우스가 두 연인의 갈등을 공적으로 해결하기 위해 기사도적 규범을 상징하는 원형경기장으로 이들을 이끈다. 숲은 사적인 장소로 은밀함과 어둠을 암시하고 있다면, 테세우스가 두 연인의 대결 장소로 선택한 원형경기장은 그 자체의 구조가 말해주듯이 질서와 규칙이 지배하는 공적인 장소인 셈이다. 그러나 기사도의 규범 안에서 질서를 회복하려는 테세우스의 이상은 산산조각이 나고 만다. 테세우스가 강조하는 규칙은

22) William Frost, "An Interpretation of Chaucer's *Knight's Tale*," *RES* 25 (1949): 290-304; Charles Muscatine, "Form, Texture and Meaning in Chaucer's *Knight's Tale*," *PMLA* 65 (1950): 911-25; John Halverson, "Aspects of Order in the *Knight's Tale*," *Speculum* 57 (1960): 606-21; Judith Schere Herz, "Chaucer's Elegiac Knight," *Criticism* 6 (1964): 212-24; Paul F. Baum, *Chaucer: A Critical Appreciation* (Durham: Duke UP, 1958), 84-104; Richard Neuse, "The Knight: the First Mover," *University of Toronto Quarterly* 31 (1962): 299-315.

상대를 살상할 가능성이 있는 날카로운 무기를 사용해서는 안 된다는 것이다(2537-60). 그러나 질서와 안정을 회복하겠다는 그의 기대는 무법의 폭력과 잔인한 피 흘림으로 물거품이 되고 만다(2607-11). 이는 테세우스가 신봉해온 가치관과 믿음이 인간 만사 모든 갈등을 제어하고 해결하여 공동체의 질서와 안녕을 가져다줄 수 없다는 사실을 반증해준다. 테베와 아마존의 전투는 말 그대로 정의를 수호하고 약자를 보호해야한다는 대의명분 아래 이루어진 반면, 사랑이라는 인간의 사적인 감정에서 비롯된 싸움까지도 기사도의 명분으로 해결하려는 테세우스의 자세 그 자체에 문제가 있는지도 모른다.

이 밖에도 현실 속에서 테세우스의 이상이 좌절될 수밖에 없다는 사실이 연인들의 대립과 갈등을 해결하기 위하여 그가 심혈을 기울여 만든 원형 경기장 그 자체에도 암시되어 있다. 원전과 다른 많은 차이점들 가운데 가장 눈에 띄는 것이 원형 경기장 안의 마르스(Mars) 신전에 대한 묘사이다(Pratt 618). 외견상 완벽한 균형과 조화를 보여주고 있는 것 같으나 실제 마르스 신전의 내부묘사에는 원전에서 찾아볼 수 없는 폭력적이며 혼란스러운 내용들이 산재되어 있다. 아이러니하게도 전투에 승리하여 개선하는 테세우스의 모습과 그의 기원문에 나타나듯이 마르스는 다름 아닌 테세우스가 숭상하는 신이라는 점이다. 이런 관계를 감안해볼 때, 마르신 신전에 대한 묘사는 테세우스가 신봉하는 기사도가 폭력과 잔혹성 혹은 재앙과 불가분의 관계에 있다는 사실을 보여주기 위한 작가 초서의 의도에서 비롯된 것인지 모른다. 아울러 마르스 신전 내부에 대한 일부 묘사는 인간의 노력에도 불구하고 세상의 현실은 불공평하며 자의적으로 운행될 수밖에 없다는

사실을 암시하고 있다:

> 사냥꾼은 거친 곰들에게 짓밟히고;
> 수퇘지는 요람에 누워있는 어린아이를 삼켜버리고;
> 요리사는 자신의 긴 국자로 인하여 데기도 하며,
> 마르스 신이 가져다주는 불행들에 관하여 그 어떤 것도 잊을 수 없을 것이오.
> (이외에도) 짐꾼은 자신의 짐마차에 치어;
> 바퀴 아래 짐꾼은 깔리기도 하죠.

> The hunte strangled with the wilde beres;
> The sowe freten the child right in the cradel;
> The cook yscalded, for al his longe ladel.
> Noght was foryeten by the infortune of Marte
> The cartere overryden with his carte;
> Under the wheel ful lowe he lay adoun. (2018-23)

현실적으로 인간의 모든 일이 노력과 의지대로 이루어지지 않는다는 점이 위의 인용문에 암시되어 있다. 솔터(Elizabeth Salter)의 주장대로 신의 이유 없는 잔혹성 앞에 인간의 미약함을 보여주는 내용과 함께 이는 인간만사가 테세우스의 뜻대로 기사도 정신에 의해 이루어지지 않는다는 사실을 시사한다(32). 테세우스의 이상적 세계관에 대한 초서의 이와 같은 회의적인 태도는 새턴(Saturn)에 대한 기술에서 보다 확연하게 드러난다(2453-69). 이 부분에서 초서는 운명의 여신(Fortune)이 보여주는 이유 없는 잔혹함 앞에 무기력하기 그지없는 인간의 모습을 묘사하고 있다. 여기서도 마찬가지로 인간만물에 작용하는 신의 정의를 인정하고 이를 이해하려는 인간의 노력이 얼마나 헛되고 무의미한 것인지 초서는 말하고 있다. 이는 결국 공적 영역은 물론 인간의 사적인 감정마저도 자신의 삶과 영역 안에서 안정적이며 조화롭고 해결할 수 있다고 믿는 테세우스의 이상이 현실과 괴리가 있음을 말해준다. 다시 말해서, 테세우스의 이상과 신념대로 세상 모든 일이 질서와 조화 속에 진행되지 않는다는 사실을 초서는 우회적인 방법으로 독자들에게 전달하고 있는 것이다.

거의 완벽한 균형과 절제를 갖춘 작품의 구조 속에 내재되어 있는 내용의 부조화 이외에 「기사의 이야기」에서 연출되는 우스꽝스러운 분위기 또한 화자의 의도를 의심케 하는 것들 가운데 하나이다. 「총 서시」(*The General Prologue*)와 『캔터베리 이야기』의 곳곳에 묘사되어 있는 기사의 모습과 역할 그리고 「기사의 이야기」의 전체적인 분위기를 고려해볼 때, 우스꽝스러운 분위기란 작품 전체에서 풍기는 다소 근엄하고 엄숙한 분위기와는 전혀 어울리지 않아 보인다. 일찍이 누스(Richard Neuse)는 「기사의 이야기」에 나타나는 우스꽝스러운 상황들을 지적한 바 있는데, 그 상황이 매우 짧기 때문에 이것들이 화자가 의도한 것인지, 아니면 화자 자신도 의식하지 못한 상태에서 비롯된 것인지 정확히 알 수는 없다고 그는 말한다(299-315). 그러나 우스꽝스러운 분위기를 연출하는 일부 내용의 경우, 단순히 화자의 무의식이나 의식의 상태에서 비롯된 것이 아니라 작가인 초서가 의도적으로 그러한 분위기를 만들지 않았나 의심이 들 정도이다. 다이애나(Diana)의 신전에서 에밀리가 불길한 징조를 목격하게 되는 부분에서 독자들은 주위 분위기나 상황에 어울리지 않는 우스꽝스러움을 느끼지 않을 수

없게 된다:

> 에밀리가 이렇게 기도를 올리고 있는 동안에
> 재단에선 불이 밝게 타오르고 있었는데
> 그녀는 갑자기 기이한 광경을 목격하게 되었다.
> 그 불 중 하나가 갑자기
> 꺼졌다가 다시 살아났고
> 곧이어 다른 한 불이 불길을 잃더니 이내 완전히 꺼져 버렸다.
> 그리고 두 번째 불이 꺼질 때에는
> 물에 젖은 나뭇단이 탈 때와 같은 윙하는 소리가 울려났다.

> The fires brenne upon the auter cleere,
> Whil Emelye was thus in hir preyere.
> But sodeynly she saugh a sighte *queynte*,
> For right anon oon of the fyres *queynte*,
> And quyked agayn, and after that anon
> That oother fyr was *queynt* and al agon;
> And as it *queynte* it made a whistelynge,
> As doon thise wete brondes in hir brennynge.... (2331-38)

위 인용문에서 네 차례에 걸쳐 *queynte*가 반복되고 있는데, 상황이 발생하는 배경이 순결의 여신을 숭상하는 다이애나의 신전이라는 점에서 *queynte*라는 단어는 배경에 전혀 어울리지 않는다. 아울러 자신의 순결을 지켜줄 것을 다이애나에게 기원하기 위하여 신전에 나타난 에밀리에게 또한 이와 같은 외설적인 단어는 매우 부적절하게 보인다. 결국 외설적인 단어의 반복으로 엄숙하고 고요한 신전의 분위기와 탄원자의 다소 긴장된 태도는 서서히 누그러들며, 독자 또한 기대치 않는 뜻밖의 단어로 인하여 실소를 금할 수 없게 된다. 이야기의 화자인 기사가 의식적으로 이 같은 외설적인 단어를 사용했다고는 믿어지지 않는다. 화자의 표현대로 "결코 타락하고 음탕한 말을 해본 적이 없는"(nevere yet no vileynye ne sayde)기사이기 때문에 그가 반복적으로 사용하는 이 같은 단어는 독자를 혼란스럽게까지 만든다. 특히, 작품에서 기사가 사용하는 언어는 전반적으로 매우 우아하며 언어 선택에 있어서 또한 그는 신중한 편이다. 뿐만 아니라, 기사는 단어의 미묘한 의미까지도 파악할 수 있는 능력을 갖추고 있는 인물임에 틀림이 없다. 이런 모든 사실들을 감안해볼 때, 이 부분에 대한 독자의 반응이 혼란스럽지 않을 수 없다.

이외에도 앞서 인용된 문구의 바로 몇 행 앞에서 화자는 똑 같은 단어를 가지고 말장난을 벌인다:

> 그들에게 사랑과 화평을 내려주시고
> 그들의 마음을 돌이켜
> 그들의 불타오르는 사랑의 열정과 욕망,
> 그리고 극도의 고통과 격정이 가라앉게 해주시거나
> 그렇지 않으면 다른 이에게 향하도록 해 주시옵소서.
>
> As sende love and pees bitwixe hem two,
> And fro me turne awey hir hertes so
> That al hire hoote love and hir desir,
> And al hir bisy torment, and hir fir
> Be *queynt,* or turned in another place. (2317-21)

위 인용문의 바로 전에서 역시 화자는 넋을 잃은 알시테를 묘사하면서도 *queynte*를 여전히 사용하고 있다: “뭇 연인들이 이상한 방법으로 하는 것처럼” [As doon thise loveres in hir queynte geres... (1531)]. 화자가 사용하는 단어는 상황에 어울리지 않는 우스꽝스러운 분위기를 넘어 음탕한 기분마저 연출한다. 성(性)과 관련된 이러한 단어 이외에 화자는 *harneys*라는 단어를 반복적으로 사용하고 있다. 작품의 여기저기에서 화자는 이 단어를 즐겨 반복적으로 사용하는 편이다(1613, 1628-32, 2140, 2496, 2896). *harneys*는 표면적으로는 ‘갑옷’(armor)을 의미하나, 그 이면에는 여성의 성기와 깊은 연관이 있는 표현이다. 모두가 공통적으로 여성의 성기와 관련한 말장난이 아닐지라도 화자의 언어사용 능력에 비추어 볼 때 이들 단어들은 독자로 하여금 화자의 의도에 다시 한 번 의문을 품게 만든다. 분명한 것은 궁정풍의 분위기를 담고 있는 기사도 로맨스에 이와 같은 말장난은 어울리지 않을뿐더러 화자의 의도를 후퇴시키는 역할을 한다는 사실이다. 단어에 내포된 성적 의미를 통하여 화자가 즐기는 이러한 말장난은 팔라몬과 알시테가 벌이는 사랑 전쟁의 고귀함과 이상을 점강(漸降)시키는 효과를 유발시킬 뿐이다.

이 같은 부정적인 효과를 감안할 때, 화자인 기사가 무의식적으로라도 성적인 의미를 내포하고 있는 단어들을 한 번이 아니라 반복적으로 즐기듯이 사용하고 있다는 사실이 믿기지 않는다. 오히려 작품의 전체적인 분위기나 앞서 언급한 장면들의 상황에 어울리지 않는 표현들은 화자가 아닌 작가 초서의 의도가 내포된 것은 아닌지 충분히 의심이 간다. 테세우스가 신봉하는 기사도와 연인들의 고귀한 사랑을 비웃기라도 하듯 초서가 화자의 입을 빌려 이처럼 세속적이며 음탕하기까지 한 단어들을 사용하고 있다고 여겨진다. 포스터(Edward Forster)는 「기사의 이야기」에 나타나는 우스꽝스러운 상황이나 그러한 분위기를 만들어내는 단어들은 화자가 의식적 혹은 무의식적으로 사용한 것이 아니라 초서가 의도한 것이라고 주장한다(91). 시대착오적 가치관으로 세상만사를 질서 있고 조화롭게 통제할 수 있다고 믿는 기사와 테세우스의 이상주의에 대항하여 초서는 자신의 현실적 생각을 이러한 단어들을 통하여 우회적으로 보여주고 있는 것이다. 작품에 산재되어 있는 이러한 부조화적 요소들 때문에 독자는 화자가 의도하는 방향으로 무의식적으로 끌려가기보다는 화자와 거리를 둔 채 작가인 초서가 진정 전달하려는 메시지가 무엇인지 다시 한 번 생각하게 된다.

말장난에서 비롯되는 부조화가 독자와 화자 사이의 거리를 이끌어내듯이 작품의 후반부에 나타나는 우스꽝스러운 장면들 역시 화자의 이상과 신념에 찬 물을 끼얹는 역할을 한다. 카펠레이너스(Andreas Capellanus)와 프랑스의 로맨스를 들먹거리며 팔라몬과 알시테가 벌이는 궁정풍의 사랑 논쟁이 재빠르게 단순한 말다툼으로 변질되는 장면(1092-1186)이 그러한 예에 해당한다. 앞부분과 뒷부분 사이에서 나타나는 형식과 언어의 부조화는 독자에게 웃음을 안겨주기에 충분하나 웃을 수 없는 이유는 무시무시한 상황과 함께 여기에서 두 사람은 치명적인 불행을 직면하기 때문이다. 이와 유사한 효과를 내는 또 다른 장면으로 팔라몬과 알시테가 숲 속에서 싸움을 벌이던 도중 테세우스에 의해 붙잡히는 부분을 들 수 있다. 팔라몬은 먼저 자신의 죄를 고백하지만 누가 먼저 처형될 것인가에 대하여 결정을 내리지 못한 채 미적미적한다. 이러한 그의 모습은 독자들에게 또 한편의 코미디를 제공하기에 충분하다. 기사도의 이상을 추구하고 사랑에 기꺼이 목숨을 건 이들 기사들 역시 삶과 죽음의 현실적인 문제에서는 매우 민감하게 반응하고 있음을 알 수 있다. 테세우스는 이러한 현실을 제대로 이해하지 못하고 있다는 느낌이 든다. 현실의 벽에 부딪혀 테세우스의 이상이 작품 후반부의 한 장면에서 여지없이 무너진다. 명목적으로는 불행을 줄이고 목숨을 보호하기 위한 것이겠으나, 테세우스는 두 연인의 싸움에 보다 철저하고 엄격한 제한을 두는 모습이다: "유혈의 파국을 원하지 않으시는 선하신 왕에게 신의 가호가 있기를" [God save swich a lord, that is so good,/He wilneth no destructions of blood! (2563-64)]. 그러나 차후 벌어지는 두 연인사이의 잔혹한 전투와 이로 인한 대학살은 앞서 언급했듯이 현실과 테세우스가 지향하는 이상이 부합할 수 없음을 여실히 보여준다(2608-11; 2634-35).

작품 전반에 깔려있는 엄숙하고 근엄한 분위기 때문에 작품 여기저기에서 눈에 띄는 우스꽝스러우며 부자연스러운 부분들이 간과되기 쉽다. 앞 뒤 전후 스타일의 차이로 인하여 이러한 부분에서 다소 우스꽝스러운 분위기가 연출되는 것은 사실이다. 그러나 대체로 이러한 부분들은 잔혹하거나 불행한 종말을 내용으로 하고 있기 때문에 실제 이를 두고 웃는 독자는 드물 것이다. 그 대표적인 예가 승리한 알시테가 말에서 떨어져 고통을 겪으며 죽음을 맞이하는 장면이다. 알시테가 죽음을 맞이하는 순간을 묘사하는데 있어 그 어느 때보다 엄숙하고 근엄해야 할 화자의 태도는 찾아볼 수 없다. 죽어 가는 알시테의 모습을 임상적으로 묘사하는 부분은 앞 뒤 상황과 전혀 어울리지 않아 우스꽝스러운 느낌이 든다. 그러나 사태의 심각성 때문에 독자는 웃을 수 없는 것이다. 심지어 알시테를 화장하기 위하여 나무들이 잘려진 후, 나무 안에 깃들어 있던 신들이 마치 놀란 다람쥐처럼 나무 위 아래로 왔다 갔다 하는 모습은 독자들의 웃음을 불러일으키기에 충분하다. 그러나 비극적인 상황을 담고 있는 내용 가운데 극히 일부분에 해당하기 때문에 독자들은 이러한 부분을 쉽게 간과한다. 혹은 간과하지 않는다 하더라도 전체적인 상황과 분위기 때문에 쉽게 웃음을 보일 수 없게 된다. 그러나 분명한 것은 이러한 부조화로 인하여 독자는 화자가 지향하는 가치관과 의도를 아무런 비판 없이 있는 그대로 받아들이기 보다는 그것들에 대하여 의문과 회의를 품게 된다는 사실이다. 더 나가, 언어 선택을 비롯하여 상황에 어울리지 않는 이 같은 묘사들은 화자가 지향해온 가치관과 의도를 훼손시키기에 충분해 보인다.

작품의 전체적인 내용과 분위기에 어울리지 않는 말장난이나 우스꽝스러운 상황 이외에 화자는 이야기하는 과정에서 기법 상의 실수나 서투른 모습 종종 보여주고 있다. 화자의 이러한 모습은 형식의 절제와 균형을 통하여 독자에게 끊임없이 전달하려고 했던 화자의 의도에 역행한다. 무엇보다 이러한 현상은 이야기의 흐름을 통제하는 화자의 능력이 서서히 흔들리기 시작하는 「기사의 이야기」후반부에서 드러나기 시작한다. 이는 또한 자신의 영역 안에서 질서를 유지하려 했던 테세우스의 시도가 무산되는 시점과 공교롭게도 일치한다. 일예로 숲속에서 벌어지는 팔레몬과 알시테의 대립을 테세우스가 중재하는 시점부터 화자는 작품의 전반부에서처럼 이야기의 흐름을 엄숙한 분위기 속에서 균형 잡히고 체계적으로 통제하지 못하고 있다. 오히려 여러 곳에서 화자는 아이러니한 효과나 우스꽝스러운 분위기를 유발시킨다. 화자는 이야기의 흐름을 통제하고 질서를 부여하기 위한 방편으로 이야기 안에 수시로 개입하는 데, 실제 화자의 빈번한 개입은 이야기의 흐름을 부자연스럽게 만들 뿐만 아니라 화자가 의도하는 바에 독자로 하여금 의심을 품게 만든다. 특히, 팔레몬과 알시테가 숲 속에서 대결하는 장면에서 의도적이든 의도하지 않았든 간에 화자는 잠시 자신의 의도를 망각한 채 실수를 범한다:

그들이 흘린 피에 발목이 잠길 때까지 싸웠다.
이쯤에서 그들이 계속 싸우도록 나두고
테세우스에게로 옮겨가 보기로 하자.

Up to the ancle foghte they in hir blood.
And in this wise I lete hem fightyng dwelle,
And forth I wole of Theseus yow dwelle. (1660-62)

질서와 조화를 강조하는 화자가 두 연적의 치열한 싸움이 끝나기도 전에 필요에 따라 이야기의 흐름을 갑자기 바꾸는 것은 독자가 이해하기 어려운 부분이다. 혼란한 상태를 제대로 수습하지 않은 채, 마치 그 상태에서 단순히 벗어나고 싶은 욕망에서 비롯된 것인지는 알 수 없으나 화자는 아이러니하게도 "그들이 싸우도록 내버려둘까 합니다" 라고까지 말한다. 갈등과 혼란에 대하여 수수방관하는 것 같은 화자의 이러한 태도를 볼 때, 기사도의 기치 아래 혼란과 무질서가 있는 곳에 질서와 안정을 부여하는 것이 진정 그가 의도하는 바인지 독자는 의심을 하지 않을 수 없게 된다.

이야기 기법 상 화자가 범하는 이러한 부조화는 작품의 후반부에 들어서서 더욱 더 심화된다. 그 이유는 화자의 가치관과 신념을 대변하는 테세우스의 시도가 현실 속에서 아무런 효과가 없다는 사실이 입증되는 시점이 바로 작품의 후반부이기 때문이다. 화자 자신이 굳게 믿었던 기사도 가치관과 환상이 산산이 부서지는 부분이 바로 알시테의 장례식 장면이다. 여기에서 화자가 보여주는 이야기 기법 상의 실수와 부자연스러움은 지금까지 화자가 보여준 것과는 사뭇 다르다. 알시테의 화장을 위해 쌓아놓은 장작더미를 묘사하기 위하여 화자는 "오큐파치오"(*Occupatio*) 기법을 사용하고 있으며 몇 차례에 걸쳐 이야기를 간결하게 전달하겠다는 자신의 의지 또한 분명하게 밝히고 있다. 그러나 자신의 뜻과는 다르게 화자는 17번에 걸쳐 반복적으로 "Ne"(No)를 사용하는데 이는 화자가 이미 내레이터로서 자신의 능력을 상실했음을 말해준다.[23] 뿐만 아니라, 알시테가 죽은 후 화자의 어조(tone)는 그전까지의 근엄하고 절제된 분위기와는 매우 다른 것으로 화자의 혼란스러운 정신 상태를 반영하고 있다(2759-60; 2809-15). 어느 장면에서보다 더욱 더 엄숙하고 심각하게 다루어져야 할 시점에서 화자는 지금까지 느낄 수 없는 피상적이며 경솔한 목소리를 내고

23) 필자는 이미 화자인 기사가 범하는 스타일의 문제에 관하여 자세히 논한 적이 있다; "「기사의 이야기」다시 읽기: 기사와 그의 이야기는 초서의 가치관과 목소리의 반영인가?"(27-37), 『담론의 질서』, 서울: 도서출판 한울, 1998년.

있다. 알시테의 죽음에 대한 화자의 말투는 심지어 퉁명스럽게까지 느껴진다.

뿐만 아니라, 전지적인 관점을 가지고 모든 것을 자기 방식대로 통제하곤 했던 화자는 알시테의 영혼에 대하여 종교적인 의미를 부여하는 것은 고사하고 영혼의 행방조차도 언급하기를 꺼려한다. 작품의 전반부에서 느낄 수 있었던 화자의 신념 내지 자신감은 그 어디에도 나타나 있지 않다. 화자는 원전이 보여주는 종교적이며 철학적인 암시를 거부할뿐더러 지금까지 자신이 지향해온 전지적인 관점까지 포기해가며 알시테의 영혼에 대하여 굳게 입을 다물고 있다. 이는 보카치오가 보여주는 낙관론을 거부하는 것이며, 아울러 알시테의 갑작스러운 죽음으로 인한 화자의 혼란과 절망을 반영하는 것이다. 허츠(Judith Herz)의 주장대로 이는 신의 섭리와 정의, 그리고 신의 공평성에 대한 화자의 회의와 절망을 암시하며(212-24), 아울러 화자 자신이 굳게 믿었던 테세우스의 기사도적 관점과 가치관에 대한 절망의 결과인 셈이다. 기사도를 통하여 무질서한 인간세계에 질서와 안정을 부여할 수 있다고 믿었던 테세우스의 생각이 현실적으로 얼마나 어리석었는가 알시테의 죽음은 말해준다. 인간의 이성과 지력으로 통제나 예측이 불가능한 인간의 사적인 감정까지도 제어하여 질서를 부여하겠다는 테세우스의 이상이 현실 앞에서 좌초되고 있음을 알시테의 죽음과 관련하여 작품의 마지막 부분은 암시적으로 말해준다.

III. 초서의 의도

머스카틴(Charles Muscatine), 보움(Paul Baum), 누스(Richard Neuse)를 비롯한 일부 비평가들이 의식적이든 무의식적이든 기사가 범하는 기법 상의 실수 혹은 내용과 형식의 파괴가 일어나고 있는 부분에 대하여 이미 어느 정도는 지적하였다. 그러나 그것이 어떤 이유에서 비롯된 것인가에 대한 결론을 내리지 않은 채, 단순히 '불필요하다거나,' '웃음을 자아낸다거나' 혹은 전체적인 내용이나 분위기에 '어울리지 않는다'는 등의 표현으로 이들 비평가들은 자신들의 입장을 밝히고 있다. 완전하게 보이는 이야기의 구조 속에 감추어져 있는 이러한 문제들을 화자 스스로 의식하고 있는 것일까, 아니면 자신도 모르게 나온 실수에 불과한 것인가 의문을 품어본다. 아니면 「총 서시」나 『캔터베리 이야기』의 여기저기에 언급된 기사의 모습과 행동을 두고 독자들은 그의 이야기의 내용과 형식에 마땅히 이러한 실수나 문제점이 없어야 된다고 보는 것일까? 이야기를 전달하는 과정에서 화자 자신이 무의식적으로 범하는 우연의 실수를 날카로운 비평가들이 찾아낸 것에 불과한 것인가? 이야기의 화자인 기사는 『캔터베리 이야기』에 등장하는 이야기꾼들 가운데 신분이 가장 높을 뿐만 아니라 중세 사회의 근간을 유지하는 세 집단, 즉 귀족, 성직자, 그리고 평민 집단 중에도 핵심에 해당한다. 이런 이유로 이야기꾼들의 사회적 신분을 고려하지 않은 채 이야기를 전개시키는 초서마저도 기본적으로 기사가 하는 이야기만은 『캔터베리 이야기』의 맨 앞에 두고 있는 것이다. 아울러 자신의 신분에 걸맞게 기사 또한 이야기 게임의 조정자이며 심판자인 여관주인의 지시를 누구보다 잘 따르는 인물임에 틀림없다.

기사 스스로 여관주인이 설정한 이야기 게임의 규칙에 동의하며 자신이 첫 이야기의 주인공이 된 것에 대하여 기사는 만족해하는 모습이다: "게임을 내가 먼저 시작해야 한다면, 왜 주저하겠습니까? 하느님의 이름으로 짧은 제비를 뽑은 것을 만족하게 생각합니다!" 이런 기사가 여관주인이 이야기 게임의 가장 기본적인 규칙으로 제시한 '교훈'과 '즐거움'을 망각했을 리 만무하다. 예의와 규칙을 잘 지킬뿐더러 믿을 만한 이야기꾼인 기사가 좋은 이야기에 부합하는 두 가지 필수 조건을 자신의 이야기에서 빼놓았을 리 없다. 남에게 모범을 보여야하는 귀족계층으로 남보다 더 높은 도덕적 책임을 인식하고 있었을 기사가 이러한 기본적인 규칙을 무시한 채 이야기를 전개하지는 않았을 것이다. 이런 사실을 감안할 때, 「기사의 이야기」에 나타나는 내용과 형식의 부조화나 기법 상의 실수는 화자가 의도적으로 범한 것일 수도 있다는 생각을 해본다. 기사가 이야기에서 범하는 실수와 부조화는 근엄하고 엄숙한 내용과 분위기에 자연스럽게 웃음을 유발시키는 효과가 있기 때문이다. 다시 말해서, 이러한 것들은 좋은 이야기의 조건인 '교훈'과 '즐거움'을 동시에 독자에게 전달하기 위한 이야기꾼으로서 화자의 배려에서 비롯될 수도 있다는 것이다. 평소 남을 웃기는 것에 익숙하지 않을 것 같은 기사이기에 다소 어색한 웃음이긴 하나 이러한 방법을 통해서나마 나름대로 여관주인이 제시하는 이야기 조건을 충족시키려 했는지도 모른다. 이런 식으로나마 여관주인이 제시한 이야기의 규칙을 따름으로써 기사는 사회적으로 자신보다 아래에 있는 다른 이야기꾼들의 모범이 되고자 했을 수도 있다.

그러나 지금까지 앞서 언급했다시피 '교훈'과 '즐거움'을 주기 위한 기사의 어설픈(?) 의도 이외에 절제된 구조 속에 감추어져 있는 내용과 스타일의 부조화를 통하여 독자에게 전달하려는 초서의 다른 숨겨진 의도를 가정해볼 수 있다. 필자 또한 어느 정도 그런 개연성을 가지고 작품 속 형식과 내용의 부조화를 본 논문에서 설명하였다. 이런 경우, 분명 화자는 실수나 부조화를 인식하지 못한 채 무의식적으로 이야기를 전개했을 것이다. 아울러 화자의 이야기를 전체적으로 통제하는 또 다른 화자인 작가 초서에 의해서 모든 것이 이루어졌다고 볼 수 있다. 초서가 의도한 바에 따라 형식과 내용의 부조화와 기법 상의 부자연스러움이 비롯되었다는 가정 아래 몇 가지 질문들이 제기될 수 있다. 초서의 궁극적인 의도는 무엇인가? 중세후기 사회의 현상 가운데 하나인 기사의 타락과 기사도의 몰락을 암시적으로 말하기 위한 것인가? 아니면 이를 포함하여 보다 포괄적으로 당시 사회가 안고 있었던 폭력과 혼란을 「기사의 이야기」는 간접적으로 반영하고 있는 것일까? 이와 같은 질문들에 대한 해답들이 초서의 의도가 될 수도 있다. 초서가 당시 사회 문제에 대하여 자신의 작품에서 직접적으로 언급하는 경우는 매우 드물다. 당시 사회, 정치 비평가인 가우어(John Gower)나 랭란드(William Langland)와는 다르게 초서는 자신이 처해있는 상황에서 개인적인 생각이나 감정을 자유롭게 표출하지 못했을 것이다. 아울러 초서의 과학적이며 합리적인 사고와 태도 또한 초서가 소신이나 생각을 여과 없이 작품에 그대로 반영하는 것을 분명히 저해했을 것이다. 단지 우회적이며 간접적인 방법으로 작가 초서는 매우 조심스럽게 당시 사회적, 정치적으로 민감한 문제들에 접근할 수밖에 없었을 것이다. 이런 점을 고려할 때 초서는 현실을 이해하지 못하고 과거의 이상에 집착하는 다소 시대착오적인 당시 기사와 기사도에 대하여 불만을 가지고 있었는지도 모른다. 실제 초서의 작품에 등장하는 기사들 가운데 제대로 된 기사는 거의 없으며, 다들 부정적으로 묘사되어 있는 퇴물들에 불과하다. 「기사의 이야기」의 화자 또한 예외는 아니다. 기사에 대한 많은 비평가들의 긍정적인 묘사에도 불구하고 허츠를 중심으로 일부 비평가들은 화자로 등장하는 기사 역시 오직 과거의 이상적인 가치관에 사로잡혀 있는 시대착오적인 인물로 보고 있다(21-24).

아니면 심각하고 엄숙한 분위기 속에서도 독자에게 웃음을 주는 인간적인 초서의 글쓰기에서 비롯된 것일까? 어느 하나에 대하여 옳고 그름을 지양하며 가능한 상반된 두 개의 가치관을 동시에 수용하려고 했던 초서의 과학적이며 합리적인 사고에서 비롯된 것일까? 화자와는 서로 다른 초서의 생각과 가치관을 주입하기 위한 방법에서 비롯된 것일까? 필자는 본 논문을 발전시키는 과정에서 이들 질문에 긍정하는 주장을 내내 펼쳐왔다. 사실 「기사의 이야기」뿐만 아니라 『캔터베리 이야기』 속 대부분의 작품에서 독자는 작가로서 초서가 보여주는 온화함과 여유뿐만 아니라 기법 상의 민감한 필치를 느낄 수 있다. 초서는 아무리 자신과 가치관이 다른 사람일지라도 상대방을 앞에 두고 그와 반대되는 자신의 의견을 제시하는 경우는 없다. 가능하면 우회적으로 상대방이 느끼지 못할 정도로 자연스럽게 자신의 의견과 가치관을 독자에게 제시하곤 한다. 이런 이유 때문에 초서는 '비꼬기를 좋아하는 사람'(ironist) 혹은 풍자가(satirist)로 불리기도 하나 그에 글에는 항상 따뜻한 인간미가 베여있다. 그것이 그가 처한 당시 사회적, 정치적 입장에서 비롯된 것인지, 혹은 앞서 언급한 그의 생활태도에서 비롯된 것인지 정확히 알 수는 없다. 그러나 확실한 것은 초서의 대부분 작품들 가운데 하나의 가치관과 관점이 주입되는 독단적이며 '단선적인'(monologic) 작품은 거의 찾아볼 수 없다는 사실이다. 이런 이유 때문에 초서의 작품에서 그의 의도를 단정적으로 말한다는 것은 쉽지 않다. 작가의 의도가 명확하게 드러나지 않은 채 하나의 이야기에 다양한 의미와 가치관이 담겨져 있기 때문에 그 뜻을 이해하고 수용하는 것은 바로 독자에 묶인 셈이다. 이런 점에서 「기사의 이야기」 또한 대다수의 비평가들의 생각이 그렇다고 해서 그것이 바로 독자 각각의 생각으로 받아들일 필요는 없을 것 같다. 모두가 허공에 맴도는 것에 불과할 뿐, 이것을 선택하고 판단하는 것은 독자의 지적인 능력과 판단에 달려있기 때문이다.

다만 「기사의 이야기」 하나만 가지고 초서의 의도가 무엇인지 파악하는 것보다 서로 깊은 연관이 있는 「방앗간 주인의 이야기」(*The Miller's Tale*)를 다 들어본 후에 판단하는 것이 매우 유익할 것으로 생각된다. 화자, 내용, 스타일 모든 측면에 있어서 전자와 대척점(對蹠點)에 있는 「방앗간 주인의 이야기」의 분석이 앞서 제기한 질문에 대한 보다 정확한 해답을 제공해 줄 수 있을 것으로 믿는다.

인용문헌

이동일. 이동춘 역. 『켄터베리 이야기 I』. 서울: 도서출판 한울, 2001년.

이동춘. "「기사의 이야기」 다시 읽기: 기사와 그의 이야기는 초서의 가치관과 목소리의 반영인가?" 『담론의 질서』. 서울: 도서출판 한울, 1998년: 27-37.

Barnes, Geraldine. "Chaucer's Double Telling of the *Knight's Tale.*" *Words and Wordsmiths: a Volume for H. L. Rogers*. Geraldine Barnes et al. Ed. Sydney: U of Sydney, 1989.

Baum, Paul. *Chaucer: A Critical Appreciation*. Durham: Duke UP, 1958.

Campbell, Joseph. *The Hero with a Thousand Faces*, 2nd Ed. Bollingen Series 17. Princeton: Princeton UP, 1968.

Chaucer, Geoffrey. *The Riverside Chaucer*. Gen. Ed. Larry Benson. Boston: Houghton Mifflin, 1987.

Fifield, Merle. "The *Knight's Tale*: Incident, Idea, Incorporation." *Chaucer Review* 3 (1968): 95-106.

Foster, Edward. "Humor in the *Knight's Tale.*" *Chaucer Review* 3 (1969): 88-94.

Halverson, John. "Aspects of Order in the *Knight's Tale.*" *Speculum* 57 (1960): 606-21.

Hendrick, William. "The structural Study of Narration: Sample Analyses." *Poetics* 3 (1972): 100-105.

Herz, Judith. "Chaucer's Elegiac Knight." *Criticism* 6 (1964): 212-24.

Herzman, Ronald B. "The Paradox of Form: The *Knight's Tale* and Chaucerian Aesthetics." *Papers on Language & Literature* 10 (1974): 339-52.

Kean, Patricia M. *Chaucer and the Making of English Poetry: Vol. II, The Art of Narrative*. London: Routledge and K. Paul, 1972.

Lévi-Strauss. "The Structural Study of Myth." *Myth: A Symposium*. Ed. Thomas A Sebeok. Bloomington, Indiana: Indiana UP, 1965.

Luxon, Thomas H. "'sentence' and 'solaas': Proverbs and Consolation in *The Knight's Tale.*" *Chaucer Review* 22 (1987): 94-109.

Muscatine, Charles. *Chaucer and the French Tradition: A Study in Style and Meaning*. California: Berkeley UP, 1957.

________________. "Form, Texture and Meaning in Chaucer's *Knight's Tale.*" *PMLA* 65

(1950): 911-25.

Neuse, Richard. "The Knight: The First Mover in Chaucer's Human Comedy." *University of Toronto Quarterly* 31 (1961-2): 299-315.

Olson, Paul A. "Chaucer's Epic Statement and the Political Milieu of the Late Fourteenth Century." *Mediaevalia* 5 (1979): 61-87.

Penninger, Elaine F. "Chaucer's *Knight's Tale* and the Theme of Appearance and Reality in *The Canterbury Tales*." *The South Atlantic Quarterly* 63 (1964): 398-405.

Pratt, Robert A. "Chaucer's Use of the *Teseida*." *PMLA* 62 (1947): 598-621.

Rowe, Elizabeth Ashman. "Structure and Pattern in Chaucer's *Knight's Tale*." *Florilegium* 8 (1986): 169-86.

Salter, Elizabeth. *Chaucer: The Knight's Tale and the Clerk's Tale*. London: Edward Arnold, 1962.

Schweitzer, Edward C. "Fate and Freedom in *The Knight's Tale*." *SAC* 3 (1981): 11-45.

Stroud, Theodore A. "Chaucer's Structural Balancing of Troilus and 'Knight's Tale.'" *Annuale Mediaevale* 21 (1981): 31-45.

Turner, Frederick. "A Structuralist Analysis of the *Knight's Tale*." *Chaucer Review* 8 (1974): 279-96.

Vesey, David. *Statius and the Thebaid*. Cambridge: Cambridge UP, 1973.

Wilson, H. S. "*The Knight's Tale* and *The Teseida* Again." *University of Toronto Quarterly* 18 (1948-9): 131-46.

Wittig, Susan. *Stylistic and Narrative Structures in the Middle English Romances*. Austin and London: U of Texas P, 1978.

Woods, William F. "Up and Down, To and Fro: Spatial Relationship in the Knight's Tale." *Rebels and Rivals: The Contestive Spirit in the Canterbury Tales*. Ed. Susanna Greer Fein et al. Kalamazoo: Medieval Institute P, 1991.

「바쓰의 여장부 이야기」(*The Wife of Bath's Tale*) : 언어의 감옥에 갇힌 여성의 성

***

법률가(the Man of Law)가 콘스탄스(Constance)에 대한 나름대로의 "가치 있는 이야기"(1165)를 마치자[24], 『캔터베리 이야기』의 처음 두 이야기에서와 같은 유사한 현상이 발생한다. 처음 두 이야기에서 방앗간 주인(the Miller)은 여관주인(the Host)이 고집하는 이야기 순서의 예법을 깨뜨리고 기사라하는 이야기에 응수를 하게 된다. 이와 비슷하게 법률가가 이야기를 마치자, 선장(the Shipman)이 갑자기 끼어들어 법률가가 하는 이야기의 내용과 스타일에 상반되는 이야기를 전개하려 한다. 기사의 이야기가 끝났을 때처럼 여관 주인은 법률가 이야기의 경건하고 진지한 분위기와 조화를 이룰 만한 이야기를 할 수 있는 대상으로 시골 사제(the Parson)를 지목한다(1168-9). 그러나 선장이 이를 제지함으로써(1178-9), 결국 순례자들은 여관주인이 기대했던 시골 사제와 같이 "학식 있는 분의 가치 있는 이야기"(1168)를 듣지 못하게 된다. 이에 대한 대안으로 선장은 자신의 이야기가 철학적 내용이나 법률적 색채를 배제한 "즐거운 육체"(joly body)에서 나오는 것이기 때문에 모든 순례자들에게 흥미로울 것이라 장담한다(1185-9). 그 같은 주장에

24) 『캔터베리 이야기』와 관련하여 본 논문에 인용되는 문장 및 행수는 Riverside Edition에 의거하여 이루어짐.

도 불구하고 선장의 이야기의 내용이나 전개방식보다는 실제로 바쓰의 여장부가 법률가의 이야기에 좀 더 효과적으로 대응하고 있다. 특히 법률가에 대항하기 위하여 바쓰의 여장부는 자신의 이야기에 선장의 이야기의 기본 골격과 내용을 포함시켜 자신의 논점을 보안하고 있다.

선장이 정한 이야기의 기본적인 전개방식 안에서 여장부는 결혼에 관한 주제를 소개할 뿐만 아니라[25], Fragment I 과 II를 포함하여 모든 이야기에서 공통적으로 제기된 남성 중심의 가치관 혹은 불평등하게 강요되어진 여성의 위치에 이의를 제기한다. 남성의 학문적인 권위와 전통을 내포하고 있는 정전들에서 벗어나서 여장부의 텍스트가 보여주는 '즐거운 육체'는 법률가의 이야기가 지니고 있는 속성과 내용을 전복시키고 있다. 방앗간 주인이 「기사의 이야기」를 공격했듯이, 바쓰의 여장부는 법률가의 이야기에 내재되어 있는 가치와 입장을 정면으로 대항하고 있다. 법률가의 이야기에 깊이 내재되어 있는 정통 기독교믿음 뿐만 아니라, 여주인공 콘스탄스에게 강요된 가부장적 가치에 대항하는 것이다. 본 논문에서 보다 구체적으로 논하겠지만, 이를 위한 방법으로 바쓰의 여장부는 자신의 이야기 서두에서 남성의 학식과 권위를 왜곡시키거나 아이러니하게 다루고 있으며, 심지어 성서의 내용과 권위조차도 그녀는 전복시키고 있다.

무엇보다 여장부는 이야기에서 당시 독자들에게 널리 알려져 있는

25) "결혼에 관한 이야기 모음"(The Marriage Group)이라는 용어는 키트리지(George Kittredge)의 논문 "Chaucer's Discussion of Marriage," *Modern Philology* 9 (1912): 465-67에서 처음 언급되었다.

「추한 여인」(Loathly Lady)이라는 영국의 전통적 이야기를 자신의 독특한 이야기 방식으로 각색시키고 있다. 이를 통하여 그녀는 여성들이 남성 권력의 독재로부터 해방되기를 원하며, 아울러 여성이 가장 원하는 것은 남성을 '지배'하는 것이라는 자신의 논지를 확고히 하려고 노력한다. 자신의 논지를 펴기 위하여 여장부는 프롤로그와 이야기에서 확장(*dilatio*)이라는 문학적 기법을 즐겨 사용하고 있다. 다시 말해서, 과거 영국에서 전통적으로 내려오는 이야기의 기본 내용과 플롯에 자신의 주장을 강화하기 위한 수단으로 여장부는 이야기의 흐름이나 본질에서 벗어나 보이는 이른바 '이야기 외적인 요소들'(digressive materials)을 첨가한다. 「추한 여인」의 기본적인 플롯에 수도승의 성적인 행동을 비난하는 부분, 여성이 가장 원하는 것이 무엇인가를 찾아 나서는 기사의 모험담, 마이더스(Midas)와 관련한 도덕적 이야기, 그리고 '침실 설교'(pillow lecture) 등을 여장부는 이야기에 곳곳에 삽입하고 있다. 이러한 지엽적인 내용들은 초서의 작품과 유사한 가우어(John Gower)의 「플로렌트의 이야기」(*The Tale of Florent*)와 당시 대중적 로맨스인 「가웨인 경과 레그넬 부인의 결혼」(*The Weddyng of Sir Gawen and Dame Ragnell*)에서는 찾아볼 수 없는 것들이다.[26] 마찬가지로 여장부의 프롤로그에서도 주제에서 벗어나 보이는 화자의 감정이나 생각

26) 「바쓰의 여장부 이야기」와 유사한 두 작품 이외에 또 다른 유사한 이야기로 「가웨인 경의 결혼」(*The Marriage of Sir Gawaine*)이라는 당시 독자들에게 잘 알려진 작품이 있다. 다른 작품에서처럼 이 작품 또한 생명의 존폐와 직접적인 관련이 있는 질문, 지참금, 신혼 첫날밤의 갈등, 그리고 마법의 풀림 등의 공통적인 모티프들을 포함하고 있다. 그러나 이 작품에는 많은 글자가 누락되어 기능적인 역할을 수행하는 사건들(functional events)의 흐름을 추적하기 어렵게 만들기 때문에 본인은 본 논문에서 이 작품을 제외하였다.

을 비롯하여 다양한 이야기들이 삽입되어 있다.

구조적인 측면에서 볼 때, 이 같은 내러티브 특징들은 이야기의 흐름을 지연시키고 복잡하게 만드는 역할을 한다. 뿐만 아니라, 내용 면에서 이로 인하여 자신의 의도와는 달리 여장부의 논지가 보다 확실하게 독자들에게 전달되기 보다는 아이러니하게도 잠식되거나 약화되고 만다. 여장부가 사용하는 확장의 담론 안에는 남성 작가 초서와 당시의 주요 독자층인 남성 독자들이 자리하고 있어 여장부의 주장과 관점을 잠식시키고 있는 것이다. 확장의 담론에 내재되어 있는 남성 권위를 옹호하는 관점 혹은 가치관은 이와 반대되는 여장부의 주장과 계속적으로 충돌을 빚게 된다. 이러한 충돌로 인하여 화자인 여장부의 목소리가 독자에게 제대로 전달되지 않을 뿐만 아니라, 여장부의 주장에 독자는 의심을 품게 된다. 한마디로, 확장의 담론 속에 은밀하게 숨어있는 작가 초서의 관점과 주장이 여장부의 주장과 관점을 눈에 보이지 않게 통제하여, 화자 스스로가 자신의 담론의 한계를 드러내거나 자신이 말하는 언어의 공간에 스스로 갇히게 만든다. 이러한 사실을 규명하기 위하여 본 논문에서 먼저 바쓰의 여장부의 이야기와 프롤로그를 구조적인 측면에서 분석하게 될 것이다. 특히, 앞서 언급한 가우어의 작품과 중세 대중적 로맨스의 플롯과 비교하여 여장부의 확장의 담론에 들어있는 내용(요소)들이 무엇인지 알아보고자 한다. 아울러 여장부가 사용하는 확장의 담론을 통하여 작가 초서가 기대했던 효과가 무엇인가에 대하여 구체적으로 논하고자 한다.

I. 이야기의 구조적 분석 및 특징

바쓰의 여장부의 내러티브를 비롯하여 이와 유사한 두 작품들은 서로 간에 비록 예술적 차원에서 정도의 차이는 보일지언정 공통적 모티프들, 즉 생명을 담보한 질문, 결혼 지참금, 결혼 첫날밤의 딜레마, 그리고 마법의 풀림 등을 지니고 있다는 점에서 본질적으로 유사하다. 초서의 판(version)은 특히 가우어의 판과 매우 유사해서 어느 것이 다른 것의 직접적인 원본 구실을 했는지 말하기 어려울 정도이다.[27] 그러나 내러티브 전략이라는 차원에서 볼 때, 둘 사이에는 구조, 목소리, 언어, 그리고 인물 묘사방법과 관련해서 주목할 만한 차이가 있다. 먼저 눈에 띄는 가장 큰 차이는 구조에서 나타난다. 마이어(H. H. Meier)의 용어를 빌리자면, 가우어의 판이 "고전적 스타일"을 갖추고 있는 반면, 초서의 판은 "바로크 스타일"을 지니고 있다(198). 이를 좀 더 자세하게 설명하면, 「플로렌트의 이야기」에서 가우어는 자신이 전달하고자 하는 '불순종'(Disobedience)이라는 교훈에 들어맞게 '추한 여인'의 기본적 내러티브를 응축시켜 처리하고 있다. 가우어는 이를 전달하는데 불필요한 내용들을 모두 제거하고 있다. 이로 인하여 가우어의 내러티브에는 어떠한 아이러니도 나타나지 않을뿐더러 작품에서 전달하려는 의미나 의도 역시 모호하지 않다. 뿐만 아니라, 내러티브의 흐름 또

27) 클로스톤(W. A. Clouston)은 "초서가 가우어로부터 이야기의 원형을 빌려왔다"라고 추정할 명백한 이유는 없다고 말한다: "The Knight and the Loathly Lady: Variants and Analogues of the *Wife of Bath's Tale*," *Chaucer Society*, 2nd Ser., XXII (London, 1887): 483-524.

한 매우 직선적이며 간결하다.

가우어의 이야기의 화자인 지니어스(Genius)는 오직 사실이나 사건 자체에만 관심을 가지고 있기 때문에 가능한 직접적이고 간결한 언어와 함께 단선적인 형식을 지닌 전통적 이야기 구조를 사용하고 있다.[28] 이처럼 직선적이고 간결한 가우어 판과는 달리, 초서 판의 전개방법은 지엽적이고 산만하다고 볼 수 있다. 「바쓰의 여장부 이야기」의 흐름은 천천히 앞으로 움직이지만, 화자가 개인적으로 관련된 많은 양의 새로운 소재들을 이야기 도중에 첨가하기 때문에 점차적으로 주제로부터 벗어나는 경향을 띄고 있다. 여장부의 이야기의 이러한 발전은 마치 꽃의 중심에서 하나, 둘씩 꽃잎들이 더해져가며 서서히 부풀어 오르는 현상(an ever-widening tendency)을 보이고 있다.[29]

이러한 내러티브 특징과 더불어 이야기 도중 바쓰가 기본 플롯 속에 자의적으로 첨가하는 내용들이 무엇인가를 알아보기 위하여 여장부 이야기를 프롭(Vladmir Propp)의 형태론적 방법을 통하여 분석하고자 한다. 프롭의 구조적인 분석 틀에 따르면, 「바스의 여장부의 이야기」의 구조는 다음과 같이 요약된다:

28) 이야기 사이의 언어적 측면에서의 세부적인 비교 연구로 Olga Fischer, "Gower's *Tale of Florent* and Chaucer's *Wife of Bath's Tale*: A Stylistic Comparison," *English Studies* 66 (1985): 209-25를 참조.

29) 이러한 구조적 현상은 쟝 드멩(Jean de Meun)의 『장미의 로맨스』(*Le Roman de la Rose*)에서 르 비에(La Vieille)가 자서전적 내용을 전개하는 스타일과 매우 유사하다.

Digression 1: 탁발승들의 성적인 행위에 대한 여장부의 공격

I. 시작상황: 여장부는 훌륭한 아서왕 시절에 사냥을 떠나는("ridynge fro ryver") 주인공, 한 젊은 기사("a lusty baechelor")를 소개한다.

II 와 III. 금지(Interdiction)와 금지의 위반(violation): 기사는 어떤 처녀를 만나게 되며 법적으로 사형을 당할 수 있음에도 불구하고 그녀를 강간한다.

VIII. 악행[30]: 아서왕의 법에 따라 기사는 참수 위기에 처한다.

IX. 결핍(lack) 혹은 불충분(insufficiency): 왕은 왕비와 시녀들의 청을 받아들여 기사에 대한 최종판결을 왕비에게 넘긴다. 왕비는 판결을 뒤로 미루는 대신 기사로 하여금 생명을 구하기 위해 "여성들이 가장 바라는 것이 무엇인가?"에 대한 해답을 찾도록 한다.

XI. 출발: 기사는 문제에 대한 해답을 찾아 나서기 위해 이별을 고한다.

Digression 2: 해답을 찾아 헤매는 동안 기사가 듣게 되는 다양하고 상반된 대답들

Digression 3: 이야기 속의 이야기(an inset-story)--오비드(Ovid)의 마이다스(Midas)에 관한 이야기

XII. a. 원조자(donor)의 기능: 질문에 대한 정확한 해답을 찾는 데 실

30) 대중적인 로맨스의 등장인물들과는 달리, 바스의 여장부의 내러티브에 등장하는 인물들은 단순히 착하거나 나쁘다고 규정될 수 없다. 그러나 편의상 여기서 등장인물들을 주인공인 젊은 기사와의 관계에 따라 영웅과 악한을 구별하기로 한다. 예를 들어, 아서왕의 경우 젊은 기사에게 사형선고를 내림으로써 주인공에게 일종의 결핍(lack)이나 불충분(insufficiency)을 불러일으키기 때문에 그를 악한의 모습으로 범주화한다.

패한 기사는 고향으로 발을 돌린다. 도중에 그는 춤추는 24명의 여성들을 만난다. 지혜를 얻고자 여인들에게 접근하자 춤을 추던 여인들은 사라지고 대신 뭇 남성들이 끔찍이 여길 만큼 추한 노파만이 남아 있다.

XIII. a. 주인공의 반응: 기사는 원조자(donor)인 노파가 질문에 대한 해답을 제공할 수만 있다면 그녀가 원하는 것은 무엇이든 하겠다고 약속한다.

XIV. 마법의 물건 혹은 비법의 인수: 노파는 기사에게 해답을 알려준다.

XXIII. 도착: 기사와 노파는 함께 궁정으로 가며 기사는 "많은 귀족부인들과 여인들" 앞에 선다.

XXVI. 해결: 기사는 궁정에 모인 왕비와 시녀들에게 노파가 알려준 해답을 제시한다.

XXIX. 변형 (transfiguration): 궁정 안의 여인들은 기사의 대답에 동의하고 기사는 생명을 구하게 된다.

XII. b.원조자의 기능: 생명을 구한 대가로 노파는 기사에게 결혼을 요구한다.

XIII. b. 주인공의 반응: 기사는 자신의 아내로 노파를 받아들이기를 몹시 싫어한다.

XXXI. 결혼: 마지못해 기사는 노파와 결혼하고 침대에 들지만 그녀에게 접근하기를 꺼려하며 끊임없이 한탄을 한다.

Digression 4: 귀족신분, 가난, 나이에 대한 노파의 침실설교(pillow lecture)

XXXII. (노파와 기사의) 완전한 합일 (marriage consummation)

위의 분석에서 알 수 있듯이, 여장부의 이야기에는 앞서 언급한 다른 이야기들과 비교해 볼 때 구조적 측면에서 플롯의 전개에 별다른 영향을 주지 않는 '이야기 외적인 요소들'이 더해져 있다. 예를 들어, 이러한 요소들은 이야기 본질에서 다소 벗어나는 것이며, 서문에서 수도승들의 성적인 행동에 대한 여장부의 비판, 여성들이 가장 원하는 것이 무엇인가를 찾아 나서는 기사의 모험을 비롯하여 이와 관련한 화자의 장황한 설명, 마이더스에 대한 도덕적 이야기, 그리고 노파의 침실설교 등이 이에 해당한다고 볼 수 있다. 이러한 요소들은 또한「바쓰의 여장부 이야기」의 흐름을 매우 파편적이며 산만하게 만드는 역할을 한다.[31] 이로 인하여 내러티브 흐름도 지체될 뿐만 아니라 내러티브

31) 산만한 분위기를 야기하는 요소들을 제외하면 표면적으로 여장부의 스토리 전개는 로맨스의 원형적인 패턴(입문-모험-귀환)과 유사하다. 첫 번째 단계에서, 기사는 아이러니하게도 사형에 처할만한 중죄를 저지름으로써 자신을 사회와 고립시킨다. 전형적인 로맨스에서와 마찬가지로 이러한 고립은 미지의 세계에 대한 <여행>을 통하여 예외 없이 이루어진다. 그리고 마지막 단계에서, 기사는 새로운 지식의 습득과 함께 자신이 속한 사회로 되돌아온다. 그러나 구원자로서의 주인공의 역할을 강조하는 캠벨(Campbell)의 입장에서 볼 때, 마지막 단계에서 여장부 이야기의 주인공은 대중적인 로맨스의 주인공과는 사뭇 다르다(28). 예를 들면, 한(Thomas Hahn)은『가웨인경과 레그넬부인의 결혼』에서 거웨인이 "중재자로서 이방인, 레그넬을 길들이고 그녀를 궁정의 영역 안으로 유도하는 역할을 수행하고 있으며, 이를 통하여 가웨인은 아서왕의 기사 공동체의 이익을 증진시키고 있다"고 주장한다(43). 이에 반하여, 여장부 이야기에서 기사는 사회의 결핍이 아닌 자신의 결핍을 제거하는 지식만을 가지고 사회에 복귀한다는 점이 특이하며, 미지의 영역으로 여행하는 동안에 기사는 대중적인 로맨스에서 주인공이 일반적으로 경험하는 갈등이나 위험을 겪지 않고 있다. 재미있게도 젊은 기사는 다만 침대 위에서 노파와의 갈등과 노파의 가르침을 통해 지혜와 성숙을 겸비한 기사로 변화되는 것처럼 보인다. 이점이 이야기 화자인 바쓰의 여장부가 아서왕과 관련한 로맨스를 매개로 하여 달성하고자 의도한 것이다. 그러나 나중에 좀 더 자세히 설명하겠지만, 실제로 기사의 경우 어떠한 지혜의 습득이나 재생이 이루어지지 않고 있다. 본 논문에서도 언급하고 있지만, 이야기 화자인 바

의 연속성이나 균형이 다소 부족한 느낌마저 주고 있다.[32]

전체적으로 구조적 통일성과 연속성이 결핍되어 보인다는 특징과 함께 여장부 이야기가 지닌 몇 가지 다른 구체적인 특징들을 여장부의 이야기와 유사한 이야기들과 비교하여 살펴볼 수 있다. 위에서 언급한 플롯의 흐름과 직접적으로 관련이 없는 요소들을 제외한 상태에서 여장부의 이야기를 다른 이야기들과 비교해보면 이야기의 흐름이나 구조의 측면에서 여장부의 이야기는 다른 이야기들과 큰 차이는 없어 보인다. 이러한 요소들이 배제된 상태의 여장부의 이야기에서 사건과 사건사이의 흐름이 매우 사실적이며 직선적으로 진행된다. 아울러 몇몇 부분들에서는 다른 이야기의 화자들에 비하여 초서의 화자인 여장부는 이야기를 서둘러 전개시키는 경향마저도 보인다. 예를 들면, 여장부의 시각에서 기사가 겁탈하려는 여성이 하층 계층에 속하는지 혹은 귀족에 속하는지는 중요하지 않으며, 기사가 궁정에서 기사다운 인물로 간주된다는 사실 자체도 여장부의 관심대상이 되지 않는다. 여장

쓰의 여장부는 자신이 의도한 바를 성취하기 위하여 아서왕과 관련한 전통적인 로맨스의 본질들을 왜곡하거나 로맨스의 의미를 희화(戱畵)화하고 있는 것이다.

32) 「마쓰의 여장부의 이야기」에 관련하여 초서의 내러티브 스타일을 논한 비평가로 조단(Robert M. Jordan)을 들 수 있다. 조단은 초서의 내러티브가 지니고 있는 지엽적이고 산만한 특성에 관해 언급하면서 그러한 내러티브를 "작문의 비유기적인 양태"(inorganic mode of composition)로 규정한다: "The Question of Genre: Five Chaucerian Romances," *Chaucer at Albany*, ed. Rossell Hope Robbins (New York: Burt Franklin & Co., 1975), 89를 참조. 이외에도, 게롤드(Gordon H. Gerould)는 초서의 내러티브에는 "실제로 이야기의 처음과 끝 사이에 논리적인 연결이 없다"라고까지 말한다: *Chaucerian Essays* (New York: Russell & Russell, 1968), 76; A. C. Spearing, *Criticism and Medieval Poetry*, 2nd ed. (New York: Barnes & Noble, 1972), 26을 참조.

부에게 가장 중요한 것은 젊은 기사(남성)가 여성의 의도와는 관계없이 여성을 겁탈하고 ["maugree hir heed"(887)], 여러 시련을 겪은 후, 결국 늙고 추한 노파(여성)에게 복종함으로써 자신의 생명을 구한다는 점이다. 여장부는 이 같은 자신의 의도를 독자들에게 효과적으로 전달하기 위하여 어느 특정인물이나 사건에 대한 묘사에는 적은 분량만을 할애할 뿐이다. 그 결과 여장부의 이야기에서 사건이나 인물의 묘사는 오히려 다른 이야기들에 비하여 매우 간결하고 경제적으로 처리되고 있다.[33]

화자인 여장부가 사건이나 인물을 묘사하는데 있어서 극히 적은 노력을 기울이는 경향이나 아서왕의 전통적 로맨스에 내재되어있는 본질적 요소들을 제거시키는 여장부의 스타일은 앞서 언급했듯이 그녀의 의도에서 비롯된 결과이다. 특히 남성 중심의 기사도 가치들이나 덕목들에 대하여 여장부는 아무런 관심도 가지고 있지 않다. 다만 자신의 의도에 부합할 수 있도록 여장부는 아서왕과 관련된 전통적인 로맨스를 각색하거나 왜곡할 뿐이다. 초서의 이야기를 접할 수 있었던 당시 독자들이라면 이러한 여장부의 의도를 틀림없이 간파할 수 있었을 것이다. 아울러 당시 독자들은 전통적인 로맨스가 지니고 있는 의미나 흐름과는 관계없이 이야기를 오직 자신의 의도에 부합할 수 있도록 왜곡하여 다시 엮어 가는 여장부의 모습에 웃음을 감추지 못했

33) 대표적인 예로 마이더스의 교훈에 대한 여담을 한 후, 화자는 다시 본래 이야기로 돌아와서 기사가 노파와 만나는 장면을 묘사한다. 또한 화자는 숲속에서 춤을 추는 요정 같은 아가씨들의 환상적인 장면을 묘사(991-2)하기보다는 기사와 노파간의 계약 장면으로 즉시 넘어간다. 계약이후 장면은 왕비와 시녀들이 기사가 가지고 온 해답을 판단하기 위해 모인 궁정으로 빠르게 다시 전환된다.

을 것이다.

『캔터베리 이야기』 속 다른 이야기들에서와 마찬가지로 「바쓰의 여장부 이야기」에서 작가 초서는 화자의 견해와 관점을 반박하기 위하여 화자가 전하는 이야기 안에 자신의 관점이나 주장을 직접적으로 더하고 있지는 않다. 다만 여장부 스스로 왜곡하여 사용하는 전통적인 텍스트와 텍스트가 지니고 있는 본래의 의미와 가치 사이의 차이를 독자 스스로 인식하게 할 뿐이다. 이를 통하여 독자가 자연스럽게 화자의 동기를 의심하게 하며, 심지어 화자의 관점이자 주장까지도 비웃게 만드는 것이 바로 초서의 의도라 볼 수 있다. 본 논문의 후반부에서 좀 더 다루어지겠지만, 여장부가 이야기의 기본적인 구조에 첨가하는 '이야기 외적 요소들'을 통하여 초서가 독자에게 기대하는 효과와 마찬가지로 사건과 인물은 간결하고 경제적으로 묘사하는 반면 전통적인 로맨스를 희화(戱畵)적으로 그려내는 여장부의 내러티브 스타일을 통하여 초서는 여장부의 정체성과 의도에 대하여 독자가 주관적이며 비판적으로 판단할 것을 요구하고 있다.

II. 프롤로그의 구조적 분석 및 특징

여장부 이야기에서와 마찬가지로 작품을 구조적으로 분석하는 데 있어서 혼란과 어려움을 주는 부분은 다름 아닌 프롤로그이다. 프롤로그에서 여장부는 결혼생활의 "비애"(woe)를 주제로 다루고 있다. 프롭의 형태론적인 입장에서 볼 때, 여장부의 프롤로그는 어떠한 기능적인 발전(functional development)도 보여주지 않는다. 다시 말해서, 프롤로그에서 원인과 결과에 따른 어떤 일련의 행동이 일어나지 않고 있으며, 단지 여장부 자신이 과거의 결혼생활에서 느낀 기억, 감정, 생각들로 이루어진 하나의 사이코 드라마(psychic drama)처럼 프롤로그는 느껴진다. 게다가 이야기에서처럼 프롤로그 또한 여장부가 전달하려는 주제와 직접적으로 관련이 없는 '이야기 외적인 요소들'(digressive materials)로 가득 채워져 있다.[34] '추한 여인'의 기본적인 내러티브 안에 첨가된 지엽적인 요소들이 프롤로그의 시작과 함께 갑자기 독자들의 눈앞에 펼쳐지는 양상이다. 특히, 화자의 생각과 감정 따위의 이야기 외적인 요소들이 설교조의 프롤로그에서 상당부분을 차지하고 있다. 그 결과 여장부의 이야기에서처럼 프롤로그 또한 지엽적이고 파편적인

---

34) 패터슨(Lee Patterson)은 프롤로그에 나타난 여장부의 내러티브 스타일을 '여성적인 해석학'(feminine hermeneutics)으로 간주한다: "'For the Wyves love of Bathe': Feminine Rhetoric and Poetic Resolution in the *Roman de la Rose* and the *Canterbury Tales*," *Speculum* 58 (1983): 656-95. John A. Alford, "The Wife of Bath Versus the Clerk of Oxford: What Their Rivalry means," *Chaucer Review* 21 (1986): 108-32를 참조; 앨포드는 자신의 논문에서 중세적 측면에서 두 이야기 화자들 사이의 스타일을 구체적으로 비교, 검토하고 있다.

느낌이 들며, 심지어 프롤로그의 흐름이 이야기의 외적인 요소들에 의해 자주 지체되는 양상을 보인다.[35] 이러한 확장(*dilatio*)의 구조는 여장부의 이야기에서 보다 프롤로그에서 더욱 더 두드러지게 사용되고 있다.[36] 프롤로그에서 사용된 확장의 구조가 독자에게 주는 효과를 논하기에 앞서 초서가 어떤 방식으로, 어떤 종류의 확장의 담론을 가지고서 여장부의 프롤로그를 구성하고 있는지 살펴보자.

프롤로그의 세 번째 행에서 여장부는 자신의 이야기의 주제가 결혼생활의 "비애"라고 소개한다. 그러나 193행("Now, sire, now wol I telle forth my tale")에 이르기까지 그녀는 자신의 주제에 대해 언급조차 하지 않은 채 주제와는 관련 없는 내용들을 언급한다. 심지어 193행에서 이제는 자신의 주제에 관하여 이야기하겠다고 공언한 뒤에서조차도 여장부는 이야기의 초점을 잃어버린다. 자신의 첫 번째 세 명의 남편들과의 관계를 다루면서도 그녀는 결혼생활에서 비롯되는 고통에 대해서 어떠한 직접적인 언급을 하지 않고 있다. 난봉꾼인 네 번째 남편

---

35) 구조적 측면에서 프롤로그와 이야기가 유사할 뿐만 아니라, 내용적 측면에서도 여장부의 프롤로그과 이야기는 둘 다 "결혼생활에서의 주도권"의 문제를 다루고 있다. 앨런(Judson B. Allen)과 겔라처(Patrick Gallacher)는 "이야기 안의 추한 여인은 여장부의 대리인이자 여장부를 대표하고 있다"고 주장한다: "Alisoun Through the Looking Glass: Or Every Man his own Midas," *Chaucer Review* 4 (1970): 101을 참조. 프롤로그는 여장부가 이야기에서 전달되고자 하는 것이 무엇인가를 독자에게 미리 알려주는 역할을 하고 있다. 이런 점에서 여장부의 프롤로그는 일종의 "이야기 안의 이야기"(an inset tale)로 사용되고 있는 셈이다.

36) 초서가 즐겨 사용하고 있는 확장의 구조는 고대 로마와 대륙의 작가들, 예를 들면 오비드(Ovid), 쟝 드멩(Jean de Meun), 그리고 보카치오(Boccaccio)의 영향에서 비롯되었다. 특히 오르페우스(Orpheus)에 대한 오비드의 이야기 그리고 쟝 드멩의 로맨스 속 르 비에의 담론에 사용된 확장의 구조와 스타일이 초서의 것과 매우 유사하다.

이 다른 여자와 추구했던 쾌락이 자신의 마음에 큰 상처를 남겼다고 말하는 481행에 이르러서야 여장부는 분노와 질투, 그리고 상실감 같은 주제와 관련된 감정들을 직접적으로 다루게 된다. 여장부가 네 번째 남편과의 관계에서 그녀가 겪었던 비애은 다섯 번째 남편인 젠킨(Jankyn)과의 관계를 통해 더욱 깊어진다. 그리고 여장부는 젠킨과의 결혼 생활을 회고하면서 자신의 설교를 끝맺는다. 여장부의 프롤로그의 구조를 정리하면 다음과 같다:

서론: 여장부는 결혼생활의 비애에 대한 자신의 경험을 말하겠다고 선언한다(3)

Digression 1: 중혼(重婚)에 대한 옹호(9-61)
순결의 가치에 대한 반박 (62-114)
"배설"뿐만 아니라, "쾌락"을 위한 성기 사용에 대한 옹호(115-62)

면죄부 판매자의 간섭 (163-92)으로 여장부는 자신의 이야기를 주제에 맞추겠노라고 말한다 ("Now, sire, now I telle forth my tale [of tribulacioun in mariage]")(193). 그러나 여장부는 자신의 주제를 또 다시 망각한 채 이야기를 지연시킨다.

Digression 2: 여장부는 첫 세 명의 남편들을 어떻게 농락했는지 설명한다(194-451)

이야기의 주제인 결혼생활의 고민거리로 복귀: 여장부가 네 번째와 다섯 번째 남편과의 결혼 생활을 묘사하는 동안 지금까지 지연시켜온 이야기의 주제를 비로소 직접적으로 다룬다.

네 번째 남편과의 결혼생활에 대한 이야기(452-502)

다섯 번째 남편인 젠킨과의 경험(503-787).

사악한 여인들에 대한 일화:

-- Eve/Delilah/Deianire/Pashipae, the queen of Crete

-- Clytemnestra/Lucilia/남편을 살해한 부인들

여장부와 젠킨과의 싸움

결론: 결혼 생활에서 남편인 젠킨보다 자신이 우세하다는 사실을 여장부 스스로 확인하며, 여기에서 비롯되는 둘 사이의 결혼생활의 행복으로 이야기는 끝을 맺는다.

위에서 볼 수 있듯이, 여장부의 개인적인 생각과 감정 그리고 경험이 프롤로그에 상당 부분 첨가됨에 따라 프롤로그의 구조가 장황할 뿐더러 흐름 또한 매우 느리게 진행되고 있다. 그럼에도 불구하고 후반부에 가까워지면서 프롤로그는 점차적으로 여장부가 첫 3행에서 언급한 주제를 향해 나아가는 양상을 보인다. 이를 두고 하겐(Susan Hagen)은 여장부의 프롤로그의 발전과정이 주전원(周轉圓--epicycle)에 가깝다고 주장한다(114). 마치 한 송이 꽃이 꽃의 중심과 이를 둘러싸고 있는 많은 꽃잎으로 구성되어 있듯이 여장부의 프롤로그 또한 여

장부가 전달하려는 주제와 직접적으로 관련이 있는 이야기, 그리고 이를 전달하는 과정에서 여장부가 더하게 되는 다양한 이야기들로 구성되어 있다. 표면적으로 이러한 구조를 통하여 여장부는 자신이 말하고자 하는 주제를 직접적으로 독자들에게 전달하기보다는 주제와 관련한 자신의 사적인 경험과 생각을 독자들이 공감하고 이해해주기를 기대했는지도 모른다. 그러나 좀 더 깊게 들어가 보면, 작가인 초서는 여장부가 사용하는 확장(*dilatio*)의 기법을 통하여 화자의 의도나 주장을 간접적으로 통제하고 있다.

III. 프롤로그의 효과

여장부가 사용하는 기법은 고대 로마의 대표적 작가인 오비드(Ovid)와 대륙의 작가, 쟝 드멩(Jean de Meun) 그리고 보카치오(Boccaccio)가 즐겨 사용하였다. 오르페우스(Orpheus)에 대한 이야기나 쟝 드멩의 로맨스 속 르 비에의 담론에서 볼 수 있듯이, 확장의 구조는 이야기의 주제나 상황을 화자가 독자에게 직접적으로 전달하기보다는 독자가 스스로 파악할 수 있도록 만드는 이른바 문맥(context) 구실을 한다. 화자인 여장부 역시 프롤로그에서 이러한 기대를 했을 것으로 보인다. 여장부는 자신의 주제를 전통적이고 단선적인 플롯을 통해 독자에게 직접적으로 제공하기보다 주제와 직접적으로 관련이 없어 보이는 듯한 이야기들을 늘어놓음으로써 독자가 자신의 주제를 능동적이며 주관적으로 파악할 수 있게 유도하고 싶었는지도 모른다. 그녀가 겪었던 결혼생활의 비애를 독자가 공감하고 궁극적으로 자신을 동정하도록 만들고 싶었던 것이 여장부의 의도로 보인다. 여장부의 이야기의 초점이 자신의 말하려는 주제에 다시 맞추어지기 전에 독자가 접하게 되는 처음 두 가지 여담은 네 번째와 다섯 번째 남편과의 관계에서 여장부 자신이 당한 슬픔이 어느 정도였는지를 독자가 가늠할 수 있게 해주는 문맥 구실을 하고 있다. 여장부가 과거 자신의 첫 세 명의 남편들을 어떻게 농락했는가를 이야기하는 부분이 젊은 네 번째 남편의 방황 때문에 그녀가 겪었던 "크나큰 슬픔"을 독자가 이해하고 공감하는데 도움을 주고 있다. 마찬가지로 그녀가 처음 세 명의 남편들과의 결혼 생활을 통해 재산을 늘리고 자유를 얻었다는 사실 또한 여장부가 젠킨에게 재산과 집안에서의 권력을 양보함으로써 느껴야했던 비애감이 어느 정도였는가를 독자는 쉽게 짐작할 수 있게 해준다.

그러나 좀 더 깊게 들어가 보면, 어떤 사건이나 등장인물에 대한 문맥을 독자에게 제공해주는 효과 이외에 확장의 구조는 아이러니의 효과를 창출한다. 초서는 이러한 구조를 통하여 자신의 관점과 화자인 여장부의 관점을 분리시키고 있다. 다시 말해서, 여장부가 이야기 도중 첨가하거나 원래 이야기의 내용을 왜곡하여 만들어내는 확장의 담론 중심에는 작가인 초서의 관점이나 주장이 내재되어 화자인 여장부의 주장을 통제하거나 그녀의 정체성을 모호하게 만드는 역할을 한다. 『캔터베리 이야기』 속 대부분의 이야기들에서처럼, 「여장부의 이야기」에서 초서는 여장부의 관점이나 주장에 대한 자신의 직접적인 언급을 억제할 뿐만 아니라 자신의 판단 또한 회피하고 있다. 다만 초서는 확장의 구조 안에서 미묘한 암시와 세부 상황에 대한 주의 깊은 선택을 통하여 독자 스스로 여장부의 정체성과 내러티브에 대해 올바른 판단을 내릴 수 있도록 도와줄 뿐이다. 이런 점에서 여장부의 프롤로그에는 바흐친의 용어를 빌려 표현하자면 "대화론적"(dialogical) 다의성과 담론의 "다성성"(polyphony)을 지니고 있다고 말할 수 있다. 다시 말해서, 확장의 담론 안에서 암시적 작가(implied author)로서 초서는 절대적인 권위라는 개념과 단성적(univocal) 사실[권위에 대한 담론]에 근거한 가부장적 남성시인의 시각을 사적이고 가정적인 경험[경험의 담론]에 근거한 여성 화자의 시각과 대립시키고 있다고 볼 수 있다.

서로 충돌을 일으키고 있는 두 개의 상반된 목소리들이 하나가 다른 하나를 흡수하지 않은 채 온전히 대치될 수 있도록 초서는 프롤로그에서 두 목소리가 함께 대립할 수 있는 영역(상황)만을 단지 설정하고 있다. 즉, 초서는 화자인 여장부 자신과 독자의 눈에는 보이지 않는 그녀의 적들, 예를 들어 남성청자나 교회서기들 혹은 이들 남성들과 그녀의 옹호자들인 "현명한 아낙네들" 사이에 서로 논쟁(débat)을 벌이는 스타일로 프롤로그를 구성하고 있다. 여장부가 처음 세 명의 남편들과의 결혼 생활을 이야기하고 있는 프롤로그의 두 번째 부분에서 화자가 자신의 가상의 적들이면서 여성에 대한 혐오적인 생각을 가지고 있는 교회 서기를 포함한 남성청자들에게 '대화하듯이' 이야기를 전개시키고 있다. 이 부분에 사용되고 있는 여장부의 언어는 누군가의 언어에 강력히 반항하고 있는 느낌이며, 심지어 관련대상이 마치 앞에 있는 듯이 여장부는 말한다.

'대화적' 논쟁은 이미 죽어버린 세 명의 늙은 남편들(넓은 의미에서 모든 남성 독자들)을 지칭하는 듯한 "Thou prechest" 그리고 "Thou seist" 같은 돈호법으로 시작한다. 곧이어 여장부는 남성 청자들이 즐겨 사용하는 여성 폄하적인 어휘들에 반격을 가하는데, 이는 동시에 뭇 남성 청자들에게 비난의 손가락질을 하는 듯한 효과를 보여준다:

> 일부 사람들은 우리가 가진 재산 때문에,
> 혹은 우리의 훌륭한 예의범절과 잘 노는 기질 때문에,
> 그리고 또 다른 사람들은 우리의 예쁜 얼굴 때문에,
> 그리고 어떤 사람들은 우리가 노래를 혹은 춤을 잘 한다는 이유로,
> 우리를 원한다고 말하는데,
> 이외에도 우리의 가는 손과 팔 때문이라고 말하는 사람들도 있어요.

그래서 당신들 말에 따르면
우리가 악마의 손에 있다는 얘기가 아니겠소.
또한 당신들 말에 의하면, 아무리 든든한 성도
오랫동안 공격을 받으면 무너지고 만다는 얘기겠죠.[37]

Thou seyst som folk desiren us for richesse,
Somme for oure shap, and somme for oure fairnesse,
And som for she kan outher synge or daunce,
And som for gentillesse and daliaunce;
Som for hir handes and hir armes smale;
Thus goth al to the devel, by thy tale.
Thou seyst men may nat kepe a castel wal,
It may so longe assailled been overal. (257-64)

남성 청자들을 자신들을 향하여 반박하고 있는 여장부에 대해 사실 아무런 대응을 하지 않은 채 침묵하고 있을 뿐이다. 심지어 그녀의 첫 세 명의 남편들은 죽어서 없기 때문에 여장부의 이 같은 공격과 논쟁의 영역에서 빠져있는 셈이다. 그럼에도 불구하고 여장부는 다양한 방법과 화려한 수사법을 동원하여 남성 권위의 목소리를 반박하고 이를 약화시키려고 한다.

무엇보다 남성 권위의 목소리를 약화시키려는 예비적인 단계로 여장부는 자신의 경험을 공유하며 자신의 주장을 지지하는 그녀의 대모(godmother), 앨리슨(Alison)과 같은 여성들로 이루어진 공동체의 형성을 도모한다:

37) 『켄터베리 이야기 I』, 이동일, 이동춘 역 (서울: 도서출판 한울, 2001), 162. 본 논문에 인용되는 『켄터베리 이야기』 우리말 번역은 이 번역서에 의함.

제 얘기를 이해할 만한 여러 현명한 부인들이여,
자, 제가 어떻게 그들을 다루었는지 들어보시오.
얘기할 때는 이렇게 하는 것이며
남편의 잘못을 비난할 줄 알아야 해요.
욕하고 거짓말하는 데 있어서
여자의 반만큼 대담하게 할 수 있는 남자는 드물답니다.
이미 알고 잇는 부인을 대상으로 얘기하는 것은 아닙니다.
일이 잘못되어 가는 경우,
무엇이 자신에게 이로운지를 알고 있는 현명한 부인은
하녀를 자신을 도울 증인으로 삼아
자신에게 불리한 소문을 거짓으로 믿도록
남편을 설득해나갈 것입니다. (161)

Now herkneth hou I baar me proprely,
Ye wise wyves, that kan understonde.
Thus shulde ye speke and bere hem wrong on honde,
For half so boldely kan ther no man
Swere and lyen, as a womman kan.
I sey nat this by wyves that been wyse,
But if it be whan they hem mysavyse.
A wys wyf, if that she kan hir good,
Shal beren hym on honde the cow is wood,
And take witnesse of hir owene mayde
Of hir assent. (224-34)

딕슨(Lynne Dickson)의 주장처럼 여기에서 여장부는 "현명한 부인들"과 "사악한 아낙네" 사이의 구분을 흐려버린다. 여성을 비하하는 내용을 담고 있는 남성중심의 텍스트들에 대한 공격이 시작되는 부분부터 여장부는 수다스럽고 공격적이며 성욕이 강한 여성들을 아이러니하게도 “현명한 부인들”의 범주에 포함시키고 있다. 여장부의 관점에서 볼 때, 그들은 사악하다기보다는 현명하다는 것이다. 게다가 위의 인용문에 암시되어 있듯이, 여장부는 자신의 가상적인 여성독자들과 협력하여 여성에 대하여 혐오적인 태도를 지니고 있는 당시 교회서기들이 규정한 “사악한 부인들”의 전형적인 악행들(225-6, 227-8, 321-2, 397, 401-2, 529-40, 544-7, 551-8, 559-62)을 자신의 입을 통하여 발설한다.

자신의 논지를 펴기 위해 열거하는 여성들의 악한 행위들에 여장부 자신도 공범임을 인정하고 있다. 자신의 경험을 이야기하는 도중 여장부는 남편들을 지배하기 위한 거짓말, 거짓 맹세(228), 돈과 재산에 대한 탐욕(409-12)과 간음(617-19) 등의 죄들을 본인 스스로 인정하고 있다. 심지어 확장의 구조 안에서 여장부는 자신도 모르게 여성들의 정체와 비밀을 말해버리는 배반자이며 죄인이 된다. 뿐만 아니라, 여장부는 세 명의 옛 남편들을 속였다고 자랑하지만 남편들이 술 취했을 때 말했던 여타의 내용들 역시 그녀 자신이 지어낸 허구였다고 스스로 실토하고 만다. 결국 남성권위의 목소리에 대항하고자 했던 여장부의 자기 소멸적이며 자기 비난적인 목소리는 “모든 것이 거짓이었다”(382)라는 그녀의 말투 속에서 공허하게 울려 퍼질 뿐이다. 자신의 의도와는 다르게 여장부는 여성을 비하시키는 남성중심의 가치관과 문화에 대항하기 위해 여성중심의 담론을 형성하지 못한 채 기존의 남성들이 여성을 통제하기 위하여 사용한 담론에 의존할 수밖에 없게 되는 형국이다. 다시 말해서, 여성을 통제하기 위하여 가부장적 남성문화가 만들어낸 여성의 사악한 행실에 대항하여 여장부는 제대로 목소리를 내지 못한 체 남성 문화의 담론 안에 갇히게 된다. 무엇보다 주목할 만한 것은 처음 세 명의 남편들과의 결혼 생활을 언급하는 과정(224-378)에서 자신의 사적인 경험에 해당하는 여장부의 이야기가 여성을 통제하는 남성중심의 담론(the male discourse)의 한계를 뛰어넘지 못하고 있다는 사실이다.

남성의 권위나 목소리에 억눌려 여장부의 목소리가 통제되고 있음을 보여주는 또 다른 예로 여장부가 즐겨 사용하는 돈호법을 들 수 있다. 여장부가 단순히 가상의 여성독자들 중심의 내부 그룹이 아닌 남성독자들 앞에서 자신의 사적 담론을 펼치고 있다는 사실에 주목할 필요가 있다. 앞서 언급했다시피, 여장부는 자신과 함께 여성들의 비밀들을 공유할 수 있는 여성독자들 만의 공동체를 희망한다. 그러나 여장부는 이야기 도중 남성독자들의 호응을 유도하며 남성독자들("lordynges")을 부르는 것으로 끝을 맺는다. : "여러분, 이제 다들 짐작하였겠지만, 나는 그 늙은 남편들에게 대들었어요" [Lordynges, right thus, as ye have understonde,/Baar I stifly myne olde housbondes on honde (378-80)]. 이외에도 이야기하는 동안 남성독자들을 부르는 그녀의 목소리를 몇 차례 더 들을 수 있다. 여장부가 남성독자의 호칭들("lordynge" 이나 "sire" 와 "yow")을 자주 사용하는 것으로 볼 때, 여장부 스스로 프롤로그의 시작부터 눈에 보이지 않는 남성독자들을 상당히 의식하고 있다는 사실을 알 수 있다. 여성으로서의 경험을 바탕으로 하는 여장부의 여성적 담론이 여성을 통제하거나 비하하는 당시 남성적 권위나 목소리에 잠식되고 있듯이, 이는 여장부의 사적인 경험 이야기가 내부 사람들(여성 독자들)만의 공동체 안에서 자유롭게 말해질 수 없다는 점을 보여준다. 딕슨은 이를 두고 여장부의 의도가 "보이지 않지만 어디나 존재하는 '교회 서기들'의 남성권위뿐만 아니라 가부장적 당시 독자들의 존재"에 의해 견제되거나 억제되고 있다고 주장한다.[38] 다시 말해서, 여장부는 어느 한 공간을 자신만의 사적인 경험의 장으로 전유하려고 몸부림치지만 이러한 공간은 이미 가부장적 독자들 그리고 남성중심의 권위적인 목소리와 언어로 이미 채워져 있다는 사실을 말해준다.

이러한 사실은 여장부가 처녀성과 결혼에 대하여 부연 설명하는 부분에서 보다 극명하게 드러난다. 이 부분에서 여장부는 남성중심의 담론과 여성적 경험의 경계선 사이를 오간다. 이러한 현상은 여성적인 경험을 기반으로 하는 여장부의 목소리가 성서로 대표되는 남성중심의 언어에 의하여 통제되고 있는 것에서 비롯된다. 다시 말해서, 여장부가 말하려는 내용은 오직 남성중심의 텍스트를 통해서만이 가능하다는 한계를 보여주고 있다. 다시 말해서, 작가 초서는 화자인 여장부로 하여금 남성중심의 텍스트들 사용하게 함으로써 여장부의 정체성과 여장부가 전하는 이야기의 본질에 대하여 아이러니의 효과를 만들어낸다. 초서는 확장의 구조를 통하여 여장부의 주장이나 관점을 독자에게 보다 설득력 있게 전달시켜주기보다는 성서의 내용과 교부(敎

38) Lynne Dickson, "Deflection in the Mirror: Feminine Discourse in *The Wife of Bath's Prologue* and *Tale*," *Studies in the Age of Chaucer* 15 (1993): 78. 구체적인 예들을 언급하고 있는 70-85를 참조.

父)들의 권위를 여장부가 '오용'하도록 만들고 있다. 이를 통하여 초서는 독자들에게 그녀의 정체성과 이야기를 판단할 수 있도록 문맥을 제공한다.

"그러나..."(21, 27, 32, 67, 77, 78, 80, 107, 135)로 시작되는 구절들에서 여장부는 남성중심의 가부장적 텍스트("auctoritee")에 대한 일반적이며 정당한 해석에 대항하기 위해 필사적인 노력을 기울인다. 그 일환으로 여장부는 권위 있는 남성중심의 텍스트들을 자신의 주장에 부합되도록 비틀거나 왜곡하게 된다. 자신의 주장을 보다 설득력 있게 하기 위해 여장부가 프롤로그 곳곳에서 보여주는 텍스트들의 왜곡된 해석은 그녀가 사용하고 있는 텍스트의 내용과 의미를 이미 알고 있는 독자들로 하여금 그녀의 허구성을 깨닫게 만든다. 「시골사제의 이야기」와 「철회」를 제외한 『캔터베리 이야기』 속 어느 이야기에서와 마찬가지로 초서는 이야기의 화자인 여장부의 견해에 동의하지 않는다 할지라도 작가로서 자신의 전지적 목소리를 화자가 전하는 이야기에 직접적으로 개입시키기 않는 것이 일반적이다. 다만 확장의 담론과 같은 자신만의 독특한 이야기 기법을 통하여 화자의 목소리를 독자가 있는 그대로 수동적으로 받아들이기보다는 이야기 속 화자의 관점이나 주장을 주관적이며 비판적으로 수용할 수 있도록 유도할 뿐이다. 여장부가 자신의 관점을 옹호하기 위해 인용하는 이솝우화(Aesop fable)는 물론 성서 속 내용들, 그리고 이들 내용들의 의미를 당시 식자층의 독자들은 이미 잘 알고 있었을 터이며,[39] 텍스트에 대한 전통적이

39) 딜라니(Sheila Delany)는 자신의 논문, "Strategies of Silence in the Wife of Bath's Recital," *Exemplaria* 2 (1990): 49-69에서 마리 드 프랑스(Marie de

며 일반적인 의미를 바탕으로 당시 독자들은 화자로서 여장부와 그녀의 주장을 충분히 판단할 수 있었을 것으로 보인다. 초서의 작품을 접할 정도의 당시 독자들이라면 여장부의 목소리나 의도를 있는 그대로 보다는 초서의 의도대로 비판적인 태도로 수용했을 것으로 보인다. 그녀의 호기 찬 주장과 목소리를 심각하게 받아들이는 독자들은 없었을 것으로 여겨진다. 오히려 청중 속에서 다소 웃음이 떠져 나오지 않았을까 생각된다. 이러한 현상은 여장부의 경험에서 우러나오는 목소리가 그녀가 사용하는 남성중심의 텍스트 그리고 남성 독자들과 연합하고 있는 작가 초서에 의해 암묵적으로 통제됨으로써 비롯된 것이다. 이를 다르게 표현하자면, 여장부는 공적이며 남성적인 담론과 사적이며 여성적인 담론을 분리하는 데 실패하고 있는 것이다.[40] 여장부의 실패는 권위적인 남성중심의 텍스트와 언어를 자신의 목소리를 높이기 위한 매개체로서 이용하고 있으나, 그 안에 내재되어 있는 남성의 목소리와 권위를 넘어서지 못하는 한계를 지니고 있다고 볼 수 있다.

France)의 이솝우화 속의 사자에 관한 여장부의 언급은 여장부의 이야기에서 아이러니한 효과를 만들어 내고 있다고 주장한다: "in solidarizing with the lion,... Alice speaks as if lions could or some day might paint: that is her basic misreading." 딜라니에 의하면 "만일 그 우화가 여성과 남성에 대한 알레고리로 읽혀진다면, 우화가 갖는 의미는 매우 충격적이게도 여성 혐오론적인 것이다. 그것에 대하여 여성들이 분노할 지 모르지만 문화적 생산수단을 전유할 수 있는 능력이나 본성이 여성에게는 없기 때문에 그러한 수단을 가질 수 없다는 것을 우화는 말하고 있다"(53). 여장부는 마리 드 프랑스의 작품에 내재되어 있는 남성중심의 의미를 파악하지 못한 채, 이를 자신의 주장을 강화하기 위해 전유하게 함으로써 아이러니한 효과를 유발시키고 있는 것이다.

40) Barrie Ruth Straus, "The Subversive Discourse of the Wife of Bath: Phallocentric Discourse and the Imprisonment of Criticism," *English Literary History* 55 (1988): 531-33에서 여장부의 프롤로그에 나타난 이러한 과정이 보다 자세하게 연구, 설명되고 있다.

IV. 이야기의 효과

초서 판 '추한 여인'에 대한 여장부의 목소리는 그와 유사한 이야기들에서 화자의 목소리와 사뭇 다르다. 첫째, 가우어의「플로렌트 이야기」에서 지니어스의 목소리는 이야기에 내포된 윤리적인 교훈을 자신의 학생인 아만스(Amans)에게 주입시키려는 의도를 반영하듯 냉정하고 형식적인 어조를 띤다. 따라서 사건들이나 이야기 속의 인물들을 묘사하는데 있어서 지니어스는 자신의 감정을 이입시킬 필요가 없으며, 시인이자 화자(poet-narrator)인 가우어의 목소리와 지니어스의 목소리 사이에 차이가 존재하지 않는다. 중세시대의 영국의 대중적 로맨스 가운데 하나인『가웨인경과 레그낼 부인의 결혼』의 화자처럼, 지니어스는 자신의 이야기에 대하여 박식함과 권위를 보여주기도 한다. 이와 대조적으로 여장부가 이야기하는 도중 더하는 개인적 견해나 "I," "me," "we,"와 "us" 같은 대명사의 빈번한 사용이 보여주듯이, 이야기의 화자로서 여장부는 자신의 내러티브에 깊이 관련되어 있음을 알 수 있다. 그러한 이유때문인지 이야기에서 여장부의 목소리는 다른 유사한 작품 속 화자의 목소리에 비하여 좀 더 따뜻하고 감정적이며 보다 인간적으로까지 느껴진다. 이를 다르게 말하면, 앞서 언급한 프롤로그에서처럼 이야기에서 여장부는 자신의 주장을 독자들에게 보다 설득력 있게 전달하기 위하여 자신의 사적인 경험, 생각, 혹은 주장을 이야기 도중에 상당히 많이 첨가하고 있다. 이야기의 기본적 흐름과는 다소 무관하게 보이는 듯한 '이야기 외적 요소들'(digressive materials)이

'추한 여인'의 기본적인 플롯에 다수 포함되어 있다. 이런 기법을 통하여 작가 초서는 프롤로그에서처럼 자신의 관점을 화자인 여장부와 분리시키고 있으며, 아울러 이는 독자가 스스로 이야기 속에 내포되어 있는 여장부의 정체성과 관점을 비판적으로 파악하는데 도움을 준다.

여장부의 이야기에서 가장 눈에 띄는 것은 프롤로그에서와 마찬가지로 여장부가 자신의 사적인 경험에 기반을 둔 여성적 담론과 아서왕 로맨스라는 남성적 담론 사이의 경계를 무너뜨리려고 한다는 점이다. 다시 말해서, 여장부는 후자를 전자의 관점으로 각색하고 왜곡시킴으로써 자신의 주장을 독자들에게 효과적이며 설득력 있게 전달하고자 한다. 그러나 아서왕의 로맨스에 내포되어 있는 남성중심의 권위와 가치관에 의하여 여장부의 주장이나 의도는 오히려 잠식되거나 반박되어진다. 프롤로그에서와 마찬가지로 이야기에서 이야기의 기본적 내용으로 여장부가 아서왕의 이야기를 사용하고 있다는 사실은 자신의 목소리를 오직 남성담론을 통해서만이 전달할 수밖에 없다는 한계를 드러낸다. 이러한 한계를 극복하기 위하여 여장부는 남성담론의 대표적인 예라 볼 수 있는 아서왕의 로맨스를 자신의 논지에 부합하도록 뜯어 맞추기는 하나, 여장부의 노력은 작가 초서의 의하여 실패로 끝나게 된다.

여장부는 자신의 논지를 독자들에게 전달하기 위한 방법으로 아서왕과 관련한 남성중심의 로맨스를 뜯어고치기 시작한다. 먼저, 여장부는 이야기의 주인공을 무명의 기사로 처리하며, 심지어 강간을 저지를 뿐 아니라 의지력이 부족하고 무기력하며, 배은망덕하고 예절이 부족한 존재로 처리하고 있다. 한마디로 여장부의 이야기 안의 기사는 이와 유사한 이야기들의 주인공인 플로렌트나 가웨인과는 정반대의 모습으로 처리되어 있다. 또 다른 충격적인 변형은 기사가 궁정의 여인이 아닌 겉으로 보기에도 가난하고 추한 늙은 노파에 의해 길들여진다는 점이다. 여장부가 자신의 소망을 이야기 안에 투사시키기 위한 목적에서 비롯되는 이러한 변형들은 독자들을 설득시키기보다는 오히려 독자들을 그녀의 내러티브로부터 한 걸음 물러나게 할뿐이다. 전통적이며 대중적인 당시의 로맨스를 아이러닉하고 우스꽝스럽게 처리하고 있는 여장부에게 로맨스 장르의 전통과 내용에 익숙한 당시 독자들은 동정과 함께 비웃음을 보냈으리라 여겨진다. 이러한 결과는 초서와 동시대 독자들이 잘 알고 있는 남성중심의 로맨스가 지니고 있는 의미와 가치, 그리고 로맨스의 변형들을 통하여 여장부가 말하고자 하는 의도 사이의 충돌에서 비롯된다.

이와 유사한 효과는 여장부가 이야기의 기본적 플롯에 첨가하는 또 다른 이야기 외적인 요소들에 의해서도 나타난다. 여장부가 이야기에 추가하는 마이더스의 일화나 침실설교(pillow lecture)와 같은 여담들은 결혼생활에서 여성의 주도권 획득의 중요성을 강조하는 여장부의 목소리를 잠식시키는 역할을 한다. 마이더스에 관한 일화는 "여성이 가장 원하는 것이 무엇인가?"(905)라는 질문에 답을 찾아 기사가 떠나는 장면과 해답을 찾는데 도움을 주는 늙은 노파를 기사가 만나는 장면사이에 놓여있다. 해답을 찾아 방랑하는 기사의 노력이 헛수고가 되어 가는 와중에 기사는 질문에 여성들의 다양한 견해를 접하고 매우 혼란스러워한다. 여장부 스스로 여성들에 의해 제기된 다양한 견해들을 검토한 후(925-44), 그녀는 "우리 여자들은 그 어떤 것도 비밀로 간직할 수 없어요"(950)라는 자신의 주장을 예증하기 위해 마이더스의 이야기를 끄집어낸다. 자신의 주장에 부합하도록 하기 위해 여장부는 마이더스의 처음 부분을 생략하고 마이더스의 비밀을 배반한 사람을 이발사에서 아내로 변경시켜가며 이야기를 전개한다.

로버트슨(D. W. Robertson, Jr.)이 지적한 것처럼 여장부는 본래 마이더스의 이야기가 지닌 도덕적 윤리나 교훈을 이해하지 못한 채 이야기를 완전히 잘못 해석하고 있다(1-20). 로버트슨의 주장대로 이야기와 관련하여 여장부가 모르고 있던 사실 가운데 하나는 마이더스가 자신의 성적인 욕망 때문에 배반당했다는 점이다. 이런 사실에 비추어 볼 때, 로버트슨의 표현대로 "여장부 스스로가 이러한 성적 욕망을 보여주는 전형적인 인물인 동시에 텍스트에 암시되어 있을 지도 모르는 어떠한 지혜도 '듣지 못하는' 어리석은 존재인 셈이다"(11). 실제 이야기에서 마이더스가 진리와 지혜를 담은 아폴로의 목소리보다는 숲의 신인 팬(Pan)의 육감적인 노래에 보다 빠르게 반응하듯이 여장부 역시 프롤로그에 암시되어 있는 것처럼 육체적으로는 귀머거리요, 영적으로는 그리스도의 말씀에 귀 기울이지 않는 존재이다. 이러한 점에서 여장부 자신이 바로 오비드의 마이더스이며 마이더스의 아내라는 사실을 알지 못한 채, 스스로가 자신에 관해 말하고 있는 셈이다. 자신의 주장을 정당화하기 위해 그녀가 인용하고 있는 성서와 교부들의 기록 그리고 남성중심의 텍스트들이 그녀의 목소리를 잠식시키는데 기여하는 것처럼, 여장부가 사용하고 있는 확장의 구조 안에 있는 마이더스의 이야기 또한 독자가 여장부의 정체성과 동기를 판단할 수 있게 하는 문맥을 제공한다고 볼 수 있다.

이 밖에도 여장부는 '침실설교'를 이야기의 마지막 부분에 덧붙임으로써 자신의 의도와는 상반된 결과를 초래한다. 이러한 내러티브 기법 역시 초서가 『캔터베리 이야기』에서 즐겨 사용하는 기법들 가운데 하나이다. 하나의 이야기 안에 서로 어울리지 않은 이질적인 요소들을 첨가시키는 기법을 통하여 초서는 화자의 주장에 대하여 독자의 웃음을 이끌어낼 뿐만 아니라 화자의 진실성에 대하여 의문을 품게 한다. 여장부가 이야기의 극적 상황에 전혀 어울리지 않아 보이는 이질적인 요소(노파의 진지한 도덕적 교훈)를 이야기의 결말부분에 더함으로써 여장부의 의도나 목소리가 오히려 전복되는 효과가 나타난다. 특히 신혼 첫날밤 젊은 남편에게 훈계하는 늙은 노파의 '침실설교'에는 여장부 주장과 관점에 대해 독자가 의심할 만한 불일치와 비논리성이 드러난다.

대표적인 예로써 뎀스터(Germaine Dempster)는 1159-62행의 문제점을 제기하고 있으며(173-6), 이 부분에서 드러나는 여장부의 비논리성은 여장부의 대리자인 노파의 진지한 주장을 독자들이 수용하는 것을 방해하기에 충분하다:

> 당신의 귀족신분은 선조의 높은 덕에서 비롯된
> 그들의 명성에 지나지 않으며,
> 당신과는 거리가 먼 것입니다.
> 귀족신분은 오직 주님에게서 비롯되는 것입니다. (198)
>
> For gentillesse nys but renomee,
> Of thyne auncestres, for hire heigh bountee,

Which is a strange thyng to thy persone.
Thy gentillesse cometh fro God allone. (1159-62)

뎀스터의 문제 제기를 크레인(Susan Crane)은 보다 구체적으로 설명하고 있다. 크레인의 주장에 따르면, '귀족신분'과 '가난'에 대한 노파의 주장은 각각과 관련한 전통적이고 권위 있는 기존의 의미와 해석을 완전히 뒤엎는 것이며, 노파는 어느 것에도 개의치 않고 오직 자신의 주장에 부합하도록 '귀족신분'과 '가난'을 다시 정의하고 있다(26). 만일 노파가 '침실설교'에서 여장부의 주장을 복화술로 이야기하고 있다고 가정해볼 때, 여장부의 대리자인 '가난'에 대한 노파의 찬미 또한 여장부가 첫 번째 세 명의 남편과의 결혼 생활에서 보여준 물질 탐욕의 성향과는 반대되는 것이다.

여장부가 확장의 구조 안에 첨가하는 노파의 '침실설교'가 화자의 대변인 격인 노파의 주장을 피상적으로는 강화시켜주는 것처럼 보이나 실제 이로 인하여 비롯되는 불일치와 논리적인 모호함은 화자가 자신의 목적을 달성하는데 역효과를 내고 있다. '귀족신분'에 관하여 설교하는 노파의 어조는 매우 진실되며 진지하다. 그러나 '가난'에 관한 부분에 이르러서 그녀의 목소리는 열정이 없어 보이며 기운이 빠진 듯이 갑자기 수그러진다. 마지막 '나이'에 관한 그녀의 설교에서도 열의나 진지함이 없어 보이며, 심지어 우스꽝스런 분위기로 그 끝을 맺는다. '귀족신분'과 '가난'에 관한 노파의 처리를 비교해 보면, '나이'와 관련하여 노파는 다소 불완전한 주장을 제기하고 있으며 자신의 견해(1207-12)를 지지해줄 만한 어떤 권위적인 내용도 덧붙이지 못하고 있다:

자 이제 당신은 내가 못생겼고 나이가 들었다고 말하는데,
당신이 내가 다른 남자들과 놀아남으로 인해서 창피를 당할 염려는 없을 것입니다;
못생기고 나이가 들었다는 사실이, 내가 생각하기로는,
정조를 지키는 훌륭한 방어막이 되기 때문이죠. (200)

Now ther ye seye that I am foul and old,
Than drede you noght to been a cokewold;
For filthe and eelde, also moot I thee,
Been grete wardeyns upon chastitee. (1213-16)

한마디로 '귀족신분'과 관련한 진지하고 고귀한 설교가 용두사미식의 우스꽝스런 결론으로 끝나는 인상을 준다. 앞서 언급한 내용들을 차치하고라도 실질적으로 어떤 독자도 위에 인용된 노파의 말이 젊고 건장한 기사 남편을 아내의 말에 전적으로 순종하는 남편으로 만들 수 있을 것이라고 믿지 않을 것이다.

래비(Bernard Levy)는 추한 노파의 '침실설교'가 "노래를 듣는 사람을 사로잡고 자기 자신을 아름다운 미인으로 보이도록 유혹하는 단테의 싸이렌(Siren)의 노래"와 같다고 주장한다.[41] 심지어 지금까지 여장부가 이야기에서 보여준 우스꽝스럽고 아이러닉한 분위기와는 어울리지 않는 노파의 훈계는 독자를 그녀가 하는 설교 속으로 끌어들이기보다는 뒤로 한 걸음 물러나게 할 뿐이다. 특히, 노파의 훈계에서 가

41) Bernard S. Levy, "Chaucer's Wife of Bath, the Loathly Lady, and Dante's Siren," *Symposium* 19 (1965): 371; "The Wife of Bath's *Queynte Fantasye*," *Chaucer Review* 4 (1970): 106-22.

장 고귀한 이상들이 개인적인 목적을 위해 왜곡되어 인용될 때, 그녀의 "침실설교"는 더욱 더 우스꽝스럽고 가볍게 느껴진다. 한마디로 '침실설교'는 나이가 들고, 추하고 가난할 뿐만 아니라 사회적 지위 또한 낮으나 성적으로 매력 있는 아내(여장부)를 젊은 남편이 (아마도 젠킨이 되겠지만) 발견한다는 내용으로 이는 여장부가 자신의 "호기에 찬 욕망"을 실현시키려는 터무니없는 수사학의 전형에 불과하다. 실제로 여성의 욕망성취에 관한 노파의 이야기는 젊은 기사가 원하는 것과는 거리가 멀다. 노파 또한 자신이 지금까지 말한 것과는 관계없이 기사가 여성의 젊음과 아름다움을 선호한다는 것을 잘 알고 있다: "그러나 당신이 원하는 것이 무엇인지 알았으니, 당신의 세속적인 욕구를 채워 드리겠어요"(201). 충격적이게도 기사의 세속적인 욕구를 충족시키기 위해 노파는 기사를 압도한 대가로 쟁취한 주도권을 결혼과 함께 그에게 양보하고 순종적인 아내가 된다: "당신의 예쁘고 착한 아내가 되겠어요. 세상이 생긴 이래로....(202). 기사가 방안의 커튼을 들어 올리자 그의 눈에 들어온 것은 바로 자신이 진정으로 소망했던 아내의 모습이다: "그녀는 매우 예쁘고 젊게 되어 있었습니다"(202).

V. 남성중심의 문화에 갇힌 여장부

프롤로그에서 여장부의 설교가 "결혼생활의 비애"로 시작하여 아이러니하게도 여성의 순종으로 인하여 얻어지는 "완전한 기쁨"으로 끝나고 있다. 이와 유사하게 여장부의 이야기 또한 남성을 지배하기 바라는 여성의 보편적인 욕망에도 불구하고 여성의 순종으로 인한 갈등의 해소로 그 끝을 맺는다. 프롤로그에서처럼 이야기의 마지막 부분에서 여장부는 마치 노파의 심정을 모두 이해하고 있는 듯이 "... 그녀는 그에게 만족과 기쁨을 줄 수 있도록 모든 일에 있어서 복종을 하였답니다. 이렇게 그들은 죽을 때까지 완벽한 기쁨 안에서 살았답니다" (202)라고 말한다. 패터슨(Lee Patterson)의 주장처럼, "여장부의 '호기에 찬 욕망'은 결국 남성적인 소원 성취(masculine wish-fulfillment)인 셈이고, 여장부 자신 또한 본래 의도와는 다르게 완전히 이에 동조하거나 이를 성취하는데 일조를 하고 있는 것으로 보인다"(683). 다시 말해서, 여장부가 비록 가부장적 문화의 틀에서 여성의 목소리를 내며 자유로워지려고 노력할지라도. 패터슨의 메타포를 빌리자면, 그녀는 여전히 "남성적 언어의 감옥" 안에 갇혀있다(682).

당시 남성중심의 공식적인 문화와 사적이며 여성적인 경험사이를 오가는 여장부의 모습과 전자를 초월하지 못하는 그녀의 한계가 기도의 형식을 통해 말하는 이별의 말속에 암시적으로 드러나 있다:

그리스도여, 우리에게 순하고, 젊고, 그리고
잠자리에서 힘있는 남편을 보내주소서,
아울러 우리와 혼인한 그들보다 오래 살도록 해주소서.
또한 예수님, 기도드립니다. 부인들의 지배를 받기 원치 않는 자들의
명(命)을 짧게 줄여 주소서.
그리고 늙고, 성질 못된 구두쇠 같은 남자들에게 또한
주님 곧 역병을 내려주옵소서. (202)

....................and Jhesu Crist us sende
Housbondes meeke, yonge, and fressh abedde,
And grace t'overbyde hem that we wedde;
And eek I praye Jhesu shorte hir lyves
That noght wol be governed by hir wyves;
And olde and angry nygardes of dispence,
God sende hem soone verray pestilence! (1258-64)

퀸(Esther Quinn)은 여장부의 끝맺는 말속에서 "아서왕의 로맨스에 드러난 허구의 세계와 14세기 영국 상황에서 남성과 여성사이의 실제 관계를 보여주는 투쟁의 세계와의 거리감"을 엿볼 수 있다고 말한다.[42] 남성중심의 대표적인 담론인 아서왕의 로맨스를 통해 자신의 소원을 성취하는데 실패했음을 깨달은 여장부는 환상의 세계에서 깨어나 다시 현실로 돌아온다. 마지막으로 여장부는 지금까지 쓰고 있던 환상의 가면을 벗어 던지고 자신을 유혹했던 마법을 의도적으로 쫓아버린다.

42) Esther C. Quinn, "Chaucer's Arthurian Romance," *Chaucer Review* 18 (1984): 217; Aaron Steinberg, "The *Wife of Bath's Tale* and Her Fantasy of Fulfillment," *College English* 26 (1964): 190.

자신의 사적인 경험에 기반을 둔 여성 옹호적 목소리에 나타나있는 활력과 호전성에도 불구하고, 마지막을 여장부가 이렇게 끝맺을 수밖에 없는 이유는 이미 모든 공간이 남성의 권위와 언어로 가득 채워져 있기 때문이다. 이를 다르게 표현하면, 프롤로그에서 여장부의 목소리가 교부들의 글이나 성서의 내용, 그리고 남성중심의 텍스트에 의해 통제되거나 잠식되고 있다면, 이야기에서는 아서왕의 로맨스에 묵시적으로 내재되어 있는 남성권위의 목소리에 의하여 여장부의 의도는 제한되거나 잠식되어진다고 볼 수 있다. 위에 인용된 여장부의 말에서 알 수 있듯이, 비록 그녀가 일정기간 가부장적 권위에 도전하거나 이를 뒤엎을 수는 있을지라도, 결국 그녀는 원래 시작했던 그 지점에 그대로 남아있다. 이런 사실에 비추어 볼 때, 여장부가 프롤로그와 이야기를 통해 독자들에게 전달하고자 했던 것은 여성의 권위와 지배의 중요성이기보다는 단순히 그녀의 환상에 불과했다고 보인다. 잠시나마 현실과는 동떨어져 있는 환상적인 이야기를 통하여 여장부는 캔터베리 순례를 함께 하는 동료 순례자꾼들에게 기쁨을 주려고 했던 것으로 보인다:

그러나 여기 계시는 여러분에게 바라는 것은
제 생각대로 말할지라도
제가 하는 얘기를 잘못 받아들이지 말라는 것입니다.
제 의도는 여러분을 즐겁게 하기 위한 거랍니다. (159)

But yet I praye to al this compaignye,
If that I speke after my fantasye,

As taketh not agrief of that I seye,
For myn entente nys but for to pleye. (189-92)

여장부가 하는 이야기가 허구적이며 다소 환상적으로까지 느껴지듯이, 여장부 역시 다른 캔터베리 순례꾼들과는 달리 초서가 살던 영국 사회에 존재하지 않는 인물이다. 여장부는 권위와 기득권을 지닌 14세기의 남성 시인에 의해 창조된 허구적 존재에 불과하다. 크레인(Susan Crane)의 말처럼, 바쓰의 여장부는 "허구를 이야기하는 허구인 셈이다"(20).

인용문헌

초서. 『켄터베리 이야기 I』. 이동일, 이동춘 역. 서울: 한울 아카데미, 2001.

Alford, John A. "The Wife of Bath Versus the Clerk of Oxford: What Their Rivalry means." *Chaucer Review* 21 (1986): 108-32.

Allen, Judson and Gallacher, Patrick. "Alisoun Through the Looking Glass: Or Every Man his own Midas." *Chaucer Review* 4 (1970): 99-105.

Bakhtin, Mikhail. *The Dialogic Imagination: Four Essays*. Ed. Michael Holquist. Trans. Caryl Emerson and Michael Holquist. Austin: U of Texas P. 1981.

Bennett, J. A. W. *Chaucer at Oxford and at Cambridge*. Oxford: Clarendon P. 1974.

Campbell, Joseph. *The Hero With a Thousand Faces*. 2nd Ed. Bollingen Series 17. Princeton: Princeton UP. 1968.

Chaucer, Geoffrey. *The Canterbury Tales*. *The Riverside Chaucer*. 3rd Ed. Larry D. Benson. Boston: Houghton Mifflin Company. 1987.

Clouston, W. A. "The Knight and the Loathly Lady: Variants and Analogues of the *Wife of Bath's Tale*." *Chaucer Society*. 2nd Series XXII. London. 1887, 483-524.

Crane, Susan. "Alison's Incapacity and Poetic Instability in the *Wife of Bath's Tale*." *PMLA* 102 (1987): 20-8.

Delany, Sheila. "Strategies of Silence in the Wife of Bath's Recital." *Exemplaria* 2 (1990): 49-69.

Dempster, Germaine. "'Thy Gentilesse' in the *Wife of Bath's Tale*, D 1159-62." *Modern Language Notes* 57 (1942): 173-76.

Dickson, Lynne. "Deflection in the Mirror: Feminine Discourse in *The Wife of Bath's Prologue and Tale*." *Studies in the Age of Chaucer* 15 (1993): 61-90.

Fischer, Olga. "Gower's *Tale of Florent* and Chaucer's *Wife of Bath's Tale*: A Stylistic Comparison." *English Studies* 66 (1985): 209-25.

Gerould, Gordon Hall. *Chaucerian Essays*. New York: Russell & Russell. 1968.

Hagen, Susan K. "The Wife of Bath: Chaucer's Inchoate Experiment in Feminist Hermeneutics." *Rebels and Rivals: the Contestive Spirit in the Canterbury Tales*. Eds. Susanna Greer Fein, David Raybin, and Peter C. Braeger, Kalamazoo, Michigan: Medieval Institute Publications in Western Michigan University. 1991.

Hahn, Thomas. *Sir Gawain: Eleven Romances and Tales*. Ed. Kalamazoo, Michigan: Medieval Institute Publications in Western Michigan University. 1995.

Jordan, Robert. "The Question of Genre: Five Chaucerian Romances." *Chaucer at Albany*. Ed. Rossell Hope Robbins. New York: Burt Franklin & Company. 1975.

Kittredge, George L. "Chaucer's Discussion of Marriage." *Modern Philology* 9 (1912): 435-67.

Levy, Bernard S. "Chaucer's Wife of Bath, the Loathly Lady, and Dante's Siren." *Symposium* 19 (1965): 359-73.

________________. "The Wife of Bath's Queynte Fantasye." *Chaucer Review* 4 (1970): 106-22.

Meier, H. H. "Middle English Styles in Action." *English Studies* 55 (1974): 193-204.

Patterson, Lee. "'For the Wyves love of Bathe': Feminine Rhetoric and Poetic Resolution in the *Roman de la Rose* and the *Canterbury Tales*." *Speculum* 58 (1983): 656-95.

Propp, Vladmir. *Morphology of the Folktale*. 2nd Ed. Austin: U of Texas P. 1968.

Quinn, Esther C. "Chaucer's Arthurian Romance." *Chaucer Review* 18 (1984): 211-20.

Robertson, D. W., Jr. "The Wife of Bath and Midas." *Studies in the Age of Chaucer* 6 (1984): 1-20.

Spearing. A. C. *Criticism and Medieval Poetry*. Ed. 2nd Ed. New York: Barnes & Noble. 1972.

Steinberg, Aaron. "*The Wife of Bath's Tale* and Her Fantasy of Fulfillment." *College English* 26 (1964): 187-91.

Straus, Barrie Ruth. "The Subversive Discourse of the Wife of Bath: Phallocentric Discourse and the Imprisonment of Criticism." *English Literary History* 55 (1988): 527-54.

Utley, Francis Lee. "Some Implication of Chaucer's Folktales." *Laographia* 4 (1965): 588-99.

초서의 '다시 이야기하기': 바흐친의 개념을 통해 본 「서생의 이야기」(*The Clerk's Tale*)

***

『캔터베리 이야기』(*The Canterbury Tales*)의 일부 이야기를 제외한 대부분에서 하나의 진리나 가치관을 초서가 독자에게 직접적으로 전하는 경우는 매우 드물다. 암시적인 작가로서 초서는 이야기를 해석하는데 자신의 절대적인 권위와 전지적인 입장을 지양(止揚)하고 독자의 비판적인 수용 능력을 기대할 뿐이다. 결국, 고전작품에서 화자의 절대적이며 권위적인 자세와는 다르게 초서의 이러한 입장은 고전 작품의 플롯에서는 볼 수 없는 다양한 이야기 외적 요소의 추가에서 비롯된다고 볼 수 있다. 이는 자연스럽게 화자가 전달하려는 의미를 모호하게 만들 뿐더러 한 사건이나 인물에 대한 독자의 판단 또한 다양하게 이끌어내는 역할을 한다. 아울러 초서 작품에서 화자는 어떠한 도덕적이며 절대적인 판단을 내리지 않은 채 독자에게 의미나 가치의 최종 판단을 내리도록 유도한다. 이런 의미에서 초서의 이야기를 읽는 독자는 항시 주관적이며 비판적인 역할을 필요로 하며, 독서 그 자체가 독자의 의지 활동이기도 하다.[43]

43) 놀안(Barbara Nolan)은 『캔터베리 이야기』에서 하나의 진리나 이념을 전달하는 안내자는 존재하지 않으며, 순례자들은 텍스트를 독자에게 전달할 뿐이며 언어 기호의 집합체인 텍스트 안에 내재된 의미를 파악하는 것은 독자의 책임이라고 보고 있다: "A Poet Teer Was," 154-69를 참조. 이외에도 초서 작

'닫힘'(closure)과 '끝남'(finality)의 이미지를 독자에게 부여하는 「시골 사제의 이야기」(*The Parson's Tale*)와 「철회」(*Retraction*)를 제외한 대부분의 초서 작품들은 앞서 언급한 내러티브 스타일에 부합한다. 특히, 초서의 내러티브들은 바흐친(Mikhail Bakhtin)의 개념들 가운데 하나인 다성적(dialogic) 스타일과 깊은 연관이 있다. 「서생의 이야기」(*The Clerk's Tale*) 또한 예외는 아니다. 서생이 하는 이야기의 내용을 감안해볼 때, 다성적 스타일보다는 화자가 독자의 관심과 주의를 끌어가며 전달하고자하는 내용을 독자에게 주입하는 단성적 스타일이 「서생의 이야기」에 어울릴 듯하다. 뿐만 아니라, 남편에게 혼신으로 복종하고 침묵하는 그리셀다와 독재자에 가까운 월터의 모습, 그리고 이야기의 화자인 서생의 면모를 고려할 때, 작품이 카니발적 분위기나 형식을 담고 있다고 보기는 더욱 더 어려울 듯싶다. 그러나 이러한 첫 기대는 작품을 조금 더 자세히 읽다보면 이내 사라지고 만다. 초서의 『캔터베리 이야기』안의 어느 작품보다 다양한 목소리가 한데 어울려 각자의 소리를 내는 다성적 스타일이 「서생의 이야기」만큼 잘 들어맞는 작품도 드물 것이다. 이를 다르게 표현하자면, 이야기의 의미 혹은 이야기 속 등장인물과 관련된 가치관내지 관점을 「서생의 이야기」에서 초서는 독자에게 직접적으로 주입하지 않는다. 다만 초서는 이것들과 관련한 다양한 목소리를 작품에 투영하여 독자의 주관적이며 비판적인 판단을 유도할 뿐이다. 이런 점에서 「서생의 이야기」에서 초서는 원전

품을 읽는데 있어서 독자의 역할의 중요성을 강조한 코프(Leonard Michael Koff)의 논문, *Chaucer and the Art of Storytelling* (Berkeley: U of California P, 1988)이 있다.

이 가지고 있는 하나의 절대적 진리나 관점을 거부하며 이야기라는 포장을 통하여 다양하고 복합적인 관점을 독자에게 풀어놓는 이야기꾼에 불과한 셈이다.

본 논문은「서생의 이야기」에 투영되어 있는 다양한 목소리들을 분석하고 각각의 목소리가 지향하는 의미를 파악하는데 초점을 두고 있다. 구체적으로 이야기의 화자인 서생이 원전인 페트라르카의「그리셀다 이야기」(*The Tale of Griselda*)에서 찾을 수 없는 새로운 목소리와 관점을 어떤 내러티브 기법들을 통해서 작품에 부여하고 있는지 알아보고자 한다. 뿐만 아니라, 페트라르카의 원전이 보여주는 단성적이며 직접적인 이야기 전개방식을 화자는 어떤 방법으로 거부하고 있으며, 화자가 지향하는 가치관은 원전에서 페트라르카의 관점과 어떻게 다른지 고찰하고자 한다. 특히, 그리셀다에 대한 페트라르카의 관점과 서생이 보는 관점이 어떻게 서로 다른가에 논문의 초점을 맞추고자 한다. 마지막으로「서생의 이야기」의 결구(envoy)가 보여주는 또 다른 목소리, 다름 아닌 카니발적 목소리는 누구의 것이며, 그 목소리가 지향하는 관점에 대하여 분석할 것이다.

I. 서생의 이야기 전개방식 재정립

페트라르카의「그리셀다 이야기」에는 플롯의 전개나 흐름을 저해하는 이야기 외적인 요소가 들어가 있지 않다. 이로 인하여 플롯의 구조가 직선적이며 단선적인 편이다. 또한 이야기 흐름이 어떠한 단절 없이 하나의 행동 혹은 사건에 이어 곧바로 다음으로 이어지기 때문에 연속적이라 할 수 있다. 뿐만 아니라, 그리셀다를 비롯한 등장인물의 내적인 심리묘사나 사건을 둘러싼 배경설명이 거의 없다. 이야기는 행동 중심적(action-oriented)으로 짜여 간결하면서도 유기적인 모습을 띠고 있다. 여타 고전 작품들처럼 페트라르카의 이야기는 화자의 요지를 독자에게 효과적으로 전달하기 위한 기본적이며 절제된 구조를 지니고 있는 셈이다. 이러한 이야기 전개 방식은「그리셀다 이야기」를 통하여 독자에게 특정한 의미를 전달하려는 페트라르카의 의도에서 비롯된 것이다.

무엇보다 페트라르카의 의도를 알아보기 전에 페트라르카가 보카치오의 이태리 이야기를 라틴어로 번역한 이유에 대하여 스스로 밝히고 있는 부분을 살펴 볼 필요가 있다. 페트라르카는 그의 책 서문과 *Seniles* XVII. 4에서「그리셀다 이야기」는 학자의 신분에 어울리는 이야기의 예(例)로서 학자라는 신분과 직책 때문에 특별히 비롯되는 나태함을 경계하는 "재가 된 연습"(sanctioned practice) 혹은 그 직업을 정의하는 "정신적인 훈련"(spiritual exercise)이라고 말한다. 보카치오의 작품과는 매우 상이한 분위기와 의도에서 비롯된 작품임을 페트라르카 자신은 밝히고 있다. 이와 더불어 페트라르카가 「그리셀다 이야기」를 세속적인 언어가 아닌 당시 권위적인 라틴어로 보카치오의 작품을 개작하고 있다는 사실도 주목할 만하다. 이와 같은 개작은 시공을 초월하여 「그리셀다 이야기」의 의미와 가치가 변함없이 영원하기를 바라는 페트라르카의 의도에서 비롯된 것으로 볼 수 있다. 그의 의도는 성공한 듯 보인다. 초서 또한 자신의 전달하는 이야기가 페트라르카의 이야기에서 비롯된 것임을 서문과 결구에서 세 차례에 걸쳐 언급하고 있다. 아울러 그리셀다의 많은 판본들의 대부분도 바로 페트라르카의 원전을 기초로 쓰인 것들이다. 뿐만 아니라, 일부 비평가들은 페트라르카가 의도한대로 「그리셀다 이야기」를 종교적인 구원의 맥락에서 이해하곤 하였다(Kellogg 301; Utley 220-23).

앞서 언급한 페트라르카의 이야기 플롯이나 전개방식은 페트라르카의 의도를 충실히 실현하기 위하여 기획된 것으로 볼 수 있다. 세속적 언어로 쓰인 다성적인 보카치오 작품과는 거리를 둔 채 페트라르카는 자신의 종교적 관점 혹은 목소리를 단성적인 이야기 전개방식을 통하여 독자, 특히 학자계층의 독자들에게 전달하고자 했던 것이다. 페트라르카는 마치 작품 속 월터와 같이 주위의 다른 목소리나 주장에 관심을 두지 않고 오직 자신의 목소리만 지향하는 단성적이며 직선적인 전개방식을 취하고 있다. 도덕적 알레고리의 성격을 띠고 있는 페트라르카의 목소리는 매우 심각하고 근엄할 뿐더러 전통적인 분위기를 풍긴다. 그의 목소리는 그리셀다의 이야기를 종교적 구원 차원으로 승화시켜 독자들에게 '정절' 혹은 '인내'와 같은 교훈을 가르치기 위한 것으로 어떻게 보면 종교적이며 알레고리적 성격을 넘어 다소 추상적이며 비현실적으로 들리기도 한다.

페트라르카와는 다른 시도를 하기에 앞서 서생은 그리셀다의 이야기를 어떤 관점에서 전개시킬 것인지 프롤로그 부분에서 자신의 이야기 방향을 먼저 설정하고 있다. 프롤로그에서 서생은 세 차례에 걸쳐 자신이 하려는 이야기의 원작자가 페트라르카이며 그의 원전을 다시 이야기하려는 것이라 밝히고 있다. 다만 서생은 여기에서 그리셀다의 이야기에 대한 페트라르카의 관점과 목소리를 시공을 초월하여 변하지 않는 기념비적이며 신성한 것으로 받아들이기보다는 얼마든지 새로운 관점에서 바라볼 수 있다는 사실을 암시하고 있다. 아울러 서생의 모습, 행동 및 직업에 비추어볼 때 이야기 게임의 흥을 깨뜨릴까 두려운 여관주인 또한 프롤로그의 시작부터 서생을 압박한다(1-8). 여관주인은 계속해서 "기교적이거나 수사학적인 장식어구"나 "왕에게 글을 올릴 때나 쓰는 고양된 문체"는 그만두고 모두가 알아들을 수 있는 쉬운 말투의 이야기를 해 줄 것을 서생에게 요구한다.[44] 아울러 이야기 내용 또한 때에 어울리는 "신나는 이야기"(murie thyng)로 해줄 것을 여관주인은 그에게 요청한다.

여관주인의 이러한 요구를 그대로 따르겠다고 서생은 말한다(21-5). 여관주인의 요구를 받아들임으로써 자연스럽게 서생은 페트라르카의 이야기 스타일과 거리를 두겠다는 자신의 의지를 밝히고 있는 것이다. 그러나 서생은 페트라르카의 수사학적이며 장황스런 이야기 스타일이 독자가 이야기를 이해하는데 방해가 된다는 사실을 인정한다. 또

44) 본 논문에 인용된 「서생의 이야기」의 우리말 번역은 이동일, 이동춘 『켄터베리 이야기 I』, 서울: 도서출판 한울, 2001을 따르고 있다.

다른 한편으로는 그러한 스타일이 어느 정도는 이야기를 효과적으로 전달하는데 필요하다는 사실 또한 서생은 깨닫고 있다(53-5). 페트라르카의 스타일에 대한 서생의 양립적인 태도는 그의 신분을 고려해볼 때 너무나 당연한 것인지도 모른다. 서생 역시 자신의 이야기에 당시 고전문학에서 흔하게 접할 수 있는 다양한 수사학적인 기법들, 예를 들어, 대조법(*contrarium*), 영탄법(*exclamatio*), 문답법(*interrogatio*), 비교법(*comparatiok*), 직유법(*similitudino*), 반복법(*conduplicatio*) 등을 사용하고 있다. 그러나 확실한 것은 라틴어로 쓰인 페트라르카의 고양된 문체나 화려한 스타일은 분명 이야기의 의미를 모호하게 만들어 독자의 이해를 방해한다고 서생은 믿고 있다. 아울러 앞서 언급한 여관주인의 요구에 순응하는 것은 "이치에 합당하기 때문이다"(25)고 서생은 못 박고 있다.

서생의 말대로 자신이 여관주인의 요구를 따르는 것이 상황적으로 매우 이성적이며 합리적일뿐만 아니라 페트라르카의 관점 또한 절대적이며 성스러운 것이 아니라 상황에 따라 얼마든지 변할 수 있다는 것을 말해준다. 시기나 상황에 따라 관점이 달라질 수 있다는 서생의 생각은 페트라르카가 훌륭하고 위대한 학자인 것은 분명하나 "지금 고인이 되어 관속에 들어가 있다"는 부분에서 보다 더 확실해진다. 서생은 페트라르카의 죽음을 보편화시켜 인간이면 누구나 죽을 수밖에 없다고 말한다. 페트라르카의 죽음에 대한 서생의 언급에는 매우 냉소적이며 조롱하는 듯한 분위기마저 내포되어 있다. 아무리 페트라르카와 그의 이야기가 위엄과 권위를 지녔다 손치더라도 죽음 앞에서 유한하다는 사실을 서생은 인정하고 있다. 한마디로 페트라르카의 관점과 의도가 절대적이며 영원한 것이 될 수 없기 때문에 상황에 따라 새로운 관점과 스타일로 그리셀다의 이야기가 재해석될 수 있다는 사실을 프롤로그에서 서생은 밝히고 있다. 서생의 말은 또한 화자로서 그리셀다의 이야기를 재해석하겠다는 자신의 의지를 반영하고 있다. 관점과 의도, 언어 스타일, 그리고 독자 측면에서 서생은 페트라르카의 이야기를 새로운 방향으로 전개하여 자연스럽게 두 작품 사이에 바흐친이 말하는 대화론적 관계를 형성해 나간다. 이에 따라 그리셀다의 이야기에 대한 최종적인 해석과 판단을 위하여 독자 또한 어느 한 쪽의 관점과 주장에 의지하기보다는 독자 나름대로의 주관적인 판단능력이 요구될 따름이다.

II. 서생의 새로운 관점과 태도

프롤로그에 암시되어 있듯이, 서생은 페트라르카의 「그리셀다 이야기」를 새로운 관점, 다시 말해서 알레고리적 존재가 아닌 보편적인 한 인간으로서 그리셀다의 내면 상태에 초점을 맞추어 이야기를 새롭게 전개하고 있다. 결론부터 말하자면, 서생의 목소리는 인간의 보편적인 경험과 감정을 토대로 그리셀다를 알레고리적이며 추상적인 인물이 아니라 피와 살이 흐르는 현실 속 보편적인 여성으로 동정한다. 이러한 목소리 외에 뒤에서 구체적으로 논의될 「서생의 이야기」 결구부분의 목소리는 근엄하고 종교적인 분위기를 지닌 페트라르카의 것도 아니며 여성으로서 그리셀다의 내면 감정을 대변하는 서생의 것도 아니다. 결구부분의 목소리는 서생의 목소리와는 다른 것으로 장난스럽고 이야기 전체를 조롱하는 듯한 분위기를 연출한다. 「서생의 이야기」에는 이처럼 서로 다른 성격의 목소리들이 각자의 소리를 내며 공존하고 있다. 특히 서생의 목소리는 추상적이며 상징적인 차원이 아닌 보편적이며 현실적인 측면에 방향이 맞추어져 있기 때문에 그가 사용하는 언어 스타일 또한 변하기 마련이다. 페트라르카의 언어 스타일이 매우 수사학적이며, 중후하고 고양된 느낌을 준다면, 서생은 가능하면 그러한 스타일에서 벗어나 평범하고 단순한 스타일로 이야기를 전개하고 있다.

페트라르카의 작품에서 화자는 전지적인 입장에서 독자의 관심이 다른 곳으로 흘러가지 않도록 철저히 통제하는 경향이 있다. 이를 위하여 페트라르카 작품의 화자는 이야기의 흐름을 방해하는 어떠한 이야기 외적요소를 작품에 넣지 않고 있다.「서생의 이야기」는 이와는 사뭇 다르다. 일부 비평가들이 이미 지적한바 있듯이,「서생의 이야기」에는 이질적인 요소들에 의해 내러티브의 흐름이 단절되거나 등장인물 혹은 분위기 사이에 대조의 양상마저 띠고 있다. 게다가 내러티브의 흐름이 복잡하게 얽혀있는 느낌마저 준다(Salter, Jordan, Muscatine, and Burlin). 솔터(Elizabeth Salter)를 비롯한 일부 비평가들의 경우,「서생의 이야기」가 지니고 있는 이러한 특징은 화자의 의도보다는 화자의 실수에서 비롯된 것으로 이야기꾼으로서 화자의 부족함을 반영한다고 이들은 주장한다. 그러나 이는 화자의 의도에서 비롯된 것으로 페트라르카의 단선적인 내러티브 스타일과 이를 통한 독자와 화자 사이의 일치를 거부하기 위한 것이다. 페트라르카의 이야기에서와는 다르게「서생의 이야기」에서 이야기 흐름이 자주 단절되는 느낌이 드는데, 이러한 느낌 또한 화자가 자신의 입장이나 생각을 돈호적 수법(apostrophes)이나 독백(asides) 스타일을 통하여 이야기 도중에 수시로 주입하는데서 비롯된 결과이다. 이러한 요소들은 이야기의 흐름을 더디게 할뿐만 아니라, 원전에서 페트라르카의 의도나 관점을 독자가 그대로 수용하는 것을 방해하는 역할을 한다. 돈호법이나 독백 스타일을 통하여 서생의 목소리가 페트라르카의 원전에 자연스럽게 삽입됨에 따라「서생의 이야기」에는 페트라르카의 단성적인 목소리와 함께 화자의 또 다른 이질적인 목소리가 화음을 이루는 셈이다.

「서생의 이야기」에서 내러티브의 흐름을 더디게 만들거나 단절시키는 화자의 독백 내지 돈호법은 약 20개 정도로 작품 전체의 9%정도를 차지하며 작품의 여기저기에 산재되어 있다(McClellan, *Dialogic* 80). 화자가 사용하는 독백과 돈호법은 똑 같지는 않고 매우 다양한 양상을 띠고 있다. 일부의 경우, 독자의 관심을 화자가 새로운 방향으로 이끌려는 목적과 함께 자신이 남의 이야기를 다시 전달하고 있다는 사실을 독자에게 주지시키려는 공통점이 있다. 화자의 목소리를 반영하고 있는 이러한 기법은 제 2부, 3부 그리고 4부에 집중되어 있는데, 기법이 사용되는 빈도나 길이가 그리셀다가 월터로부터 시련을 당하는 부분과 중간에 보다 많이 그리고 길게 나타나는 경향이 있다. 이것은 보편적인 인간의 경험을 무시한 채 오직 종교적이며 도덕적인 교훈에 이야기의 초점을 맞추고 있는 페트라르카에 대한 화자의 거부 정도를 말해준다.

A. 개인적 주장과 판단을 새롭게 개진하는 화자

프롤로그와 결구를 제외한 「서생의 이야기」 본문에서 화자가 사용하는 독백과 돈호법의 경우, 말하는 사람과 청자가 나타나 있는 경우와 그렇지 않은 경우로 나눌 수 있다. 전자의 경우, 화자는 등장인물에 관련하여 자신의 판단이나 주장을 청자에게 개진한다. 특히, 「서생의 이야기」에서 화자는 대명사 "I"를 사용하여 현재의 화자인 본인과 과거 "훌륭한 서생"(worthy clerk)인 페트라르카 사이에 차이가 있다는 점을 강조한다. 반면 후자의 경우, 그리셀다에 대한 페트라르카의 추상적이며 상징적인 의미 부여에서 벗어나 보편적인 한 여성으로서 그리셀다의 내적인 생각이나 감정을 화자는 대변한다.

먼저 전자에 해당하는 경우부터 살펴보도록 하자. 이야기의 시작부분부터 화자는 독백형식을 사용하고 있다. 처음 세 개의 연에 걸쳐 화자는 이야기의 공간적 배경과 그곳에 살았던 월터의 선조, 그리고 월터의 훌륭한 면모에 대하여 간단히 언급한다. 곧이어 앞서 언급한 월터의 긍정적인 면모와는 매우 다르게 화자는 월터에 대하여 비판적인 판단을 내린다:

> 그는 이런 면에서 비난받을 만 했으니,
> 즉 앞으로 닥칠 일에 대해서는 전혀 신경 쓰지 않고
> 사방을 돌아다니며 사냥을 하거나 매를 부리는 따위의
> 눈앞의 기쁨에만 온통 정신이 쏠려 있었다는 점이다.
> 그는 다른 모든 업무들을 제쳐놓았는데,
> 그 중에서도 가장 염려스러운 것은
> 무슨 일이 닥친다 해도 절대 결혼하려 하지 않았다는 점이다.

> I blame hym thus: that he considered noght
> In tyme comynge what myghte hym bityde,
> But on his lust present was al his thoght,
> As for to hauke and hunte on every syde.
> Wel ny alle othere cures leet he slyde,
> And eek he nolde--and that was worst of alle--
> Wedde no wyf, for noght that may bifalle. (78-84)[45]

화자의 독백은 마치 그리셀다를 시험하는 월터에 대하여 자신의

45) 본 논문에 인용된 *The Clerk's Tale*의 원문은 *The Riverside Chaucer*, ed., Larry Benson (Boston: Houghton Mifflin, 1987)을 따르고 있다.

입장을 분명히 하기 위한 것으로 보인다. 특히 이야기 본문에 사용되고 있는 다른 독백과는 달리 거의 하나의 연을 할애하여 화자는 월터에 대한 자신의 생각을 위에서 말하고 있다. 그 길이와 위치를 감안할 때, 한 여자의 남편으로서, 그리고 한 국가의 통치자로서 월터의 부정적인 면모에 대한 화자의 입장은 보다 명백해져 보인다. 화자의 표현들, 예를 들어, "al his thoght," "wel ny alle," "worst of alle," 그리고 "for noght" 등은 월터에 대한 화자의 태도가 얼마나 부정적인지 말해준다. 실제 "눈앞에 기쁨에만 온통 정신이 쏠려있어" 통치자로서 역할을 제대로 수행해오지 못했다는 사실뿐만 아니라 이로 인하여 결혼도 포기할 정도라는 화자의 비판은 매우 심각하게 들린다. 과거 지금까지 통치자로서 역할을 해내지 못했다는 사실보다 더욱 더 위험스럽고 비판을 받아 마땅한 것은 바로 후계자에 대하여 아무런 관심을 보이지 않는 월터의 태도이다. 국가의 미래와 앞으로 그가 보여줄 행동에 대한 근심과 불안이 화자의 말에 고스란히 반영되어 있다.

그리셀다를 끊임없이 시험하는 월터의 행동에 대하여 현실과 경험에 근거하여 제 3부의 시작부분에서 화자는 다시 한 번 강하게 비난한다. 화자는 먼저 월터에 대한 자신의 비판을 독자들이 수용토록 유도하기 위하여 수사학적인 질문을 던진다(456-59). 그리셀다에 대한 충분한 검증 결과 아무런 문제가 없다는 사실에도 불구하고 월터처럼 지속적으로 시험을 하는 것은 "교묘한 발상"(subtil wit)이라기보다는 "나쁜"(yvele) 짓이라는 결론을 화자는 독자들로부터 자연스럽게 이끌어낸다. 그리셀다를 계속해서 시험하는 것이 "교묘한 발상"이라고 말할 수 있는 사람은 화자나 일반 독자의 입장에서 볼 때 정상적인 사람이 결코 아니라는 사실을 화자는 강조하고 있다. 자신과 독자와의 거리를 서서히 좁힌 다음, 화자는 자신의 개인적 입장을 보다 확실하게 표명한다:

> 내 생각에는 필요 이상으로 부인을 시험하여
> 고통과 두려움을 겪게 하는 것은
> 남편의 도리가 아니라고 생각한다.
>
> But as for me, I seye that yvele it sit
> To assaye a wyf whan that it is no nede,
> And putten hire in angwyssh and in drede. (460-62)

위의 인용문에서 화자인 "me"가 강조되고 있으며, 판단을 내리는 사람 또한 현재의 화자라는 사실이 분명히 드러나고 있다. 그리고 화자는 앞서 언급한 "일부 사람들"(som men)과 자신(me)을 구분 짓고 있다. 서생은 일부사람들, 특히 그리셀다와 월터의 시험에 대한 페트라르카의 상징적 혹은 종교적인 해석과는 다른 자신의 생각을 강조하고 있는 것이다. 화자는 특히 페트라르카의 관점과는 다른 새로운 관점에서 자신이 그리셀다의 이야기를 보고 있다는 사실을 재확인하고 있는 것이다.

페트라르카와는 다른 관점으로 이야기를 전개하기 위한 방법으로 서생은 페트라르카의 수사학적 언어 스타일을 가능한 절제하여 보다 간결하고 평범한 스타일로 이야기를 전달한다. 서생의 언어 스타일은 월터가 준비해온 반지를 그리셀다에게 건네주고 두 사람 사이에 결합이 이루어지는 2부 후반부 전, 후로 잘 드러난다. 서생은 관례적으로 신부의 아름다운 모습을 간단히 기술한 뒤, 독자들에게 질문을 던진다: "그녀의 치장에 대해 이야기를 길게 끌 필요가 있겠는가?"(383). 화자의 목소리에는 페트라르카처럼 관례적이며 고전적인 방식으로 주인공의 외모를 자세하고 우아하게 묘사할 필요가 없다는 사실이 내포되어 있다. 아울러 자신이 하는 이야기는 이러한 형식과 언어 스타일에서 벗어날 것이라는 점을 독자들에게 화자는 주지시키고 있는 것이다.

내용 면에서 또한 화자의 초점은 그리셀다의 변화된 외모보다는 변화 그 자체에 맞추어져 있다. 그리셀다의 외모에 대한 구체적인 언급이나 수사학적 과장 및 비교를 거부하고 화자는 사람들이 그녀를 알아보지 못할 정도로 변화했다고 간단히 표현할 뿐이다(384). 화자는 또한 평범한 언어를 사용하여 매우 간결하고 단순하게 월터와 그리셀다의 결혼에 대한 백성들의 기쁨과 결혼 잔치에 대하여 묘사한다: "그녀를 맞이하기 위해 나온 백성들은 기쁨에 들떠 그녀를 궁궐까지 호위하며 안내해갔다. 이리하여 그들은 해가 질 때까지 온종일 잔치를 즐겼다"(390-92). 곧이어 화자는 이야기를 멈추고 자신의 목소리를 낸다:

> 이야기를 서두르자면
> 하느님께서 이 새로운 후작부인에게
> 한없는 은총을 베푸셨으니
> 그녀는 오막살이나 외양간 같은
> 시골에서 태어나
> 자란 것처럼 보이지 않았고
> 마치 황제의 궁에서 자라온 듯했다.

And shortly forth this tale for to chace,
I seye that to this newe markysesse
God hath swich favour sent hire of his grace
That it ne semed nat by liklynesse
That she was born and fed in rudenesse,
As in a cote or in an oxe-stalle,
But norissed in an emperoures halle. (393-99)

첫 행에 나타나 있듯이, 화자가 서둘러 이야기를 전개하는 이유가 뭘까 의문이 들 수도 있다. 간단히 말해서, 그 이유는 우아하고 화려하게 변화된 그리셀다의 외모에 시간을 허비하기보다는 그녀의 변화 자체에 화자가 무게를 두고 있기 때문이다. 페트라르카처럼 아무리 화려한 수사학적 언어를 동원하여 그리셀다의 외모를 묘사한들 그리셀다의 내적인 모습이나 변화를 제대로 담아낼 수 없다는 사실을 화자인 서생은 잘 알고 있다. 서생은 그리셀다의 외모뿐만 아니라 내적인 변화를 묘사하기 위하여 *translated*(385)라는 단어를 사용하고 있다. 파르(Roger Parr)가 지적대로 이 단어는 단순히 하나의 물건이 다른 곳으로 옮겨진다는 일차적 의미를 넘어 종교적인 뉘앙스를 지니고 있다(100). 아울러 외적인 모습뿐만 아니라 내적인 면에서의 그리셀다의 완전한 변화는 신이 주신 은총의 결과라고 화자는 말한다. 서생이라는 당시 신분에 어울리는 말인지는 모르나, "I seye"에 나타나있듯이 그의 입장은 매우 확고하며 단호하게 느껴진다.

이야기 전개 방향과 언어사용에서 페트라르카와 차별화를 시도하는 서생은 이야기의 본문에서 다양한 방법으로 독자들의 반응을 자신쪽으로 이끌려는 시도를 한다. 현실과 경험을 바탕으로 그리셀다의 내적인 상태와 감정을 바라보려는 화자는 여성과 보통 사람(민중)을 자신의 독자층으로 삼고 있다. 여성과 보통사람은 성(性)과 사회계급 측면에서 지배와 고통을 당하는 있다는 공통점을 지니고 있다. 여성을 자신의 독자층으로 이끌어내려는 화자의 시도는 4부 중간부분에 잘 드러나 있다. 월터의 심복에게 딸에 이어 아들마저 빼앗기는 그리셀다의 측은한 모습과 인고하는 자세를 두고 화자는 독자, 특히 여성독자들의 생각을 묻는다:

> 이제 나는 당신네 여인들에게 묻고 싶은데,
> 여태까지의 시험으로 충분하지 않았겠는가?
> 늘상 가혹한 태도로 아내를 대하는 아무리 무자비한 남편이라 한들
> 아내의 정조와 충실함을 시험하기 위해
> 더 이상 무슨 계략을 꾸며낼 수 있겠는가?

> But now o wommen wolde I axen fayn
> If thise assayes myghte nat suffise?
> What koude a sturdy housbonde moore devyse
> To preeve hir wyfhod and hir stedefastnesse,
> And he continuynge evere in sturdinesse? (696-700)

화자의 질문은 3부의 시작부분에서 그가 독자에게 던지는 질문을 상기시킨다: ".... 그녀를 시험할 무슨 필요가 있는가"(456-57). 3부의 질문은 그리셀다가 월터의 심복에게 첫째 아이를 빼앗긴 뒤, 월터의 행

동에 대하여 독자의 생각을 묻는 내용이다. 화자는 그 질문에서 또한 "일부 남자들"(som men)과 자신(me)과의 견해 차이를 강조하기도 한다.

그러나 특이하게도 위의 질문에서 화자는 월터의 행동을 판단하는 독자로 여성들(wommen)을 삼고 있으며, 그는 또한 이들 여성들에게 유대감마저 표출한다. 화자인 서생이 여성들에게서 얻어내려는 질문의 해답은 너무나 명백한 것이다. 월터의 행동을 정당화시킬만한 어떠한 동기도 찾을 수 없으며 그의 행동은 잔인하고 비이성적이라는 사실을 여성독자와 함께 공감하고 싶은 것이 바로 화자의 의도이다. 이어서 화자는 또 한 번의 돈호법을 사용하여 한번 마음먹으면 무슨 일이 있어도 자신의 의도를 실현시키고 마는 "그러한 종류의 사람들" (folk of swich condicion)과 월터를 동일선상에 두고 있다(701-704). 여기에서 월터는 정상적인 사람이기보다는 특이한 인물로서 자신의 배우자를 시험하여 극단적인 상황까지 내모는 편집증적 존재라는 것을 화자는 암시하고 있다. 이런 측면에서 여성독자들에게 월터는 자신도 모르게 배우자를 시험해야한다는 강박관념에 시달리는 환자처럼 느껴질 따름이다. 결국 남성이며 식자(識者)인 화자에게도 월터의 행동이 비정상적일 정도로 잔혹하게 느껴질 터인데, 같은 여성으로서 여성독자들의 반응은 어떠하겠는가? 이것이 바로 화자가 독자들로부터 자연스럽게 이끌어내려는 바인 것이다.

그리셀다와 월터의 행동을 판단하는 또 다른 독자층인 "(일반)사람들"(peple)에 대한 화자의 태도는 여성독자에 대하여 그가 보여주는 친밀한 유대관계와는 사뭇 다르다. 화자는 이야기의 본문에서 무려 44

번에 걸쳐 "사람들"을 언급한다. 이들이 어느 집단에 소속된 사람들인가 확실치 않을뿐더러 매우 추상적으로 언급되고 있다. 또한 이들 "사람들"에는 가끔 긍정적인 수식어가 따라 붙기도 하지만 부정적인 수식어가 대부분이다. 맥클란(William McClellan)은 「서생의 이야기」의 "사람들"은 월터의 행동에 동기를 부여하는 역할을 한다고 지적한다 (*Dialogic* 113). 그의 주장을 보다 구체적으로 설명하기 위해서 중세시대 통치의 기본적인 개념에 대한 울만(Walter Ullmann)의 설명을 먼저 인용할 필요가 있다. 울만에 따르면 중세 통치란 두 가지의 서로 상충된 관계 속에서 이루어지는데, 그 하나는 통치자와 신과의 관계이며 또 다른 하나는 통치자와 그가 다스리는 백성(사람들)과의 관계이다. 전자의 경우, 신에게 왕권을 부여받은 통치자는 백성들로부터 간섭이나 통제 없이 절대 권력을 누릴 수 있다는 것이다. 그러나 후자의 경우, 아무리 절대 권력을 신에게 부여받았을지라도 통치자는 백성들의 목소리와 불만을 듣고 이들의 생각을 국가를 통치하는데 반영해야한다는 것이다(20-1). 결국 중세시대 이상적인 통치자의 역할은 두 관계의 모순 속에 존재한다고 볼 수 있다. 이런 울만의 설명이 월터의 경우와 일치한다고 맥클란은 지적한다. 맥클란에 따르면, 월터는 한 지역의 최고 통치자로서 어느 누구의 방해도 받지 않고 자신의 욕구를 충족시키는 존재이면서, 다른 한편으로는 백성들의 목소리(voys)와 불평(murmur)에 따라 자신의 행동을 결정하기도 한다. 후자의 경우, 그리셀다에 대한 월터의 변명이 말해주듯이 월터는 자신의 행동과 결정이 백성들의 목소리와 불평을 감안해서 내려진 것이라는 사실을 그리셀다에게 여러 차례 주지시킨다(489-490; 625-627; 627-630; 634-637; 789-801).

그러나 화자인 서생은 주관적인 통찰력이나 판단력이 부족한 이 같은 집단의 행동과 모습에 대하여 다소 부정적인 입장을 취하고 있다. 화자가 "사람들"이라는 명사에 대부분 부정적인 수식어를 붙이고 있다는 사실만 보아도 이를 알 수 있다. 여성과 화자는 공조를 취하고 있는 반면, 같은 독자층으로 이끌기는 하나 여론몰이를 할 수 있는 "사람들"의 판단과 생각에 대해서 화자는 다소 부정적인 입장을 취하고 있다. 월터의 판단과 행동에 대하여 비판 없이 무의식적으로 동의하고 수용하는 사람들의 태도가 월터에 대하여 부정적인 입장을 취하는 화자에게 반감을 불러일으키는 것은 너무나 당연한 것이다. 작품 곳곳에 나타나는 "사람들"을 향한 화자의 직접적인 언급이 말해주듯이, 화자는 이들 사람들을 "무지하고"(unknowing), "비천하며"(vulgar), 신중하지 못한 존재들이라고까지 말한다(750-753). 월터가 새로 맞는 배필을 보고 감탄하며 그의 행동을 옹호하는 사람들의 모습을 언급하면서 화자는 이들에 대한 자신의 태도를 극명하게 드러낸다(995-1001). 여기에서 화자는 풍향계와 달에 비유하여 지조 없이 필요에 따라 쉽게 변하는 사람들의 성향을 비난하고 있다. 그리고 이들의 생각과 판단을 믿는 사람은 단순히 바보가 아니라, "천하의 큰 바보"라며 화자는 이들을 깎아내린다. 더 이상 이들의 행동과 태도에 대하여 언급하기 싫은 양 화자는 이야기의 초점을 그리셀다의 내면의 상태, 즉 그리셀다가 인간적으로 겪게 되는 감정과 고통 그리고 인내에 맞춘다.

B. 그리셀다의 내면을 대변하는 화자

화자가 사용하는 돈호적 기법과 독백 속에 화자와 청자가 구체적으로 제시되어 있는 경우와는 다르게 화자와 청자가 누구인지 모호하거나 나타나 있지 않는 경우가 「서생의 이야기」에는 상당히 있다. 이들 돈호법과 독백은 그리셀다를 종교적이거나 상징적인 존재가 아니라, 평범한 여성에 불과하다는 사실을 보여주기 위한 것이다. 특히 이들 기법들은 보편적인 인간의 경험을 바탕으로 그리셀다가 겪는 심적 고통을 그녀를 대신하여 화자가 독자들에게 전달해주는 역할을 한다. 이를 다르게 표현하자면, 그리셀다에 대한 페트라르카의 입장을 거부하기 위한 방법들 가운데 하나로 「서생의 이야기」에서 화자는 이러한 기법들을 사용하고 있다. 화자는 그리셀다 역시 우리처럼 피와 살을 가진 보편적인 인간일 뿐만 아니라, 우리와 같은 감정을 소유하고 있다는 점을 부각시키고 있다. 이를 강조하기 위하여 화자는 외부적 묘사보다는 그리셀다의 심적 고통을 표출하는데 이야기의 초점을 맞추고 있다.

그리셀다가 감정도 없고 고통도 느끼지 못하는 괴물과 같은 존재가 아니라는 사실을 부각시키기 위하여 화자는 작품 여기저기에 자신의 목소리를 주입한다. 월터의 방문을 받고 매우 놀라워하는 그리셀다를 두고 화자가 하는 독백을 예로 들 수 있다(337-40). 한 나라의 최고 통치자의 방문을 받은 미천한 그리셀다의 얼굴이 너무 놀란 나머지 창백하게 변하는 것은 너무나 당연하고 자연스러운 것이다. 화자가 묘사하고 있는 그녀의 얼굴 표정과 태도는 곧 그녀가 다른 뭇 여성들과 같은 평범한 존재라는 사실을 말해준다. 이러한 사실은 또한 결혼 이후 그녀가 겪게 되는 시련에 대하여 감정을 표출하지 않은 채 인내하는 것이 단순히 그녀에게 감정이 없거나 그녀가 고통을 느끼지 못해서가 아니라는 사실을 입증하기에 충분하다. 그리셀다가 감정이 없는 괴물이 아니라 평범한 여성이라는 점이 4부의 후반부에서도 화자에 의해서 강조되고 있다. 월터는 그리셀다와의 합법적인 이혼을 위해 교황의 허가서마저도 위조하도록 신하에게 명한다. 무지한 일반사람들은 위조된 교황의 허가서를 한 치의 의심도 없이 믿게 된다. 그러나 그 소식을 전해들은 그리셀다의 심경을 화자는 다음과 같이 표현하고 있다: "하지만 이러한 소식이 그리셀다에게 전해졌을 때 그녀의 가슴은 슬픔으로 터질 것 같았으리라 나는 생각한다"(752-3). 화자는 이 부분에서 그 순간 그리셀다가 느꼈을 감정을 그녀를 대신하여 표출하고 있다. 자신의 목소리와 감정을 억누른 채 고통을 인내하는 그리셀다를 대신하여 화자인 서생은 감정과 고통을 표출하고 있는 셈이다. 화자는 심지어 월터의 명령을 받고 그리셀다의 아이를 데려가려고 온 신하를 묘사하다말고 그리셀다의 감정을 대신 토로하기도 한다(543-46). 마치 자신이 그 일을 겪고 있는 것처럼 화자는 "아이고"(Allas)라는 감탄사로 먼저 자신의 감정을 분출한다. 매우 간단한 감탄사 하나가 그리셀다가 받고 있는 내적 고통을 밖으로 효과적으로 표출시키는 역할을 하고 있다. 이것은 또한 그리셀다가 지금까지 억제해온 감정의 두께가 어느 정도인지 말해준다. 「서생의 이야기」 본문에는 실제 이와 같은 감탄사가 곳곳에 사용되고 있는데, 이러한 감탄사는 마치 그리셀다의 고통을 화자 자신이 아파하는 것 같은 느낌을 독자들에게 전달해주기에 충분하다. 이는 또한 상황마다 그리셀다가 느꼈을 감정이 화자 자신의 감정과 같다는 사실을 말해준다. 아울러 화자의 이 같은 감정표현은 상징적이며 종교적인 차원의 그리셀다가 아닌 보편적인 여성으로서 그리셀다에 자신이 하는 이야기의 초점이 맞추어져 있다는 사실을 방증한다.

화자가 겨냥하고 있는 그리셀다의 인간적인 면모가 가장 잘 드러나는 부분이 바로 이야기의 후반부이다. 여기에서 그리셀다는 월터에게 배우자로서 다시 받아들여지고 잃었던 두 아이들 또한 그녀의 품으로 돌아온다. 이러한 상황을 두고 그리셀다를 대신하여 화자는 단지 두 줄에 걸쳐 매우 짧게 자신의 감정을 표출한다: "아, 그리셀다가 기절하는 모습을 본다거나 또는 그녀의 애절한 목소리를 듣는다는 것은 참으로 애처로운 일이었다"(1086-87). 여기에서 눈에 띄는 두 가지 특징들을 지적할 수 있다. 하나는 그리셀다와 관련하여 "슬픈"(pitous)이라는 형용사가 이야기 전체에 걸쳐 처음이며 마지막으로 사용되고 있다는 사실이다. 또 다른 하나는 그리셀다의 내적 상태를 행동으로 보여주는 "혼절"(swounyng)이라는 단어가 사용되고 있다는 점이다. 이 단어는 그녀가 지금껏 말로 표출하지 못했던 고통과 슬픔이 어느 정도였는지 가늠케 해준다. 이는 상대적으로 그녀에게 가해진 시험과 이로 인한 고통이 얼마나 가혹했는지 암시하고 있다. 그러나 아이러니하게도 모든 것을 다 회복한 것 같으나 감정을 터뜨리지 못하고 이와 같은 행동을 보이는 것을 보면 아직도 그리셀다의 상태가 자신의 내적 감정을 표출할 수 있을 정도로 충분히 자유로운 것은 아닌 듯 보인다.

놀라운 것은 마지막 순간까지 자신의 감정을 조금도 표출하지 않은 채 인고하는 그리셀다의 모습이며, 화자는 그녀의 모습을 성서 속 인물 욥(Job)에 비유하고 있다. 당시 종교와 남성 중심의 가부장적 세계관에 깊이 연관되어 있을 법도 한 화자가 이처럼 여성을 성서 속 인물과 동일선상에 두고 있다는 사실 하나만으로도 상당한 의미가 있다고 본다. 심지어 화자는 그리셀다라는 한 여성을 넘어 남성 중심적 사회에서 지금까지 고통 받고 지배당해온 여성 전체를 옹호하고 있다. 남성중심의 가치관과 의미를 부여하려고 했던 자신의 동료인 서생들의 오류마저도 화자는 비판하고 있다. 아울러 과거, 미래, 현재를 통틀어 남성과 여성을 비교하여 덕을 실천하는데 있어 남성이 여성을 능가하는 경우를 본 적이 없다는 화자의 완곡하면서도 다소 과장된 주장은 화자를 당시 페미니스트라고 부를 수 있을 정도로 충격적이다(935-58). 화자의 이러한 태도는 원작자인 또 다른 서생, 페트라르카를 겨냥한 것으로 생각된다. 성서와 페트라르카를 포함한 서생들, 이들 둘 사이의 공통점은 여러 측면에서 당시 권위의 중심 그 자체이거나 권위를 유지하고 수호하기 위해 상호 결속의 관계에 놓여있었다고 보아도 무방해 보인다. 당시 절대적 힘과 권위를 지닌 성서가 통제나 지배의 수단으로 사용되었고, 이를 강화시키는데 일조를 한 집단이 바로 당시 서생들이라고 볼 수 있다. 한마디로 성서 그리고 글을 읽고 쓸 줄 알았던 이른바 식자계층이었던 서생들이 권위를 유지하며 사회를 지배하고 통제하는 이른바 구심력(centripetal power)을 형성했다면, 「서생의 이야기」에서 이에 반하는 화자의 태도와 입장은 원심력(centrifugal power)을 형성한다고 볼 수 있다.

III. 페트라르카의 종교적 관점에 대한 화자의 아이러니한 목소리

「서생의 이야기」의 결론부분은 이중적인 독특한 구조를 가지고 있다. 첫 번째 결론부분을 1142행부터 1162행으로 본다면, 결구부분을 포함한 나머지 부분이 두 번째 결론에 해당한다. 둘 사이에는 목소리와 관점 그리고 내용 면에서 매우 상이한 양상이 나타난다. 먼저, 첫 번째 결론부분에서 화자는 이야기 본문에서 페트라르카의 관점과 거리를 두기 위하여 자주 사용한 독백이나 돈호적 수법을 거의 사용하지 않고 있다. 그러나 페트라르카와는 상반된 화자의 입장과 관점은 첫 번째 결론부분에서도 지속되고 있다. 그것은 화자가 교묘하게 사용하는 아이러니 때문에 가능하다. 그리셀다에 대한 페트라르카의 종교적 가르침에 반하여 화자는 자신의 목소리를 이야기에 직접적으로 주입하고 있지는 않다. 다만 자신의 관점이 페트라르카와 다르다는 사실을 화자는 자신이 사용하는 언어를 통하여 아이러니한 방법으로 독자에게 전달하고 있다. 화자가 사용하고 있는 아이러니 기법 역시 바흐친이 말하는 다성적 스타일을 유지시키기 위한 방법들 가운데 하나에 해당한다.

첫 번째 결론부분은 온갖 시련을 다 겪은 그리셀다가 월터와 재결합을 이루고 그녀의 자식들도 결혼하여 "평화롭고 행복하게"(in pees and reste) 잘 살았다는 상투적인 내용 다음부터 이어진다. 그런 뒤, 화자는 페트라르카와 거리두기를 서서히 시도하기 위하여 이야기의 초

점을 과거에서 현재로 옮겨 간다:

> 오늘날의 세상이 전과 같이 그렇게 엄하지 않다는 것을
> 아무도 부인할 수 없는 사실이지만
> 이야기의 저자인 페트라르카가 하는 말을 경청해보자.

> This world is nat so strong, it is no nay,
> As it hath been in old tymes yoore,
> And herkneth what this auctour saith therfoore. (ll39-41)

첫 두 행에서 화자는 자신이 살고 있는 "현재의 세상"(This world)과 그리셀다가 살던 시대(old tymes yoore)를 비교하고 있다. "it is no nay"를 사용해가면서 두 시대 사이의 차이를 화자는 강조하고 있다. 가장 큰 차이란 화자가 살고 있는 지금은 과거처럼 그리 "엄하지 않다"(no so strong)는 점이다. 이를 다르게 표현하면 페트라르카가 살던 시대의 문화적 관점에서 그리셀다의 이야기가 종교적 혹은 도덕적으로 해석할 수 있었겠으나 그러한 해석이나 관점이 오늘날에는 어울리지 않는다는 것을 화자는 말하고 있다. 다시 말해서, 작품의 의미란 시간이 흐름에 따라서, 그리고 이를 수용하는 문화 속에서 변할 수밖에 없다는 사실을 화자는 독자들에게 말하고 있다. 그러면서도 화자는 프롤로그에서 그러했듯이 그리셀다 이야기에 대한 가르침은 자신의 것이 아니라 페트라르카(auctour)의 것이라는 사실을 끊임없이 밝히고 있다. 이와 더불어 화자는 페트라르카의 고양된 언어스타일에 대한 언급 또한 잊지 않고 있다. 이는 화자가 자신의 목소리가 이야기에 직접적으로

주입하기 보다는 페트라르카의 목소리을 간접적으로 이용하여 그와는 반대되는 자신의 목소리를 내기위한 수순인 셈이다.

지금의 시대는 그리 "엄하지 않다"라는 표현에 감추어져 있는 우회적이며 아이러니한 목소리 외에 페트라르카의 관점이 화자가 사는 지금 시대에 어울리지 않는다는 화자의 입장은 아래 "적합하지 않다" 혹은 "불가능하다"(*inportable*)는 단어에 명시되어 있다:

이 이야기는 세상 여인들이 그리셀다의 겸허함을
그대로 본받아야 한다는 것을 말하기 위해서 얘기된 것이 아니다.
설사 사람들이 그렇게 하기 원한다 해도 견뎌낼 수 없는 힘든 일이기
때문이다.

This storie is seyd nat for that wyves sholde
Folwen Grisilde as in humylitee,
For it were *inportable*, though they wolde, (1142-44)

위에서 "세상 여인네들이 그리셀다의 겸허함을 그대로 본받아야한다는 것이 아니다"는 것이 페트라르카의 생각이며, 페트라르카 자신 또한 아무리 그렇게 하고 싶어도 그것이 "불가능하기 때문이다"는 점을 인정하고 있다. 화자가 강조하는 *inportable*이라는 단어는 "견디기 힘든"(unbearable) 혹은 "참아내기 힘든"(unendurable)의 의미를 가지고 있을 뿐만 아니라, 경제와 관련이 있는 문맥에서는 "지불이 어렵거나 불가능"(impossible or very difficult to pay)의 의미를 내포하고 있다. 특히, 도날슨(Talbot Donaldson)과 로빈슨(F. N. Robinson)은 이 단어를 "용

서할 수 없는"(unpardonable), "참을 수 없는"(insufferable), "견딜 수 없는"(intolerable)로 해석하고 있다(233; 957). 의미가 어쨌든 간에 분명한 것은 그리셀다처럼 고통을 인내하며 순종하는 것은 너무나 가혹한 것이기 때문에 보통의 여인네들이 그리셀다의 예를 따른다는 것은 현실적으로 불가능하다는 것이다. 이러한 사실을 다름 아닌 페트라르카 스스로도 인정하고 있다. 앞서 언급한 지금 세상이 그전처럼 엄하지 않다는 표현과 관련하여 *inportable*에 내포된 의미를 고려해본다면, 화자의 의도는 보다 더 확실해진다. 페트라르카 자신이 생각할 때조차도 그리셀다의 교훈이 적합하지 않을뿐더러 보통사람들이 참기 어려운 것인데, 과거와는 다른 화자가 사는 지금 세상에서 페트라르카의 교훈이 얼마나 효과적이겠는가? 라는 것이 화자의 생각이다.

이러한 기본적인 입장에서 화자는 「그리셀다 이야기」에 대한 페트라르카의 종교적 해석을 어쩔 수 없이 독자들에게 전달하고 있다: "그러나 모든 사람이 각각의 정도에 맞게 어려운 일에 처했을 때 충직해야 한다는 것이다"(1145-46). 그러나 페트라르카는 그리셀다의 교훈을 본받을 대상이 특별히 여성이 아니라 "모든 사람"(every wight)으로 보편화시키고 있다. 심지어 "각각의 정도(신분)"에 맞게 교훈을 행동으로 옮겨야한다고 페트라르카는 말하고 있다. 그 대상을 보편화시킨다는 것은 앞서 언급했듯이 보통의 여성이 그리셀다의 행동과 태도를 따른다는 것이 불가능하다는 점을 페트라르카 스스로 인정하고 있는 느낌이 든다. 또한 그리셀다의 행동을 절대적으로가 아니라 정도에 따라 받아들여야 한다는 것은 페트라르카 스스로 지금까지 자신이 지향해온 관점과 목소리를 부인하고 있는 꼴이다. 이런 상황에서 페트라르카의 목소리라며 화자가 독자들에게 전하는 그리셀다의 종교적 의미를 아무런 의심 없이 있는 그대로 받아들이는 독자는 없을 것이다. 그것은 페트라르크카가 살던 시대 상황에 걸맞은 관점에 불과하며 화자가 살던 시대에는 어울리지 않는다는 것을 독자들은 이미 알고 있기 때문이다. 이러한 효과는 화자인 서생의 교묘한 언어사용 때문에 가능하다고 볼 수 있다. 다시 말해서, 원작자의 목소리와 상반된 자신의 목소리를 이야기에 직접 주입시킴으로서 두 목소리를 충돌시키기보다는 현명하고 비판적인 능력을 갖춘 독자들로 하여금 그가 사용하는 단어나 표현에 암시되어 있는 의미를 스스로가 파악하도록 서생은 이끌고 있다. 이를 통하여 독자 스스로 원작자의 관점과는 상반되는 감추어진 화자의 또 다른 목소리를 파악하게 된다. 이것이 바로 서생의 의도이며 더 나가 초서가 독자에게 요구하는 이야기 수용 방식인 셈이다.

IV. 서생의 가면을 쓴 시인 초서의 카니발적 목소리

결구부분을 포함하고 있는 두 번째 결론에서 또한 독자는 앞서 느낄 수 없었던 새로운 목소리를 감지할 수 있다. 독자는 이 부분의 분위기나 여기에 사용된 언어가 이야기의 본문 그리고 첫 번째 결론부분과 비교하여 매우 독특하다는 사실을 알 수 있다. 그것은 페트라르카가 원전에서 지향하는 도덕적이며 종교적인 분위기도 아닐 뿐만 아니라, 언어에서 또한 그가 사용한 고양된 수사학적 스타일이 보이는 것도 아니다. 그렇다고 인간의 보편적인 경험과 감정을 기초로 한 서생의 목소리나 언어 스타일도 아니다. 결론부터 말하자면, 두 번째 결론부분에 사용되고 있는 목소리는 지금까지 언급한 두 목소리와는 전혀 다른 또 하나의 다른 목소리로서 그 목소리의 소유자는 시인 초서(Chaucer the poet)로 보인다. 물론 키트리지를 시작으로 이 부분의 화자가 누구인가에 대한 비평가마다 의견은 각기 다르다 (Kittredge 199; Skeats, 351; Tatlock, 162; Malone, 222; Bronson, 103-114; Cherniss, 235-54; Burlin, 187). 이들 비평가들의 서로 다른 주장에도 불구하고 단 하나 공통점은 이 부분에 사용되는 언어와 목소리가 앞에서 사용된 것들과는 다르며, 이로 인하여 이야기의 흐름이 단절되고 있다는 사실이다.

이 부분의 목소리 소유자가 시인 초서라는 필자의 주장을 뒷받침할 수 있는 첫 번째 이유는 스키어츠(Walter Skeats)가 오래 전에 이미 지적했듯이, 「서생의 이야기」가 쓰였을 것으로 추정되는 시기가 이 부분이 쓰인 시기와는 상당한 차이를 보이고 있다는 점이다(351). 개님(John Ganim)의 주장처럼, 프롤로그에 암시되어 있듯이 여관주인의 요청(1-8)에 따라 「서생의 이야기」의 분위기와 내용을 화자가 마지막 부분에서 의도적으로 반전시키고 있다고도 볼 수도 있다. 그러나 「총 서시」를 비롯하여 『캔터베리 이야기』 곳곳에 나타나 있는 서생의 모습과 행동에 비추어 볼 때, 마지막 결론부분은 서생의 것이 아니라고 본다. 특히, 태트록(John Tatlock)과 힌클리(H. B. Hinckley)의 주장대로 「서생의 이야기」와 첫 번째 결론부분에서의 심각한 목소리, 그리고 이 부분의 유머로 가득 찬 목소리 사이에는 너무나 큰 차이가 있다. 아무리 페트라르카의 수사학적 언어를 거부하고는 있으나 앞서 언급했듯이 서생 자신 또한 이야기에서 완벽할 정도로 평범하며 일상적인 언어를 사용하고 있지 않다. 그러나 마지막 부분은 「토파즈 경」(*Sir Thopas*)이나 당시 로맨스에서 흔히 사용되는 일상의 구어체 스타일의 언어로 쓰여 있다. 마지막 결론이 시작하는 첫 행 [But o word, lordynges, herkneth er I go. (1163)]의 경우, 마치 음유시인이 자신의 이야기를 듣기 위해 앞에 앉아있는 구경꾼들에게 이야기를 전달하려는 것 같은 친밀하고 편안한 분위기를 화자는 연출한다. 이와 같은 이유들 외에 마지막 부분의 목소리가 초서의 것이라고 말할 수 있는 또 다른 이유는 초서가 즐겨 사용하는 운문 스타일과 이 부분의 스타일이 매우 유사하다는 점이다(Ganim 115).

서생의 가면을 쓴 시인 초서는 서생이 간과하고 있는 '이야기 게임'(storytelling game)의 중요한 요소인 '즐거움'(solas)을 이 부분에 의도적으로 첨가하고 있다고 생각된다. 바쓰 여장부를 방패로 삼아 시인 초서는 지금까지 독자가 느꼈던 페트라르카와 서생의 근엄하고 신중한 목소리에서 벗어나 성적 욕망과 즐거움을 추구한다: "젊고 활달한 마음으로 여러분을 기쁘게 해드리기 위해서 노래를 한 곡조 부르겠소" (1173-74). 마지막 결구부분에서 초서의 관심은 오직 독자들을 "기쁘게"(to glade yow) 만드는데 있기 때문에 그의 관점과 이야기의 내용 또한 페트라르카나 서생의 것과는 다를 수밖에 없는 것이다. 이러한 목적을 위해 초서는 그리셀다를 포함한 이야기의 내용, 언어 스타일, 그리고 지금까지 화자들의 관점을 "거부하는"(against) 새로운 방향으로 결구를 전개한다. 초서의 이러한 기법이 바로 기존의 텍스트를 토대로 내용과 분위기가 전혀 다른 텍스트를 만들어냄으로써 기존 텍스트의 의미와 관점을 전도시키거나 패러디하는 것이다. 시인 초서의 패러디는 그리셀다 이야기에 내재된 심각한 내용을 배제하고 해학적인 분위기 속에서 성과 육체를 비롯한 동물적 이미저리를 사용하여 이루어진다. 패러디 또한 바흐친의 말대로 아이러니 기법과 더불어 다양한 목소리를 통해서 다성적 스타일을 유지하기 위한 또 하나의 방법에 해당한다.

전체적인 맥락에서 초서의 목소리는 지금까지 지속되었던 페트라르카의 관점과 서생의 관점을 모두 거부한 채 육체의 자유를 구가하는 바쓰의 여장부를 찬양하고 있다. 초서는 그리셀다를 여러 면에서 도저히 어울리지 않을 것 같은 바쓰의 여장부에 '대응'시키고 있다. 이밖에도 초서는 패러디 효과를 창출하기 위하여 구체적인 단어 사용에도 신경을 쓰고 있다. 이는 바흐친이 말하는 패러디의 가장 기본적인 전략으로 초서는 지금까지 고귀하고 진지한 의미로 사용된 인물이나 단어들을 '평가절하' 내지 '타락'(debasement)시키고 있다: "마지막으로 평가절하는 그로테스크 리얼리즘의 기본적 예술 원리로서 신성하고 고귀한 모든 것이 물질적이며 육체적 층(層)에서 재검토되어지거나 그 같은 이미지들과 결합되거나 섞어진다"(Finally, debasement is the fundamental artistic principle of grotesque realism, all that is sacred and exalted is rethought on the level of the material bodily stratum or else combined and mixed with its images--*Rabelais* 6). 이러한 방법의 시작으로 초서는 두 번째 결론부분이 시작하는 첫 번째 연에서부터 그리셀다를 '동전'에 비유한다(1164-68). 먼저 초서는 오늘날 그리셀다와 같은 사람 둘 혹은 셋을 찾기란 매우 힘든 일이라고 말한다. 둘 혹은 셋이라는 숫자는 지금까지 페트라르카와 서생이 지향해왔던 유일무이(唯一無二)한 그리셀다의 덕목과 그녀의 존재를 평가 절하시키는 역할을 한다. 특히, 숫자, 셋(number three)이라는 표현에는 그리셀다 존재의 독특함(uniqueness)을 저하시키려는 초서의 의도가 숨어있다. 이어서 시인 초서는 고전에 언급되어 있는 그리셀다가 황금이라면 실제 그처럼 순수한 황금은 존재하지 않을뿐더러 순금에 더해진 황동 때문에 시련이 가해지면 황금은 이내 두 동간이 난다고까지 말한다. 초서의 요지는 순금과 같은 그리셀다의 행동과 모습은 이상에 불과하며 현재는 더 이상 의미가 없는 것으로 "오늘날"(now-a-dayes) 오직 유용한 것은 부서지지 않는 합금의 "동전"(coyne)뿐이라는 것이다. 그런 다음 초서는 자연스럽게 그리셀다의 대안으로서 바쓰의 여장부를 내세운다.

결구의 여섯 개 연 가운데 하나만이 그리셀다에 초점이 맞추어져 있으며 나머지는 모두 바쓰의 여장부를 통하여 그리셀다를 잠식시키려는데 맞추어져 있다. 첫 번째 연에서조차 초서는 그리셀다는 죽은 존재이며 그녀의 덕목인 '인내'도 땅에 묻혀 더 이상 의미가 없다고 말한다(1177-78). 아울러 그리셀다가 살던 이태리를 구체적으로 언급함으로써 초서는 이태리와 자신의 독자가 살던 영국과의 거리상의 차이를 부각시키고 있다. 프롤로그에서 서생이 페트라르카와 거리를 두기 위해서 페트라르카의 이름을 세 차례에 걸쳐 언급하며 그가 이미 죽은 존재라는 사실을 독자에게 거듭 밝히고 있다. 마찬가지로 여기에서 초서는 현실적으로 그리셀다는 존재할 수 없으며, 그녀의 덕목이 더 이상은 통하지 않는다는 사실을 독자들에게 주지시키고 있다(1179-1182).

그런 다음 초서는 자신의 이야기의 청자로서 "부인네들"(wyves)을 끌어들인다. 화자는 매우 신중하며 덕망을 지닌 "부인네들"이 기존의 서생들이 전하는 그리셀다의 존재나 덕목을 따르지 말 것을 조언한다. 이를 다르게 표현하면, 그리셀다의 덕목은 부정적이며 오늘날 어울리지 않기 때문에 그리셀다를 본받는 '부인네들'은 현실적으로 신중하지도 않을뿐더러 덕목을 갖추지 못한 사람들이라는 점을 화자는 암시하고 있다. 결국 화자는 그리셀다의 전통적인 이미지와 그녀의 덕목을 부정하며 새로운 여성관을 주장하고 있는 셈이다. 그리셀다처럼 침묵으로 일관하기보다는 "대꾸하고"(answereth), 필요에 따라서는 자신의 의견을 공격적으로 개진할 줄 아는 바쓰의 여장부, "치체바체"(Chichevache)나 "에코"(Ekko)가 되어야한다고 화자는 주장한다. 특히, "침묵을 모르는 에코처럼 조목조목 남편들에게 대꾸하라"(1189-90)고 부인네들에게 조언하는 부분에서 초서는 상업적인 분위기를 내포하고 있는 단어, *countretaille*를 의도적으로 사용하고 있다. 이 단어는 두 번째 결론부분의 시작에서 동전과 관련된 상업적인 이미지를 연상시킨다. 뿐만 아니라, 「선장의 이야기」(*The Shipman's Tale*)에서 상인의 부인이 남편에게 말하는 부분 [I am youre wyf score it upon my taille. (1606)]에 암시되어 있듯이, *taille*와 관련된 *countertaille*이라는 단어는 단순한 상업적인 이미지를 넘어 성의 매매 및 교환의 의미를 지니고 있다.

이 밖에도 그리셀다의 정절과 침묵을 패러디하기 위하여 초서는 *governaille*를 사용하고 있다. *countertaille*과 마찬가지로 이 단어 또한 성적인 뉘앙스를 내포하고 있다. 바쓰의 여장부가 지향하는 성적인 자유 및 독립과 연계하여 이 단어를 생각해볼 때, 초서의 의도는 확연하게 드러난다. 남편에게 절대적으로 순종하기보다는 남편에게 도전하고 남편의 의견을 거부하며 자신의 의견을 공격적으로 개진할 수 있는 여성만이 "공익"(commune profit)을 도모할 수 있다는 것이 초서의 주장이다: "이 훈계를 가슴에 깊이 새겨들어야 할 것이니, 그렇게 해야 공익을 도모할 수 있느니라"(1193-94). 그리셀다를 평가절하하고 그녀의 덕목을 패러디하기 위하여 초서는 동전이라는 메타포를 사용하는 있는데, 위의 인용문에서 *Emprenteth* 또한 단순히 '새겨듣다'는 의미를 넘어서 동전을 주조한다는 상업적 뉘앙스를 품고 있다. 무엇보다 초서의 의도는 "공익"에 잘 드러나 있다. "공익"이라는 단어는 그리셀다가 월터와 결혼한 뒤, 월터가 부재중에 통치자의 아내로서 그녀의 역할을 평가할 때 사용되고 있다(431). 페트라르카를 비롯한 서생 모두 그리셀다가 "공익"을 도모할 수 있었던 것은 신의 축복과 그녀의 덕목에서 비롯되었다는 점은 의심하지 않는다. 그러나 여기에서 초서가 말하는

"공익"은 그리셀다처럼 행동해서가 아니라 그녀와 반대로 행동해야만 도모될 수 있는 것이다. 그리셀다 자신뿐만 아니라 그리셀다의 덕목, 그리고 이를 통하여 그녀가 도모한 "공익"마저도 초서는 철저하게 패러디하고 있다고 볼 수 있다.

이외에도 초서는 「서생의 이야기」의 본문에서 언급된 그리셀다의 덕목을 부정적인 관점에서 패러디하고 있다. 서생은 그리셀다의 긍정적인 면모를 다음과 같이 기술하고 있다: "매우 신중했고 아름다운 말씨에 친절하고 존경받을 만했다"(410-411). 그리셀다의 "신중하면서도 아름다운 말솜씨"를 패러디하여 초서는 남편을 대할 때 부인네들이 갖추어야 할 무기로서 "난삽한 언변"(crabbed eloquence)을 지적한다. "난삽한 언변"이 바로 시인 초서가 두 번째 결론부분에서 지향하는 수사학적 스타일이며 이를 통하여 그리셀다와 관련된 고전적인 전통과 생각을 거꾸로 뒤집어보려는 것이 초서의 의도이다. '난삽한 언변'과 더불어 행동 또한 "커다란 낙타"(a great camaille)나 "호랑이"(tygre)처럼 전투적이며 용맹스러워야한다는 것이 시인 초서의 입장이다. 결구의 네 번째 연에 사용되고 있는 이러한 전투적인 이미저리와 함께 초서는 다섯 번째 연에서 전투에 사용되는 무기들을 구체적으로 언급하고 있다. 결구의 마지막 연에서 초서는 바쓰의 여장부가 그랬듯이 "난삽한 언변"으로 배우자를 사나운 짐승처럼 밀어붙여 그로부터 성적 자유와 독립은 물론 질투심마저 이끌어내야 한다고 말한다(1211-12).

결국 「서생의 이야기」의 본문에서와 마찬가지로 결구 부분에서 독자는 시인 초서가 하는 이야기를 있는 그대로 받아들여야할지 또 한 번 혼란을 겪게 된다. 초서의 목소리는 페트라르카나 서생의 목소리와 다를 뿐더러, 당시 사회, 문화적 관점에서 볼 때도 그가 하는 주장에 이해가 되지 않는 부분들이 있기 때문이다. 그러나 초서는 단순히 이야기꾼에 불과하지 독자들에게 교훈과 가르침을 주기 위해 근엄한 목소리만을 내는 도덕주의자나 교회개혁론자가 아니다. 본문에서 페트라르카의 목소리를 토대로 그것에 반하는 새로운 목소리를 서생이 내고 있듯이, 초서 또한 실제가 아닌 픽션이라는 이야기 공간에서 자유롭게 자신의 목소리를 내고 있을 뿐이다. 시인 초서에게 이야기란 단순히 픽션에 해당되기 때문에 그 공간에서 떠도는 수많은 목소리의 진위 여부를 시인이 독자들에게 말해줄 필요는 없다. 다양한 목소리의 진위여부와 목소리가 지니는 의미를 파악하는 것은 시인의 몫이 아닌 독자의 몫으로 독자 자신이 지식과 경험을 바탕으로 그 가운데 선택하면 되는 것이다. 뿐만 아니라, 「서생의 이야기」에 맴돌고 있는 페트라르카와 화자인 서생의 목소리 그리고 초서의 목소리들 가운데 어느 것이 사실이며 어느 것이 거짓인가가 중요하지 않다. 시인은 단지 이야기라는 포장을 통하여 다양한 목소리를 독자에게 제공할 뿐이다. 그리고 독자는 나름대로 여기에서 즐거움과 교훈을 얻으면 그것으로 충분한 것이다. 이것이 바로 초서의 이야기하기 방식이며 독자에게 기대하는 바이다.

인용문헌

이동일, 이동춘. 『켄터베리 이야기 I』. 공역. 서울: 도서출판 한울, 2001.

Bakhtin, Mikhail. *Rabelais and His World*. Trans. Helene Isvolsky. 1968; rpt. Bloomington: Indiana UP, 1984.

________________. *The Dialogic Imagination: Four Essays*. Trans. Caryl Emerson and Michael Holquist. Ed. Michael Holquist. Austin: U of Texas P, 1981.

Brewer, Derek. *Writers and their Background: Geoffrey Chaucer*. Ed. London: G. Bell & Sons, 1974.

Bronson, Bertrand H. *In Search of Chaucer*. Toronto: U of Toronto P, 1960.

Burlin, Robert. *Chaucerian Fiction*. Princeton: Princeton UP, 1971.

Chaucer, Geoffrey. *The Riverside Chaucer*, Gen. Ed. Larry Benson. Boston: Houghton Mifflin, 1987.

Cherniss, Michael. "The Clerk's Tale and Envoy, The Wife of Bath's Purgatory and The Merchant's Tale." *Chaucer Review* 6 (1972): 238-39.

Cook, Jon. "Carnival and *The Canterbury Tales*: 'Only Equals May Laugh.'" *Medieval Literature: Criticism, Ideology and History*. Ed. David Aers. New York: St. Martin's P, 1986.

Donaldson, E. T. *Chaucer's Poetry: An Anthropology for the Modern Reader*. New York: The Ronald Press Co., 1958.

________________. *Speaking of Chaucer*. New York: W. W. Norton, 1970.

Engle, Lars. "Chaucer, Bakhtin, and Griselda." *Exemplaria* 1 (1989): 429-59.

Ganim, John M. "Carnival Voices and the Envoy to the *Clerk's Tale*." *Chaucer Review* 22 (1987): 112-27.

________________. "Bakhtin, Chaucer, and Carnival Lent." *Studies in the Age of Chaucer*, Proceedings 2 (1986): 59-71.

Geoffrey of Vinsauf. *Documentum de Modo et arte dictaudi et versificandi*. Trans. Roger Parr. Milwaukee: Marquette UP, 1968.

Hinckley, H. B. "Marriage in the *Canterbury Tales*." *PMLA* 32 (1917): 292-305.

Jordan, Robert. *Chaucer and the Shape of Creation: The Aesthetic Possibilities of Inorganic Structure*. Cambridge: Harvard UP, 1967.

Kellogg, Alfred L. "The Evolution of the Clerk's Tale: A Study in Connotation." *Chaucer, Langland, Arthur: Essays in Middle English Literature*. Alfred L. Kellog. New Brunswick, N. J.: Rutgers UP, 1972, 276-329.

Kittredge, George Lyman. *Chaucer and His Poetry*. Cambridge: Harvard UP, 1915.

Malone, Kemp. "Style and Structure in the Prologue of *The Canterbury Tales*." *ELH* 13 (1946): 38-45.

McClellan, William. "Bakhtin's Theory of Dialogic Discourse, Medieval Rhetorical Theory, and the Multi-Voiced Structure of the *Clerk's Tale*." *Exemplaria* 1 (1989): 461-97.

________________. "Chaucer, Bakhtin, and Griselda: A Response." *Exemplaria* 1 (1989): 499-506.

__________________. *Dialogic Discourse in The Clerk's Tale*. Ph. D. Dissertation. CUNY. 1985.

Muscatine, Charles. *Chaucer and the French Tradition: A Study in Style and Meaning*. Berkeley: U of California P, 1969.

Nolan, Barbara Nolan, "A Poet Teer Was." *Chaucer and the Art of Storytelling*. Ed. Leonard Michael Koff. Berkeley: U of California P, 1988. 154-69.

Payne, Robert O. *The Key of Remembrance: A Study of Chaucer's Poetics*. New Haven: Yale UP, 1963.

Robinson, Ian. *Chaucer and the English Tradition*. Cambridge: Cambridge UP, 1972.

Salter, Elizabeth. *Chaucer: The Knight's Tale and The Clerk's Tale*. Woodbury, NY: Barrons, Inc., 1962.

Skeat, Walter W. *The Complete Works of Geoffrey Chaucer*. Vol. 5, 2nd Ed. Oxford: Clarendon P, 1963.

Tatlock, J. S. P. *The Mind and Art of Chaucer*. Eds. Germaine Dempster and Sanford B. Meech. Syracuse: Syracuse UP, 1950.

Ullman, Walter. *Principles of Government and Politics in the Middle Ages*. 2nd Ed. London: Methuen & Co., 1966.

Utley, Francis L. "Five Genres in the Clerk's Tale." *Chaucer Review* 6 (1972): 198-228.

「시골유지의 이야기」(*The Franklin's Tale*): 도덕적 이야기인가, 픽션인가?

***

초서의 이야기에는 플롯의 전개에 별다른 영향을 주지 않는 이야기 외적인 요소, 예를 들면 '이야기 안의 이야기'(an inset tale), 하나의 사건과 장면에 대한 화자의 필요 이상의 자세한 묘사나 설명, 혹은 주제와 스타일면에서의 상반된 두 요소의 병치 등이 기능적 사건(functional event)과 사건 사이에 더해져 있다. 피상적으로 이러한 요소들은 이야기의 직선적인 흐름을 방해할 뿐만 아니라 작품에서 '구조적인 불일치'(structural disunity)와 '단절'(discontinuity), 혹은 '모순'(inconsistency) 등의 현상을 불러온다. 그러나 실제 이러한 요소들은 전통적인 이야기에서 화자가 독자의 반응을 통제하는 것과는 반대로 '텍스트의 열림'(openness of text)이나 '다성적 목소리'(multiplicity of voices)를 이끌어내기 위한 초서의 독특한 기법들로 궁극적으로는 작품의 의미를 파악하는데 독자의 지적능력과 판단을 이끌어내기 위한 것이다. 이러한 기법과 더불어 초서는 화자가 전하는 이야기 안에 모순적이거나 상황이나 이치에 어긋나는 내용을 첨가함으로써 화자가 전하는 이야기 속에 독자가 수동적으로 빠져들거나 화자의 관점이나 생각을 있는 그대로 수용하는 것을 방해한다. 초서의 이러한 내러티브 스타일은 독자가 이야기의 화자와 거리를 유지하도록 할 뿐더러 화자를 거짓말쟁이이며, 화자의 입을 통하여 전달되는 내용은 어떠한 절대적인 진리나 생각이 아닌 '픽션'에 불과하다는 사실을 독자의 마음속에 일깨워주는 구실을 한다.[46] 이런 점에서 초서의 내러티브는 "자기 발견의 픽션(이야기)들" (fictions of self-discovery) 혹은 허공에 맴도는 수많은 "소식들"(tidings)에 불과하며, 이들 안에 내재된 의미나 진리를 추구하고 발견하는 몫은 독자에게 달려있다(Howard 102).

그러나 이야기의 화자가 전하는 내용이 사실이나 진리가 아닌 한낱 픽션에 불과하다는 사실을 독자에게 일깨워주기 위해 초서는 화자의 목소리에 반하는 자신의 목소리를 이야기에 직접적으로 주입시키는 경우는 극히 드물다. 다만 화자 스스로 자신도 모르게 앞서 언급한 실수들을 범하게 만들거나 화자의 의도에 어울리지 않은 원전의 인용 등을 통하여 화자 자신이 허구적 이야기를 전하는 거짓말쟁이라는 사실을 밝힌다. 「시골 사제의 이야기」(*The Parson's Tale*)나 「철회」(*Retraction*) 등을 제외한 『캔터베리 이야기』 안의 모든 이야기에서 정도의 차이는 있을지언정 앞서 언급한 초서의 기법들과 함께 그의 의도가 드러난다. 본 논문에서 논하게 될 「시골유지의 이야기」 또한 예외가 아니다. 피상적으로 볼 때, 다른 이야기에 비하여 이 작품에 이야기 외적 요소들이 많이 내재되어 있는 것도 아니며, 이로 인하여 이야기의 흐름이 단절되거나 구조적으로 모순이 자주 일어나는 편도 아니다. 다소 심각한 분위기 속에서 화자가 전하는 교훈적 메시지에 의문을 품

46) Barbara Nolan, "'A Poet Ther Was': Chaucer's Voices in the General Prologue to *The Canterbury Tales*," *PMLA* 101 (1986): 154-69. 이외에도 초서 작품에서 독자 역할의 중요성을 강조한 코프(Leonard Michael Koff), *Chaucer and the Art of Storytelling* (Berkeley: U of California P, 1988), 38을 참조.

는 독자 또한 다른 작품에 비하여 그 수가 덜할 지도 모른다. 그러나 초서는 마찬가지로 이 작품에서도 매우 교묘하게 기술적인 방법으로 화자인 시골유지의 입에서 나오는 이야기가 독자가 수긍할만한 도덕적 덕목이나 교훈을 말하기보다는 한낱 언어 기호들(verbal signs) 혹은 기표들(signifiers)에 불과하다는 점을 보여준다. 화자 역시 독자들이 절대적으로 신뢰할만한 인물이 아니라 어느 정도 거리를 두고 바라 보아야할 존재라는 사실을 초서는 자신의 목소리가 아닌 화자 자신의 입과 행동을 통하여 보여주고 있다. 다시 말해서, 「시골유지의 이야기」에서 이야기의 의미 혹은 초서의 의도는 단순히 이야기 전달자인 화자의 말에 저장되어 있는 것이 아니라, 그 속에 감추어져 있는 의미를 파악하는데 있다고 볼 수 있다. 이를 위하여 초서는 독자의 주관적이며 비판적인 역할을 요구하고 있는 것이다.

본 논문의 요지는 구조적으로 완벽할뿐더러 이야기의 내용과 화법이 매우 세련되어 보이는 「시골유지의 이야기」가 화자가 의도하는 도덕적 이야기가 아니라 단순히 픽션으로 받아들일 수밖에 없는 이유들을 밝히는데 있다. 먼저 초서가 『캔터베리 이야기』에서 묘사하고 있는 이야기의 화자인 시골유지가 어떤 사람인가 알아볼 것이다. 작품에 그려져 있는 그의 행동과 성격뿐만 아니라 역사적 기록을 통하여 당시 시골유지의 사회적 지위가 어떠했는지 알아봄으로써 이야기를 통하여 그가 의도하는 바가 무엇인가 파악할 수 있을 것이다. 다음으로 화자가 단순히 허구적 이야기를 전하는 거짓말쟁이에 불과하며 그가 전하는 관점이나 주장을 독자가 있는 그대로 받아들이는 것을 막기 위하여 초서가 어떤 문학적 기법들을 사용하고 있는가 알아보고자 한다.

다른 작품에 비하여 눈에 잘 드러나지 않으나 「시골유지의 이야기」에서 또한 화자 스스로 앞 뒤 정황에 서로 모순되는 실수를 범하거나 작품의 분위기나 내용과는 어울리지 않는 등장인물들의 모순적이며 코믹한 행동 등을 그려내고 있다. 화자의 이러한 실수(?)는 작품의 분위기를 훼손할뿐더러 화자가 전달하려는 내용이나 주장에 대하여 독자로 하여금 의심을 품게 만든다. 마지막으로 화자가 작품의 소재로 삼고 있는 결혼 및 결혼과 관련하여 그가 인용하는 원전의 내용을 당시 사회적 역사적 관점에서 조망해볼 것이다. 이는 화자인 시골유지가 자신이 인용하는 원전의 본래 의미나 사회적 통념을 무시한 채 자신의 의도에 걸맞도록 이들 내용들을 얼마나 왜곡시키고 있는지 말해줄 것이다. 궁극적으로 본 논문에서 논하게 될 초서의 내러티브 기법들은 이야기를 통하여 화자가 전달하려는 의도가 자기중심적이며 허구로 가득 차있다는 사실을 보여주게 될 것이다. 아울러 이는 겉으로 보기에 진지한 분위기에 도덕적인 내용을 담고 있는 「시골유지의 이야기」 역시 『캔터베리 이야기』 속 다른 이야기들과 마찬가지로 픽션에 불과하다는 사실을 보여주게 될 것이다.

I. 시골유지는 당시 어떤 사람이었는가?

초서는 자신이 살던 시대의 통념과 상식에서 크게 벗어나는 삶을 영위한 작가는 아니었다. 동시대의 사람들과 마찬가지로 사회적 지위나 현상에 대하여 편견 또한 지니고 있었던 인물이었다. 다만 작가로서 다른 사람들에 비하여 통찰력이 뛰어났고 과학적이며 논리적인 사고를 지닌 인물로 평가된다. 특히 초서는 그의 삶 가운데 오랜 기간을 궁정에서 생활한 탓에 새로운 변화를 모색하기보다는 체제의 안정과 질서를 옹호한 편이었다. 사회적 신분이나 계급 또한 '침실설교'(pillow lecture)에서 바쓰의 여장부가 강변하는 내용과는 달리 개인의 자질과 능력에서 비롯되는 것이 아니라 숙명적으로 선대로부터 물려받는 것이라고 초서는 믿었다. 아울러 사회적 신분에 따라 정해진 행동과 역할을 각자가 수행함으로써 사회의 안정과 질서가 유지될 수 있다고 초서는 보았다. 초서의 이러한 입장에서 시골유지를 접근할 필요가 있다. 사회적으로 정해진 자신의 신분을 넘어 새로운 신분세계로 들어가고 싶어 하는 시골유지의 행동과 태도에 대하여 초서는 다소 부정적이며 냉소적인 태도를 작품에서 보여주고 있다. 화자인 시골유지는 자신의 신분이 귀족에 버금가는 것임을 의도적으로 돋보이기 위하여 매우 세련되고 화려한 언어를 사용할뿐더러 자신의 이상을 실현시킬만한 인물들을 작품에 등장시키고 있다. 이것이 초서의 눈에 긍정적으로 비추어졌을리 만무하다.

역사적 기록을 통하여 볼 때, 당시 시골유지는 초서의 「총 서시」에도 드러나 있듯이, 상당한 재산과 물질적 풍요를 누렸던 젠트리(gentry)계층의 인물이었다. 그렇다고 해서 시골유지라는 계층이 짧은 시간에 급속하게 성장한 벼락부자(parvenu)들 또한 아니었던 듯싶다(Gordon 262-79). 시골유지는 사회적으로 상당한 위치를 차지하고 있었을 뿐더러 신분적으로나 경제적으로 부족함이 없는 중세 사회의 존경받는 구성원들 가운데 한 계층이었음은 틀림없다(Specht 124-23). 그러나 시골유지에 대한 초서의 묘사를 감안해볼 때, 초서가 살던 시대의 시골유지는 귀족에 버금가는 그 다지 높은 사회적 신분은 아니었음을 알 수 있다. 초서는 「총 서시」에서 시골유지의 사회적 위치를 당시 독자들에게 보여주기 위하여 사회적으로 그가 수행하던 역할들을 낱낱이 말하고 있는데, 그의 묘사에 따르면 시골유지는 치안 행정관(sheriff) 및 판사(justice of the peace), 그리고 지역 의원(member of parliament), 세수(稅收)를 관리하는 법률가("contour")의 역할을 동시에 수행하였다. 치안 행정관은 당시 사회적으로 시골유지 보다는 높은 지위의 인물들에게 주로 맡겨졌던 보직인 반면, 나머지 세 개의 직책은 귀족이 아닌 젠트리 계층들 가운데서도 신분적으로 낮은 인물들에게 맡겨졌다(Saul 10-26).

초서는 이처럼 직접적이지는 않으나 매우 우회적이며 간접적인 방법으로 독자들에게 당시 시골유지라는 신분이 어느 정도였는지 말해주고 있는 것이다. 초서의 묘사만으로 볼 때, 시골유지가 기사에 버금가는 귀족신분은 아니었으나 사회적으로 뿐만 아니라 경제적으로 당시 상당한 수준에 올라 있었던 인물이었다는 사실에 의심할 여지가 없어 보인다. 다만 분명한 것은 14세기 영국 사회에서 시골유지란 기사처럼 과거 대대로 선대(先代) 때부터 이어 내려온 완전한 귀족계층에 속한 인물은 아니었다는 점이다. 귀족은 귀족이되 가장 말단의 귀족답지 않은 명목상의 귀족이 바로 시골유지인 셈이다.[47] 이를 다르게 표현하면, 당시 시골유지는 귀족의 문턱에서 야누스적 상황에 처해있는 사람으로서, 경제적으로는 대대로 물려받은 땅을 소유하고 있어 귀족에 버금가는 물질적 풍요를 향유하고 있으나 사회 통념상 귀족의 정서와 이상을 공유하지 못했던 인물이었다. 뿐만 아니라, 지역사회에서 인정받고 존경받는 인물임은 분명하나, 당시 사회적으로 두 번째 높은 귀족 계층에는 들어갈 수 없었던 인물이 바로 시골유지였다. 자신이 처한 불안전한 사회적 위치 때문에 시골유지는 간혹 문학작품에서 풍자 혹은 조롱의 대상으로 설정되곤 한다고 브루어(Derek Brewer)는 말한다(70). 본 논문에서 논할 시골유지 또한 브루어가 말하는 그런 부류의 인물에 해당한다고 볼 수 있다. 신분적으로 어정쩡할뿐더러 불안전한 상태에 높여있는 시골유지는 항상 신분의 안정, 즉 귀족계층에 편입되고파하며 남들이 자신을 귀족으로 인정해주길 바라는 욕망이 그의 내면 깊숙이 자리하고 있다.

시골유지의 이 같은 심리 상태를 꿰뚫고 있었던 초서는 그에 대한 묘사와 그가 하는 말을 통하여 이러한 사실을 독자들에게 우회적으로

47) Derek S. Brewer, "Class Distinction in Chaucer," *Speculum* 43 (1968): 290-305; Roy J. Pearcy, "Chaucer's Franklin and the Literary Vavasour," *Chaucer Review* 8 (1973-74): 33-59; Nigel Saul, "The Social Status of Chaucer's Franklin: A Reconsideration," *Medium Aevum* 52 (1983): 10-26; P. R. Coss, "Literature and Social Terminology: The Vavasour in England," *Social Relations and Ideas: Essays in Honour of R. H. Hilton*, ed. T. H. Ashton et al. (Cambridge: Cambridge UP, 1983): 109-50.

언급하고 있다. 자신이 귀족이 될 수 없고 귀족으로서 대접을 받을 수도 없다는 사실을 어느 누구보다 시골유지 자신이 더 잘 알고 있었을 것이다. 이러한 현실을 있는 그대로 받아들이기를 거부하는 듯 초서의 시골유지는 항상 현실보다는 이상을 그리고 실재보다는 외형에 더욱 더 신경을 쓰는 인물이다. 시골유지는 순례자들이 자신의 실제 모습, 다시 말해서 사회적 위치나 신분보다는 외부적으로 드러나는 모습을 통하여 자신을 평가해주길 바라고 있어 보인다. 이는 내면의 감춰진 상처, 즉 그가 처한 불안전한 신분, 그리고 마음 속 감추어진 신분상승의 욕망을 시골 유지 스스로가 드러내고 싶지 않은 바람에서 비롯된 것으로 여겨진다.

「종자의 이야기」(*The Squire's Tale*)가 끝난 뒤, 여관주인인 베일리(Harry Bailey)와 시골유지가 주고받는 대화에서 시골유지의 이 같은 욕망이 어느 정도 드러난다.

> 여관주인이 말하길, "귀족의 됨됨이니 그런 것일랑 그만두시오!"
> "시골유지 나리! 잘 아시지 않소,
> 제발, 이젠 누군가 한 사람이 이야기를
> 하나, 둘 들려줘야 하오,
> 약속을 깨트릴 실 작정이오."
> 시골유지가 답하길 "나도 잘 알고 있소.
> 부탁하건대, 내가 이 젊은이에게 몇 마디 했다 해서,
> 그리 나쁘게 생각하진 마시오."[48]

---

48) 본 논문에 인용된 『캔터베리 이야기』의 우리말 번역은 2005년 한국외국어대학교 출판부에서 나온 이동일, 이동춘 역, 『캔터베리 이야기 III』을 따르고 있음.

"Straw for youre gentillesse!" quod oure Hoost.
"What, Frankeleyn! Pardee, sire, well thou woost
That ech of yow moot tellen atte leste
A tale or two, or breken his biheste."
"That knowe I wel, sire," quod the Frankeleyn.
"I preye yow, haveth me nat in desdeyn,
Though to this man I speke a word or two."(695-702)[49]

베일리의 요구에 대한 시골유지의 반응은 도가 지나치며 과장된 느낌이 든다. 베일리는 단순히 약속대로 시골유지에게도 한 가지 이야기를 해줄 것을 부탁하는데, 시골유지는 혹시 자신이 약속을 지키지 않아 다른 순례자들에게 잘못 비춰질까 매우 신경을 쓰는 모습이다. 그의 말 ["haveth me nat in desdeyn"]에도 암시되어있듯이 무엇보다 주위 순례자들이 자신을 가볍게 보지 않을까 스스로 자격지심 내지 두려움에 차있는 모습이다. 이야기의 진행을 맡고 있는 여관주인의 요구 때문에 시골유지가 모욕이나 업신여김을 당했다고 생각하는 순례 이야기꾼은 한 명도 없었을 것이다. 오직 당사자인 시골유지만이 그렇게 생각할 따름이다. 이는 그럴듯하며 화려한 외면 세계를 통하여 내면세계의 부족함을 극복하려는 시골유지만의 당연한 반응인 것이다.

외면에 신경을 쏟는 시골유지의 태도는 그가 에피큐러스 학파에 심취한 사람이라는 사실에서 또다시 부각된다. 「총 서시」에서 초서는 시골유지를 "에피큐러스 학파의 자손"(A 336)으로 묘사하고 있는데, 에

49) 본 논문에 인용된 『캔터베리 이야기』의 원문은 *The Riverside Chaucer,* gen. ed. Larry D. Benson (Boston: Houghton Mifflin, 1987)을 따르고 있음.

피큐러스 가르침의 핵심은 모든 이성적 판단과 사고는 실수를 범하기 마련이며 오직 진실은 감각적인 것에만 있다는 것이다(Rist 37-40). 육체적 즐거움, 풍요로운 음식 그리고 화려한 외모가 시골유지의 유일한 행복이라는 점에서 초서는 단순히 그를 에피큐러스 학파의 자손이라고 칭하지는 않았을 것이다. 기사와 같은 귀족이 될 수 없다는 사실에서 비롯되는 시골유지의 심리적 열등의식을 『캔터베리 이야기』의 창조주인 초서는 간파하고 있었을 것이다. 시골유지는 논리적이며 이성적으로 사물이나 인간의 내면을 깊숙이 통찰하는 태도를 거부하며, 오히려 오감, 특히 눈에 비춰지는 외부세계에 보다 큰 비중을 부여하는 인물이었기에 초서는 그를 에피큐러스 학파의 자손으로 칭했을 것이다. 쇼프(R.A. Shoaf)의 주장처럼 시골유지는 현실을 있는 그대로 바라본다는 사실 그 자체가 메두사(Medusa)를 바라보는 것만큼이나 끔찍한 일로 여기는 듯하다(278-89). 이러한 사실들을 감안할 때, 베일리의 요구에 시골유지가 매우 민감하게 반응하는 것은 당연한 것일지 모른다.

내면의 심리 상태를 감춘 채 눈에 보이는 외면 세계를 통하여 주위 사람들에게 강한 인상을 심어주기 위한 시골유지의 노력은 그의 행동과 태도에서 드러나고 있다. 앞서 언급했듯이, 그가 수행한 직책 만해도 한두 가지가 아닐 정도로 시골유지는 매우 활동적인 인물이었다. 자수성가형의 인물로서 다양한 사회적 직책을 이용하여 그는 나름대로 대외적인 이미지를 구축했을 것으로 여겨진다. 또한 신분적으로 귀족은 아니나 이를 감추기라도 하듯 겉으로 드러나는 그의 행동과 태도는 다소 비굴하게 보일 정도이다. 순례자들에게 말할 때 시골유지는 항상 그들을 높이 떠받드는 듯한 태도로 말하는가하면(716, 761,

1621), 심지어 베일리를 언급할 때 존칭 표현을 두 번 거듭 사용할 정도이다(699, 703).[50] 다른 한편으로 시골유지는 주위 사람들에게 인상적으로 보이기 위해서 자신의 능력, 예를 들어 재산은 물론이거니와 학식이나 도덕적 지혜 등을 강조하곤 한다. 그러면서도 그는 매우 겸손한 태도로 자신은 수사학 따윈 접해 보지 못해서 자신의 말투가 밋밋하고 평이할 따름이라고 말한다. 그가 입고 있는 옷이나 타고 온 말이며 그의 행동을 고려해볼 때, 순례자들 가운데 그의 말을 믿을 사람은 거의 없을 것이다. 심지어 수사학을 전혀 접해보지도 못했다는 사람이 키케로의 이름 전체를 언급할 정도이며 그의 이야기 속에는 수사학 기법으로 가득 차있다. 가능하면 자신이 가지고 있는 것을 내세우며 겸손한 태도를 지니는 이유는 주위 사람들에게 자신에 대한 좋을 인상을 심어주기 위한 것이다. 혹시 이들을 자극하여 자신의 부족한 점, 즉 자신의 사회적 신분이 이들 가운데 누군가에 의해 드러나지 않을까 두려워한 나머지 시골유지가 지나칠 정도로 겸손한 태도를 보이고 있는지 모른다.

내면의 심리상태를 감춘 채 가능한 외부적으로 보이는 것에 큰 비중을 두는 시골유지의 태도는 종자가 하는 이야기에 대한 그의 평가에서도 드러난다. 「종자의 이야기」에 대한 시골유지의 평가는 그의 관심이 이야기의 본질, 즉 내용에 있는 것이 아니라 겉으로 보이는 것에

50) 주위 사람들에게 잘 보이려고 노력한다거나 아부하는 시골유지의 성품에 대하여 다음 비평가들에 의해서 오래 전에 이미 구체적으로 지적되었다. R. M. Lumiansky, "The Character and Performance of Chaucer's Franklin," *UTQ* 20 (1951), 347 ff.; Bernard Huppe, *A Reading of the Canterbury Tales,* 165; Alan T. Gaylord, "The Promises in *The Franklin's Tale*," *ELH* 31 (1964), 346.

있다는 사실을 다시 한 번 말해준다. 상투적인 기법과 관습에 따라 종자가 하는 이야기에 귀족의 숭고한 덕목과 가치가 구체화되어 있다고 시골유지는 생각하며, 이야기를 전하는 종자의 수사학이나 감수성, 그리고 그의 재치를 극찬한다. 「종자의 이야기」를 이처럼 평가할 수 있는 사람은 초서를 비롯한 다른 순례자들 가운데 어느 누구도 없을 것이다. 이야기꾼으로서 뿐만 아니라 인격적으로 다소 부족한 점이 많은 어린 종자임에도 불구하고 다른 순례자와는 달리 오직 시골유지가 어린 종자와 그가 하는 이야기를 극찬하는 것은 다름아닌 종자의 신분 때문이다.[51] 종자는 아직은 어린 나이이나 언젠가는 귀족으로 자연스럽게 성장할 인물이기 때문에 시골유지의 눈에는 이야기의 내용이나 그의 인격과 같은 본질적인 문제에 대해서 크게 관심이 없는 것이다. 오직 그의 눈에 들어오는 것은 종자의 신분 그 자체이며 가능하다면 자신과 종자와의 긴밀한 유대관계를 다른 사람들에게 보이고 싶었는지도 모른다. 또한, 펙(Russell Peck) 교수의 지적대로 시골유지에게 기사도는 신분상 결코 자신이 소유할 수 없는 숭고한 꿈이요 희망인 셈이다(259). 이를 감안할 때, 시골유지는 자신의 내적 소망, 즉 귀족신분으로 인정받고 싶은 욕망이 「종자의 이야기」에 나오는 기사의 모습을 통하여 실현되고 있다고 보았는지도 모른다.

현실적으로 도달할 수 없는 귀족 신분에 대한 시골유지의 동경은 자신의 아들과 어린 종자를 비교하는 과정에서 잘 드러난다. 부족하

51) 캔터베리 순례자들이 하는 이야기들 가운데 내용과 형식에서 가장 혼란스럽고 인위적인 느낌을 주는 이야기들 가운데 하나가 바로 「종자의 이야기」이다: Arthur W. Hoffman, "Chaucer's Prologue to Pilgrimage: The Two Voices," *ELH* 21 (1954): 6-7.

지 않을 정도로 부는 축적했으나 신분에 있어서는 사회적으로 인정받고 있지 못하다는 사실을 잘 알고 있는 시골유지로서는 뭔가 항상 부족함을 느꼈을 것이며, 동시에 이를 보충하고자하는 심리적 충동이 그의 마음속에서 일어나곤 했을 것이다. 또한 시골유지는 자신의 이러한 심리 상태를 자연스럽게 자신의 아들을 통하여 해결해보고 싶었을 것이다. 그러나 그의 아들은 자신의 소망을 충족시키기에 다소 거리가 먼 난봉꾼에 불과하여 오히려 이러한 사실은 그의 마음 속 욕망을 더욱 더 부채질 할 뿐이었다. 이런 상황에서 종자의 모습과 행동이 시골유지에게 아름답고 훌륭하게 보이는 것은 너무나 당연한지도 모른다. 귀족의 신분과 귀족의 됨됨이만 갖출 수 있다면 시골유지에게 더 이상 바랄 것이 없어 보인다[Fy on possessioun, / But if a man be vertuous withal!; (686-87)]. 자신이 지금까지 쌓아올린 재산마저도 거부하며 종자의 귀족 됨됨이를 "20파운드 땅"(twenty pound worth lond; 683)의 가치를 훨씬 넘은 것이라고 그는 말한다. 아마 시골유지 또한 다른 순례자들과 마찬가지로 캔터베리 순례와 자신의 이야기를 그의 마음속에 잠재되어 있던 욕망을 실현시키는 계기로 삼고 싶었는지도 모른다. 한마디로, 물질적으로는 부족할 것이 없으나 귀족 신분으로 인정받을 수 없는 자신의 상황을 픽션을 통해서나마 한층 올리고 싶었는지 모른다. 이런 점에서 「시골유지의 이야기」는 「바쓰의 여장부 이야기」와 마찬가지로 화자의 욕망을 실현시키기 위한 도구에 해당한다고 볼 수 있다.

II. 내재적 분석을 통해 본 「시골유지의 이야기」: 시골유지의 가치관과 욕망의 실현

시골유지가 하는 이야기를 파악하는데 무엇보다 중요한 것은 앞서 설명한 대로 외부로 비춰지는 시골유지의 이미지와 더불어 그의 심리적 상태이다. 이 둘 사이에는 상호 긴밀하게 관련이 있는데, 자신의 불안전한 사회적 신분을 인식하기를 거부하는 시골유지로서는 가능한 외부로 비춰지는 자신의 모습에 신경을 쓸 수밖에 없었을 것이다. 이는 그의 열등의식에서 비롯된 것이며 외부 세계를 통하여 실제 세계를 감추려는 의도에서 비롯된다. 또한 자신의 실제 신분을 주위 사람들이 인식하지 못하도록 위장함과 동시에 귀족으로 인정받고 싶은 자신의 내적 욕망을 실현시키기 위하여 그는 부단히 애쓰고 있음을 「종자의 이야기」에 대한 평가와 그가 하는 이야기에서 드러난다. 시골유지의 이러한 마음을 한 눈에 알아본 베일리는 그에 대한 첫마디로 "귀족의 됨됨이니 그런 것일랑 그만두시오!"(Straw for youre gentillesse!)라고 말할 정도이다. 그러나 시골유지가 하는 이야기는 그가 갈망하는 귀족신분과 귀족들이 보여주는 도덕적 덕목들로 포장되어 있으나 좀 더 깊숙이 들여다보면 모두가 공허하기 이를 데 없다. 로버트슨(D.W. Robertson)의 지적대로 시골유지 자신은 이야기의 등장인물들이 귀족으로서의 덕목을 실현시키고 있다고 믿을지 모르나 실제 어느 누구도 그러한 가치나 덕목을 보여주고 있지 않다(366). 마치 화자 자신이 그러하듯이 외형적으로 각각의 등장인물들은 귀족의 덕목으로 포장되어 있으나 실질적으로는 텅 빈 존재들일 뿐만 아니라 행동과 덕목에서 일치를 이루고 있지 않는 경우가 대부분이다. 이러한 사실은 화자가 사용하는 원전과 화자가 전하는 이야기와의 비교를 통하여 보다 구체적으로 설명될 수 있다.

먼저 화자는 자신의 이야기가 브리타니 사람들의 모험담(Breton lai)에 해당한다고 말한다. 간단히 말해서, 화자는 자신의 이야기에는 기사들의 모험과 사랑, 그리고 결혼에 관한 내용을 담고 있다는 것이다. 그러나 실제 그가 하는 이야기의 원전은 보카치오의 작품(*Il Filocolo*)이다.[52] 화자가 하는 이야기는 자신의 의도에 따라 원전에 기사도의 덕목과 가치를 덧칠 해놓았을 뿐 실제 '기사도적 로맨스'(chivalric romance)는 아니다. 로맨스가 아님에도 불구하고 화자는 왜 자신의 이야기를 로맨스, 그것도 고대 브리타니 사람들이 읊었던 노래라고 말했을까? 시작부터 주위 순례자들에게 자신의 이야기가 귀족인 종자와 기사가 한 이야기에 버금가는 고상한 이야기라는 사실을 주입시키기 위하여 그렇게 말했을 수도 있다. 아울러 현실 혹은 사실을 있는 그대로 보이는 것을 꺼려하는 그의 성품에 비추어 볼 때, 현재 그리고 사실적인 이야기보다는 먼 과거의 허구적인 이야기가 화자의 구미에 더욱더 들어맞았을 수 있다.

원전과 화자의 이야기를 비교해 볼 때, 앞서 언급한 화자 자신의 의도와 성품이 고스란히 드러난다. 먼저 보카치오 작품에는 화자가 전

52) W. F. Bryan and G. Dempster, *Sources and Analogues of Chaucer's Canterbury Tales* (New York: Humanities P, 1941), 377-97; R. P. Miller, *Chaucer Sources and Backgrounds* (New York: Oxford UP, 1977), 121-35; N.R. Havely, *Chaucer's Boccaccio* (Totowa, N. J.: Rowman & Littlefield, 1980), 154-61.

달하려는 어떠한 도덕적 교훈이 언급되어 있지 않다. 그러나 기사나 종자가 하는 이야기의 내용과 경합이라도 벌이듯이 화자는 각각의 등장인물의 행동과 모습을 자신이 의도하는 도덕적 덕목으로 포장하고 있다. 특히 화자가 강조하는 것은 '귀족 신분' 혹은 '귀족으로서의 됨됨이'(*gentillesse*)인데 이는 자신 스스로가 숨기고 싶은 것인 동시에 마음속 깊이 갈망하는 것이다. 그러나 원전은 등장인물들이 겪는 딜레마에 초점이 맞추어져 있을 뿐 등장인물들의 행동과 태도에 대한 어떠한 도덕적 설명이나 가치가 원전 어디에도 나타나 있지 않다. 이러한 딜레마를 등장인물들이 해결하는 과정을 통하여 화자인 시골유지가 자신의 의도에 따라 임의대로 등장인물의 행동에 도덕적 가치를 부여하고 있는 것이다. 뒤에 좀 더 구체적으로 설명되겠지만 이는 결국 화자가 하는 이야기에 모순과 불일치, 그리고 불합리만을 이끌어 낼뿐이다. 시골유지의 이야기와 원전과의 또 다른 큰 차이점은 화자의 성품에서 비롯된다. 보카치오의 작품에서 서생(the clerk)과 부인과의 약속은 현실적으로 실제 이루어지는 반면, 화자의 이야기에서 둘 사이의 약속은 눈속임에 불과한 것으로 외면적으로 이루어질 뿐이다. 게다가 보카치오 작품에서 부인은 자신의 요구한 과일을 정원에서 실제 따는 반면, 시골유지의 이야기에서 도리겐(Dorigen)은 직접 확인도 하지 않은 채 눈에 보이는 현상만으로 자신의 요구가 실현되었다고 믿는다. 이는 바로 화자인 시골유지의 관점이나 태도가 도리겐에게 그대로 반영된 결과로 볼 수 있다.

도리겐의 경우 외에 아르베라구스(Arveragus) 또한 화자는 자신의 의도에 따라 묘사하고 있다. 보카치오의 기사는 최고의 사회적 신분을 지니고 있을 뿐만 아니라, 자신의 신분에 버금가는 배필을 구한다. 이에 반하여 화자의 기사는 자신처럼 완벽한 귀족의 신분은 아닌 듯하며, 자신보다 높은 귀족신분의 도리겐을 부인으로 맞는다. 화자의 신분 상승의 갈망이 아르베라구스의 결혼에 투영되어 있는 모습이다. 뿐만 아니라, 원전에는 기사가 모험을 통하여 자신의 능력과 업적을 쌓기 위해 집을 떠난다는 내용이 언급되어 있지 않다. 이와는 다르게 화자의 이야기에서 기사는 결혼하자 "명예와 명성을 얻기 위하여" 집을 비운다. 이러한 사실 또한 자수성가한 시골유지 자신의 생활태도를 반영하고 있다고 볼 수 있다. 뿐만 아니라, 성급한 약속에서 비롯된 일이라는 사실을 알게 된 보카치오의 기사는 부인에게 위로하고 안심시키기 위해 애쓴다. 그러나 아르베라구스는 자신이 오히려 슬픔에 빠지며 어두운 표정을 짓지 말고 남에게 이 사실을 절대 발설하지 말하고 도리겐에게 경고한다. 보통의 상식으로는 아르베라구스의 이러한 행동이 쉽게 이해되지 않을 수도 있다. 그러나 실제보다는 겉으로 보이는 것에 신경을 쓰는 화자의 의도에 따라 아르베라구스라는 기사가 재창조되었다는 사실을 감안할 때 그의 행동 또한 이해가 될 수 있을 것이다. 시골유지가 자신의 이야기를 재창출하기 위하여 원전에 가한 이러한 변화들은 독자들에게 자신의 심리상태와 의도를 암시해줄 뿐만 아니라, 게이로드(Alan Gaylord)의 말대로 화자의 "허실" 그 자체 드러내주는 역할을 한다(364).

A. 모순과 불일치

원전을 자신의 의도에 맞추어 바꾸는 과정에서 화자는 자신도 의식하지 못한 채 여기저기에서 모순을 범하고 있는데, 이것 또한 화자의 관점이나 주장을 독자가 신뢰할 수 없게 만드는 요소들 가운데 하나이다. 여러 가지 모순들 가운데 초서 자신이 화자의 이야기에 직접적으로 개입하기보다는 화자 스스로의 모순되며 일관적이지 않는 태도를 보이게 함으로써 초서는 화자와 독자 사이의 거리를 만든다. 이는 매우 은밀하면서도 암시적이어서 초서의 의도를 파악하는데 있어 독자의 날카로운 통찰력과 지적 판단능력이 요구된다. 예를 들어, 부부 사이의 종속과 지배는 각자의 자유를 속박하는 것으로 사라져야하는 것이라고 화자는 말한다. 그런 뒤, 화자는 부부 사이의 중요한 덕목으로써 '인내심'에 대하여 설파한다.

사랑에서 누가 가장 강한 인내심을 갖고 있는지를 봅시다.
그 자야말로 이들을 제치고 선점(先占)을 획득하게 되는 것이지요.
인내는 진정 고귀한 덕성입습죠.
왜냐하면 학자들이 말하듯이 그것은 엄정(嚴正)으로도
제어할 수 없는 것을 무너뜨리기 때문입니다.

Looke who that is moost pacient in love,
He is at his avantage al above.
Pacience is an heigh vertu, certeyn,
For it venquysseth, as thise clerkes seyn,
Thynges that rigour sholde nevere atteyne. (771-5)

화자의 표현대로라면 사랑하는데 있어 '인내심'은 둘 사이에 우위를 획득하는 방법이라고 볼 수 있다. 사랑하는 두 사람 사이에 지배와 종속이 불합리하며 이는 또한 각자의 자유를 속박하는 것이라고 말한 화자가 여기에서는 우위며 지배를 운운하고 있다. 화자는 앞서 번복한 것을 자신도 모르게 또 다시 그 의미를 언급하며 강조하고 있는 셈이다. 특히, 그가 사용하는 대명사 'He'는 다시 한 번 소유격 'His'로 강조되고 있는데, 이는 인내심의 주역도 남성이며 이를 통하여 주도권을 획득하는 것도 남성임을 화자는 암시하고 있다. 주도권내지 우위(*avantage*)를 점유하기 위하여 계속해서 화자가 강조하는 인내심이며 그것과 연관된 덕목들은 화자가 자신과 동일시하고 있는 아르베라구스의 맹세와 그 가치를 잠식시키고 만다: "그는 평생토록 낮이건 밤이건 아내의 뜻에 반(反)해 지배권을 행사하지 않을 것이며" [(That nevere in al his lyf he, day ne nyght, / Ne sholde upon hym take no maistrie; F (746-7)]. 화자의 표현을 있는 그대로 받아들일 경우, 화자 자신이 가장 이상적인 결혼관계로서 제시하고 있는 아르베라구스와 도리겐의 계약은 겉으로는 이상적으로 보일 수 있으나 현실적으로는 불가능한 것인 셈이다. 결국 화자는 자신의 의도를 관철시키기 위하여 무리하게 이야기를 이끌어 가는 도중에 자신도 모르게 앞과 뒤가 서로 일치하지 않는 이와 같은 모순을 범하고 있는 것이다.

화자의 이 같은 모순은 여기에서 한 번에 그치지 않는다. 아우렐리우스와 도리겐과의 약속, 그리고 이로 인하여 도리겐이 처한 곤경을 묘사하는 과정에서 화자는 상식적으로는 도저히 이해될 수 없는 모순된 이야기를 한다. 도리겐이 무심코 한 약속이 그녀 자신뿐만 아니라 아르베라구스를 곤경에 빠트리나, 궁극적으로는 '귀족으로서의 덕목'(*gentillesse*)덕분에 이들 모두가 곤경에서 벗어난다는 요지를 독자들에게 주시시키려는 것이 화자의 의도이다. 이것에 맞추어 이야기를 전개하는 과정에서 화자는 상식마저도 무시한 어처구니없는 실수를 범하기도 한다. 도리겐이 남편인 아르베라구스에게 하는 결혼 맹세는 종교적 신념마저도 베어 나오는 신성한 것임에 틀림없다: "제가 마지막 숨을 거둘 때까지 당신의 유순하고 충실한 아내가 되겠습니다"[Sire, I wol be youre humble trewe wyf; / Have heer my trouthe, til that myn herte breste. (758-9)]. 그러나 도리겐의 결혼 서약보다 단순히 장난삼아 아우렐리우스에게 한 약속이 더욱 더 구속력을 지니고 있는 모습이다. 심지어 아르베라구스마저도 자신과 도리겐이 한 약속보다 도리겐이 아우렐리우스와 한 약속이 더욱 더 중요한 듯 그와의 약속을 지킬 것을 도리겐에게 강요한다: "어떠한 상황이든 당신이 한 약속을 지켜야만 하오. 약속을 지키는 것보다 더 고귀한 일은 없는 것이오"]But if ye sholde youre trouthe kepe and save. / Trouthe is the hyeste thing that man may kepe. (1478-79)]. 결혼의 신성한 서약과 남녀 간의 단순한 약속 가운데 어느 것이 더 중요한 것인지 화자는 물론이거니와 화자의 이상을 반영하고 있는 아르베라구스 또한 철저히 간과하고 있는 셈이다.

상식과 관례를 넘어선 아르베라구스의 요구는 또한 앞서 자신이 도리겐에게 한 결혼맹세를 반하는 것이다. 그는 기사의 명예를 걸고 아내인 도리겐에게 순종하고 매사에 그녀에 뜻에 따라 행동할 것을 맹세하였다(745-52). 그는 다만 남편이라는 체면을 지키기 위해 명목상의 주도권만을 가지기로 다짐하였다. 그러나 곤경에 처한 도리겐에게 그가 하는 행동과 말은 군주의 역할에 버금갈 정도로 매우 권위적이며 일방적이다. 그녀에게 어떻게 대답하고 어떻게 행동해야할 것인지 하나하나 명령을 내리는 그의 모습은 군주의 전형적인 모습이며, 이는 그가 화자가 말한 명목상의 주도권만을 지닌 인물이 절대 아님을 입증해준다. 더군다나 아르베라구스는 자신이 먼저 울음을 터트리며 자신의 고통을 먼저 생각하는 인물이다: "최선을 다해 내 이 고통을 견뎌내겠소"(As I may best, I wol my wo endure). 화자가 앞에서 언급한 귀족으로서의 덕목들 [*franchise*, *curteisie*, *gentillesse*]과 가치는 수사적인 말에 불과한 것이지 실제 그의 행동과 모습이 이를 입증해 보여주지 못하고 있다. 심지어 그녀에게 목숨을 걸고라도 남에게 이 일을 발설하지 말라고까지 그는 명령한다.

죽음의 고통을 감수하고 당신에게 당부하겠소.
목숨이 붙어 있는 한, 이일에 대하여
누구에게도 말하지 마오.
나 역시 최선을 다해 이 고통을 견뎌 내도록 하겠소.
남들로 하여금 당신 신변에 우환이 있다는 것을
알아채지 못하게 우울한 표정일랑 짓지 마시오.

I yow forbede, up peyne of deeth,
That nevere, while thee lasteth lyf ne breeth,
To no wight telle thou of this adventure,—
As I may best, I wol my wo endure,—
Ne make no contenance of hevynesse,
That folk of yow may demen harm or gesse. (1481-86)

죽음보다 아르베라구스에게 더욱 더 고통스러운 것이 무엇이란 말인가? 간단히 말해서, 그것은 아르베라구스의 체면이다. 주위 사람들에게 자신이 어떻게 비춰질 가를 목숨보다 소중하게 생각하는 사람이 바로 아르베라구스이다. 이를 위해서라면 아내의 감정마저도 필요에 따라 통제하고 조정할 수 있다고 생각하는 사람이 또한 아르베라구스이다. 작품의 시작부분에서 화자가 닮고자 하는 이상적인 기사가 바로 아르베라구스이며, 아르베라구스는 또한 화자의 욕망과 생각을 대변해주는 인물인 셈이다.

B. 코믹한 등장인물

아르베라구스에 대한 화자의 초기 묘사와 실제 아르베라구스의 행동과의 차이는 독자로 하여금 화자의 관점과 주장을 절대적으로 신뢰를 할 수 없게 만드는 요소이다. 이는 단순히 작가 초서가 자신도 모르게 범한 작은 실수라고 볼 수 없는데, 그 이유는 시골유지가 하는 이야기에서뿐만 아니라 다른 작품들에서도 마찬가지로 초서는 독자도 하여금 화자와 독자 사이의 어느 정도 일정한 거리를 유지하여 화자가 하는 이야기에 대하여 독자의 주관적이며 비판적 판단을 이끌어내기 때문이다. 더욱이 시골유지의 이야기를 당시 독자들뿐만 아니라 오늘날의 독자들이 있는 그대로 받아들일 수 없는 이유들 가운데 또 다른 하나는 바로 그가 설정해놓은 등장인물들에서 비롯된다. 화자는 등장인물들이 자신이 의도한대로 귀족으로서의 덕목과 가치를 진지하게 실천하고 있다고 생각할지 모른다. 그러나 앞서 보았던 아르베라구스의 경우처럼 작품에서 등장인물들은 전체적인 내용에 어울리지 않을 뿐만 아니라, 심지어 작품의 분위기를 우스꽝스럽게 이끄는데 일조를 한다. 또한 등장인물들의 행동과 모습이 겉으로는 화자가 의도하는 귀족의 덕목으로 포장되어 있는 듯 보이나 실질적으로는 공허하고 과장된 느낌만을 줄 뿐이다. 이는 독자로 하여금 화자인 시골유지의 관점을 있는 그대로 받아들이지 못하도록 방해할 뿐만 아니라 화자의 본심마저도 의심케 한다. 이것이 바로 초서의 의도로 「시골유지의 이야기」가 하나의 절대적 의미나 가치를 전달하는 도덕적 이야기가 아닌 한낱 기호들의 결합에 불과한 픽션이라는 사실을 말해준다.

앞서 언급한 아르베라구스의 경우 이상적인 남편이며 기사로서의 묘사와 실제 그가 보여주는 행동 사이의 차이는 바로 화자 자신을 반영하고 있다. 화자인 시골유지 또한 겉으로는 화려하고 부족함이 없어 보인다. 그러나 그의 행동은 귀족 아닌 귀족으로서의 부족함을 감추고 신분적으로 주위 사람들로부터 인정받기 위한 것에 불과하다. 마찬가지로 아르베라구스는 겉으로 당시 기사들에게 요구되었던 도덕적 덕목을 두루 갖춘 이상적인 모습으로 묘사되어 있다. 그러나 겉으로 드러나는 모습과는 달리 그의 행동과 태도가 귀족적이며 고상하기보다는 당시 중간계층의 상업적인 면모에 보다 가깝다고 볼 수 있다 (Peck 260). 화자가 주위 사람들에게 자신의 모습이 어떻게 비춰질까 무척이나 신경을 쓰듯이, 아르베라구스 또한 앞서 보았듯이 곤경에 빠진 도리겐보다는 이로 인하여 자신의 체면이 손상이 되거나 수치를 당할까 근심하는 모습이다. 도리겐의 외도로 인하여 자신에게 돌아올 수치와 고통을 먼저 고민하는 위선적인 인물이 바로 아르베라구스이다.

이는 귀족의 덕목과는 거리가 먼 것으로 자기중심적이며 위선적인 그의 본성에서 비롯되는 것으로 볼 수 있다.

아이러니하게도 아르베라구스의 행동을 누구보다 잘 알고 있는 인물이 바로 화자인데, 화자는 아르베라구스의 귀족답지 않는 행동과 태도로부터 독자들의 관심을 돌리게 위해 노력하는 모습이다.

> 아마도 여러분 중 많이 이들이
> 아내를 이와 같은 곤경에 몰아놓는 이 남편을
> 어리석은 자라고 생각할지 모릅니다.
> 그러나 도리겐의 처지가 부당하다고 불만을 터뜨리기 전에
> 이야기를 끝까지 들어 보세요.
> 그녀는 여러분이 생각하는 것 이상으로 복이 많을지도 모릅니다.

> Paraventure an heep of yow, ywis,
> Wol holden hym a lewed man in this
> That he wol putte his wyf in jupartie.
> Herkneth the tale er ye upon hire crie.
> She may have bettre fortune than yow semeth,
> And whan that ye han herd the tale, demeth. (1493-98)

화자의 요지는 지금 상황에서 있는 그대로 모든 것을 판단하지 말고 기다려보자는 것이다. 일단 기다리면서 이야기를 끝까지 듣다보면 도리겐은 물론이거니와 도리겐을 이와 같은 곤경으로 이끈 아르베라구스를 이해할 수 있을 것이라는 것이 화자의 뜻으로 보인다. 쇼프는 모든 증거가 드러날 때까지 기다리며 감각을 통하여 모든 우상들

(idols)을 수집한 뒤에 판단하라는 것은 완벽한 에피큐러스적 태도로서 화자의 가치관을 그대로 반영하고 있다고 말한다(279). 이성적이며 합리적으로 사물이나 인물의 본질을 판단하기를 회피하는 화자이기에 자신의 모습을 반영하고 있는 아르베라구스의 실제 모습이 독자들에게 드러날까 두려워하는 것은 화자로서는 너무나 당연한 일이다. 이러한 절박한 상황에서 독자가 생각하고 이에 대하여 판단을 내리는 것을 막기 위해서 독자의 관심을 다른 곳으로 돌리는 일이 아르베라구스와 동질성을 공유하고 있는 화자가 해야 할 일처럼 보인다. 이런 점에서 화자인 시골유지나 아르베라구스는 외면만을 내세우며 내면은 텅 비어있는 위선적인 인간들로 이들의 모든 행동과 모습은 콘드랜(Edward Condren)의 표현대로 "보여주기 위한 것"에 불과하다(163).

도리겐 또한 앞서 언급했다시피 화자의 의도에 따라 창조된 인물로서 원전에서와는 달리 아우렐리우스에게 요구한 것이 실현되었는가에 대해서 실제로 확인조차하지 않는 '외형 강조형'의 인물이다. 도리겐이 현실을 회피하고 이상과 외형을 강조하는 인물이라는 사실은 바다에 솟아있는 바위에 대한 그녀의 태도에서도 볼 수 있다. 바위가 현실적으로 그녀 남편의 안녕을 위협하는 요소가 아님에도 불구하고 그녀는 바다에서 바위가 사라지기를 원하고 있다. 대신 그녀는 자연이 아닌 인위적으로 꾸며진 아름다운 정원에 들어간다. 오웬(Charles A. Owen, Jr)의 지적대로 도리겐이 바다 속 바위가 제거되기를 원하는 것은 결혼 생활에서 비롯되는 현실적인 것들, 예를 들어 결혼으로 인한 고통이나 문제 등을 받아들이기 꺼려하는 그녀의 태도를 보여주는 것인지도 모른다. 아울러 화려하고 아름다운 정원으로 들어가는 그녀의 행동은 이러한 현실적 문제를 도외시 한 채 결혼을 오직 이상적인 사랑의 연속으로 보고 싶은 도리겐의 환상을 말하는 것이다(253). 이처럼 현실을 외면하고 이상과 외형에 집착하는 도리겐의 태도는 화자나 그녀의 남편인 아르베라구스가 보여주는 태도와 큰 차이가 없어 보인다.

도리겐은 또한 감각, 감정, 그리고 본능으로 삶을 영위하는 화자의 전형적인 피조물로 볼 수 있다. 아르베라구스가 없는 동안 그녀는 결혼한 여성으로 볼 수 없을 정도로 격정에 사로잡혀 있는 모습을 보인다.

> 그녀는 애통해하며, 밤을 지새우며 울부짖었고, 때로는 식음을 전폐하고 비통해했다;
> 남편이 돌아와 주기를 갈망하는 마음이 그녀의 심중을 너무도 억눌렀기 때문에
> 그녀에게는 세상천지 모든 일이 무의미했다.
>
> She moorneth, waketh, wayleth, fasteth, pleyneth;
> Desir of his presence hire so destreyneth
> That al this wyde world she sette at noght. (819-21)

펙 교수의 주장에 따르면, 도리겐의 욕망은 「방앗간 주인의 이야기」(*The Miller's Tale*)에서 엘리슨(Alison)과 「상인의 이야기」(*The Merchant's Tale*)에서 메이(May)가 보여주는 욕망과 차이가 없다고 보고 있다(263). 오히려 다소 인간적인 모습의 엘리슨이나 메이가 보여주는 욕망과는 달리 도리겐의 욕망은 고상한 귀부인의 모습과는 어울리지 않는 것으로 위선적인 그녀의 본 모습을 부각시킬 뿐이다.

뿐만 아니라, 도리겐의 감정은 내면에서 우러나오는 것이 아니라 단순히 관행적이며 기계적으로 표출되는 것으로 어떠한 진실성도 없어 보인다. 믿어지지 않는 일이 현실로 일어남에 따라 도리겐은 스스로 부정한 아내가 되어 명성을 잃게 될 것을 두려워한 나머지 목숨을 끊을 생각을 한다. 도리겐은 정조를 지키기 위하여 목숨을 끊은 역사상의 많은 여성들과 자신을 동일시하고 있다. 그러나 도리겐은 자신이 예로 들고 있는 인물들이 실제 어떤 여성들이었으며, 자신의 처지와 이들과 어떠한 점에서 유사한지 전혀 고려하지 않고 있다. 다만 정조를 지키기 위하여 죽었다는 사실 하나만 가지고 도리겐은 이들을 자신과 동일시하고 있는 것이다. 특히 고통스럽고 심각한 분위기에서 이들 여성들을 하나하나 열거하기보다는 도리겐은 마치 자신이 과거 한때 이상적인 여성상으로 배운 내용을 줄줄이 나열하고 있다는 느낌이 들뿐이다. 화자의 초점 또한 오직 도리겐의 감정이 고조되어 있다는 사실에만 집착할 뿐 이러한 효과에 대해서는 간과하고 있는 듯 보인다. 결국 남편과의 약속과 자신의 정조를 지키기 위하여 도리겐이 선택할 것만 같았던 자살에 대한 독자들의 기대는 이내 허물어지고 만다. 자살하기 위한 전주곡처럼 들렸던 여성들의 나열들은 단순히 도리겐의 자살을 연기하고 궁극적으로 그녀의 의도를 무산시키는 역할을 할 뿐이다.

도리겐의 모습과 행동 또한 화자가 독자에게 전달하고자하는 귀족의 됨됨이는 물론 결혼한 여성으로서의 기본적인 자세와도 어울리지 않는다. 아르베라구스가 집을 떠난 뒤, 그녀는 정신이 나간 여자의 행동과 태도를 보이며 마치 귀부인의 관행적 모습처럼 눈물과 탄식으로

나날을 보낸다. 여기에서 그녀가 보여주는 감정은 지나칠 정도로 과장되어 있을 뿐만 아니라 그녀의 이러한 감정을 화자는 마치 당시 귀부인이라면 마땅히 그러해야하는 것처럼 받아들이고 있다. 문제는 화자 자신이 결혼과 사랑과의 차이를 혼동하고 있다는 점이다. 화자의 혼동은 자신의 피조물인 도리겐에게 그대로 투영되고 있다고 생각된다. 실제 작품의 초반부에 묘사되어 있는 도리겐은 결혼한 여성과는 거리가 멀어 보인다. 도리겐은 아직도 사랑이라는 이상과 환상 속에서 헤매고 있는 느낌이 든다. 심지어 현실을 외면한 환상 속 도리겐에게 모든 것은 하나의 장난이요 게임에 불과한 듯 보인다. 아우렐리우스를 처음 만나 약속을 맺는 과정에서 그녀가 보여주는 행동은 합리적이며 이성적 품성을 지닌 귀족 여성으로서가 아니라 감정적으로 움직이는 철부지 여성에 보다 가까워 보인다. 자신의 남편이 원한 때면 언제든지 자신의 육체를 즐길 수 있다고 도리겐은 아우렐리우스에게 말하면서도 "장난삼아"(in pley) 바다 위에 솟아있는 바위를 없애준다면 자신의 육체를 그가 가질 수 있을 것이라고 말한다. 그런 뒤, 아무 일도 없었다는 듯이 그녀는 이내 "흥겨운 놀이를 다시 시작 한다"(revel new). 불가능하다고 생각했던 일, 즉 바다에서 바위가 없어지자 도리겐은 탄식에 탄식을 거듭하며 이런 일은 "자연의 이치에 어긋나는 일"(agayns the proces of nature)이라고 말한다. 실제 자신도 모르게 내뱉는 이 말이 바로 기혼한 귀족여성으로서 그녀가 범하는 근본적인 잘못이라 보인다. 그녀의 행동과 태도는 귀족신분의 결혼한 여성에게 어울리지 않는 것은 분명하다. 벌린(Robert Burlin)의 주장대로 도리겐이 보여주는 행동과 태도는 유한계층의 무의미한 특권에서 비롯된 것이며 그녀의 성격은 한마디로 충동적이며, 어리석고, 현실을 자기 기분대로 왜곡시키는 거만한 여성으로 볼 수 있다(200).

도리겐, 그리고 아르베라구스에서와 마찬가지로 아우렐리우스와 오를레앙의 마법사에게서 또한 화자는 자신이 의도했던 귀족의 덕목이나 가치를 이끌어내고 있지 못하고 있다. 이들 역시 앞서 언급한 두 인물들과 큰 차이가 없는 존재들로서 화자의 관점이나 주장을 독자가 있는 그대로 수용하도록 만들기보다는 오히려 독자와 화자 사이의 거리만을 키울 뿐이다. 특히 아우렐리우스의 행동과 태도는 도리겐과 매우 유사하여 그를 귀족적 덕목을 지닌 인물로 보기에는 무리가 따른다. 현실적으로 불가능한 도리겐의 요구를 들은 뒤, 아우렐리우스가 보여주는 모습은 아르베라구스의 부재 후 도리겐이 보여주는 심리 상태를 그대로 재현하는 듯하다.

> 그는 두 손을 하늘을 향해 치켜들고
> 무릎을 드러낸 채 꿇어앉아서
> 열렬한 기도를 올렸다.
> 극심한 슬픔으로 인하여 그는 제 정신을 잃었고
> 자기가 무슨 말을 지껄이는 지도 모르면서.
>
> Up to the hevene his handes he gan holde,
> And on his knowes bare he sette hym doun,
> And in his ravying seyde his orisoun.
> For verray wo out of his wit he breyde.
> He nyste what he spak. (1024-28)

위에서 아우렐리우스는 마치 미친 사람의 모습으로 광란에 가까운 심리상태를 지니고 있다. 우드(Chauncey Wood)의 지적대로 도리겐과 마찬가지로 아우렐리우스의 모습은 지나칠 정도로 과장되어 있으며 아우렐리우스의 말과 행동은 그의 심리적 공황상태를 반영하고 있듯이 반복적이며 일관성이 없어 보인다(703-4).

뿐만 아니라, 도리겐처럼 아우렐리우스 역시 충동적이며 인내심이 부족할뿐더러 욕망에 사로잡혀있는 존재에 불과하다. 아르베라구스 없는 "이 넓은 세상이" 도리겐에게 아무런 의미가 없듯이 아우렐리우스에게 도리겐만 있다면 "이 넓은 세상" 자신이 주인이 된 기분이며 그까짓 일 천 파운드의 돈은 아깝지 않은 것이다. 긍정적으로 보면 두 사람 모두에게 공통점은 자신들이 사랑하는 존재가 이 세상 전부보다 소중하다는 사실이다. 그러나 문제는 앞서 언급한대로 도리겐의 감정은 결혼한 여성의 감정보다는 마치 연정의 대상에게 보이는 육체적 욕망에 가까워 보이듯이, 아우렐리우스의 감정 또한 엄격히 말해서 비도덕적이며 이치에 어긋나는 것이다. 화자 역시 도리겐이 넋두리처럼 정절을 지킨 여인들을 나열하도록 내버려두듯이 아우렐리우스의 폭풍 같은 감정에 아랑곳하지 않는 모습이다:

> 고통과 근심 걱정으로 비애에 잠긴
> 이 아우렐리우스를 누워 있는 채로 남겨두기로 하고
> 그가 죽거나 살거나 다 팔자소관이니 그에게 맡기기로 하자.
>
> Dispeyred hin this torment and this thoght
> Lete I this woful creature lye;

Chese he, for me, wheither he wol lyve or dye. (1084-6)

그런 뒤, 화자는 이내 이야기의 초점을 귀환한 아르베라구스에게로 돌린다. 우스꽝스러운 모습의 아우렐리우스와 훌륭한 기사의 모습으로 돌아온 아르베라구스의 대조는 아우렐리우스를 여러 면에서 부족한 존재로 부각시키기에 충분하다.

여기에 아우렐리우스를 도와주는 오를레앙의 마법사 또한 귀족의 덕목을 실천하는 사람으로 보기 힘들다. 마법사에 대한 화자의 묘사를 자세히 살펴보면 마법사가 화자인 시골유지 자신인 듯한 느낌이 든다. 마법사는 사물이나 인물의 실제나 본질을 바꾸지는 못하나 눈에 보이는 외부세계를 순간적으로 바꿈으로써 보는 이의 눈을 속이는 존재이다. 화자 또한 자신의 내면을 감추기 위해서 자신의 모습과 행동, 그리고 태도를 통하여 가능하면 주위사람들에게 스스로를 인상적으로 보이기 위해서 노력하는 존재이다. 이런 점에서 마법사나 시골유지는 주위 사람들의 시각(sight)을 이용하며 이들 시야에 일종의 환상을 심어줌으로써 자신들이 의도하는 목적을 성취하는 존재들이다. 특히, 아우렐리우스와 그의 형이 올 것이라는 사실을 예측하고 있던 마법사는 처음 보는 그들로 하여금 자신을 신뢰할 수 있도록 하기 위하여 여러 가지 인상적인 눈요기들을 보여준다. 마법사의 이러한 행동과 시골유지가 「총 서시」와 그의 서시에서 주위 사람들에게 인상적으로 보이기 위한 행동 사이에 큰 차이가 없어 보인다. 마법사는 「총 서시」에 묘사된 시골유지와 마찬가지로 하인에게 다소 짜증을 내는 어투로 음식 준비를 재촉하기도 한다. 뿐만 아니라, 아우렐리우스와 계약을 맺는 과정에서 그가 보여주는 상업적인 태도는 물질적 풍요를 성취한 시골유지의 생활태도와 상응한다. 결과적으로 화자가 이야기의 마지막 부분에서 이들 등장인물들 가운데 누가 가장 관대하냐고 묻는 질문 그 자체가 공허한 메아리에 불과한 셈이다. 우드의 주장대로 「방앗간 주인의 이야기」에서 니콜라스(Nicholas)의 점성술에 넘어가는 존의 어리석음을 풍자하듯이 「시골유지의 이야기」에서 또한 겉으로 보이는 것에 속아 넘어가는 아우렐리우스와 그의 형을 조롱하고 있는지 모른다(707). 더 나아가 시골유지가 전하는 피상적인 이야기를 현실로, 그리고 그의 이야기가 전달하려는 도덕적 메시지를 있는 그대로 수용하려는 독자를 초서는 풍자하고 있는지 모른다.

III. 사회적 관습과 교회법을 통해 본 「시골유지의 이야기」: 비현실적이며 코믹한 '픽션'

「시골유지의 이야기」 안에는 화자 자신도 모르게 앞 뒤 전후 서로 일치되지 않는 모순적인 내용들이 많이 포함되어 있다. 자신의 의도에 따라 창조된 등장인물들의 행동과 모습 또한 겉으로만 그럴 듯하게 보일 뿐 공허하며 우스꽝스러운 느낌만을 독자들에게 줄뿐이다. 이러한 효과는 단순히 작가인 초서의 실수에서 비롯된 것이 아니라 그가 의도한 것이라고 볼 수 있다. 초서는 하나의 이야기에 화자의 관점과는 다른 자신의 목소리를 독자에게 전달하기 위하여 직접적인 방법보다는 매우 은밀하면서도 간접적인 방법을 즐겨 사용한다. 그것이 바로 앞서 언급한 방법들로 화자 자신이 말하는 과정에서 여러 가지 실수를 자연스럽게 범하게 만듦으로써 독자가 화자의 이야기에 맹목적으로 빠져드는 것을 막는다. 이러한 방법들 외에 초서는 원전의 내용에서 볼 수 없는 것으로 한 인물이나 사건에 대하여 필요 이상의 많은 설명을 늘어놓는 경우가 있다. 예를 들어 「바쓰의 여장부 이야기」에서 '침실설교'의 내용은 원전의 어디에서도 찾아볼 수 없는 것들이다. 그러나 '침실설교'에서 노파가 말하는 상당한 양의 내용들은 독자의 주관적이며 비판적인 판단을 이끌어내기 위한 수단이다. 자신의 입장을 옹호하기 위하여 노파가 설파하는 내용들은 겉으로는 진실하게 보이나 실제 당시 독자의 관점에서 볼 때 매우 비현실적이며 우스꽝스럽기 짝이 없는 것들이다. 다시 말해서, 노파의 생각은 당시 사회적 관습이나 법률에 비추어 볼 때 허무맹랑하고 우스꽝스러운 넋두리에 불과한 것이다. 「시골유지의 이야기」의 화자 또한 자신의 의도를 독자들에게 효과적으로 전달하기 위하여 이야기의 시작 부분에 도리겐과 아르베라구스 사이의 결혼계약을 필요 이상으로 자세히 전하고 있다. 그러나 둘 사이의 결혼과 계약 내용을 접하는 당시 독자라면 아마 화자가 전하는 이야기가 도덕적 메시지를 담은 심각한 것이기보다는 동화 속에나 나올듯한 허구적인 것이라는 점을 미리 깨닫게 될 것이다. 그 이유는 도리겐과 아르베라구스의 결혼계약이 결혼과 관련된 당시 관습이나 교회법에 비추어볼 때 상식을 벗어난 터무니없는 것이기 때문이다.[53]

궁정풍의 연애시에 등장하는 기사처럼 아르베라구스는 도리겐의 사랑을 구한다. 도리겐은 그에게 연민을 느껴 그를 남편이며 주군으로 맞이한다(740-2). 그러나 화자의 표현을 있는 그대로 받아들이자면 두 사람이 남편과 아내가 되기로 동의하는 과정이 당시 교회의 허가와 함께 많은 사람들 앞에서 공개적으로 이루어지고 있지 않다. 둘 사이에 결혼 동의가 "은밀하게"(pryvely) 이루어졌다고 화자는 말하고 있다. 당시 교회법을 감안할 때 이들 결혼은 합법적으로 인정이 될 수 없을 뿐만 아니라, 그것에 상응하는 법적인 처벌마저 피할 수 없는 것이다(Lucas 94 ff). 그러나 화자는 아르베라구스의 신분이 도리겐보다 낮아 어쩔 수 없는 현상인 것처럼 둘 사이의 결혼 동의에 대하여 아무런

53) 도리겐과 아르베라구스의 결혼이 이교도적 양식을 따르고 있기보다는 당시 종교적 양식에 의해 이루고 있다는 사실을 입증해줄 수 있는 자료로 G. E. Howard, *A History of Matrimonial Institutions*, 3 vols (Chicago: U of Chicago P, 1904), I, 258 ff를 참조.

이의를 달지 않고 있다. 오히려 이들이 그렇게 할 수 없는 상황에 대하여 정당성마저 화자는 부여하고 있는 모습이다.

은밀하게 이루어진 결혼과 함께 당시 독자의 의심을 품게 만드는 것은 둘 사이의 결혼 계약 내용이다. 그 가운데 특히 도리겐에게 하는 아르베라구스의 결혼 맹세는 당신 독자들의 의심을 사기에 충분하다.

> 기꺼이 그는 기사의 명예를 걸고 그녀에게 맹세했다.
> 그는 평생토록 낮이건 밤이건 아내의 뜻에 반(反)해
> 지배권을 행사하지 않을 것이며,
> 질투하지 않을 것이며,
> 대신에 자신의 아내에게 일체 순종하고 매사에 그녀의 뜻을 따를 것을.

> Of his free wyl he swoor hire as a knyght
> That nevere in al his lyf he, day ne nyght,
> Ne sholde upon hym take no maistrie
> Agayn hir wyl, ne kithe hire jalousie,
> But hire obeye, and folwe hir wyl in al. (745-9)

아르베라구스는 자신의 이러한 자세는 "뭇 남성들이 자신의 여인에게 마땅히" 하는 것이라고까지 말한다. 에어스(David Aers)의 지적대로 아르베라구스의 서약은 결혼한 남성이 배우자에게 하는 것이 아니라 연애에 빠진 남성이 애인에게 하는 것으로, 아르베르구스 자신은 결혼과 연애를 혼동하고 있다(163). 이는 도저히 양립 할 수 없는 궁정풍의 사랑과 결혼을 마찰 없이 융합해보려는 화자의 이상적인 태도에서 비롯되는 결과일 수 있다. 화자의 이러한 의도에 따라 아르베라구스는

남성으로서 마땅히 당시 결혼에서 우위를 행사해야함에도 불구하고 궁정풍의 연애시에서나 볼 수 있는 행동과 태도를 보인다. 아르베라구스는 남편으로서의 체면을 지키기 위해서 "명목상의 주도권"만을 가지겠다고 다짐한다.

도리겐에게 복종하고 매사에 그녀의 뜻을 따르겠다는 아르베라구스의 결혼서약에 대해 당시 결혼과 관련한 교회법이나 관례를 조금이라도 아는 독자라면 실소를 금치 못할 것이다. 아르베라구스의 서약은 법적인 문제를 떠나 결혼과 관련된 당시 독자들의 상식을 벗어나는 부적절한 것이기 때문이다. 초서는 『캔터베리 이야기』의 마지막 화자인 시골사제의 목소리를 통하여 결혼에서 남편과 여성의 관계를 확실히 규정하고 있다. "교회의 머리가 그리스도이듯이 아내의 머리는 남편이다"는 사도 바오로의 말을 인용해가며 시골사제는 결혼생활에서 남편의 우위적 역할을 강조하고 있다. 또한 시골사제는 부인은 주도권을 행사할 수 없으며 이를 행사하게 되면 분란이 올 수밖에 없다고 말한다(926-7). 시골사제의 이러한 관점은 사제로서 주관적인 생각에서 비롯된 것이 아니라 당시 교회 결혼식에서 많은 사람들 앞에서 여성이 남성에게 하는 맹세이기도 하다. 그러나 당시 결혼 관례나 법까지도 무시한 채 화자인 시골유지는 도리겐과 아르베라구스의 결혼계약 내용까지도 인정하고 있다. 화자는 이들 둘 사이의 결혼계약이 인상적이었는지 이들 계약내용을 정당화시키기에 급급해 하는 모습이다(761-70). 뿐만 아니라, 두 사람의 결합과 맹세가 마치 자신의 의도를 도출해내기에 이상적이라고 생각했는지 화자는 이들의 합의에 감탄마저도 서슴지 않고 있다. "이 어찌 겸허하고 지혜로운 합의라 하지 않을 수 있겠는가!"(Heere may men seen an humble, wys accord!). 그러나 화자만의 일방적이며 임의적인 생각과 주장에 이의 없이 따를만한 당시 독자들은 거의 없었을 것이라 여겨진다.

독자와 화자 사이에 거리를 두기 위한 초서의 의도는 사랑과 결혼은 이상적으로 양립시키려는 화자의 노력에서 또한 나타난다. 화자는 도리겐과 아르베라구스의 결혼관계에 만족해하며 다음과 같이 최종적으로 결론짓고 있다.

> 그리하여 그녀는 종과 지배자를 동시에 얻게 되었으니,
> 그녀의 남편은 사랑에서 종이며 결혼에 있어서는 지배자인 것이다.
> 그리하여 그는 하인이자 지배자가 된 것이다.
> 하인의 위치라고? 결코 그렇지 않다.
> 그는 그의 여인과 사랑을 다 얻게 되었다.
> 사랑의 법칙에 순응하기로 한 그의 연인이자 동시에 부인인 여인을 얻었으니
> 지고한 지배의 권한을 지니게 된 것이다.
>
> Thus hath she take hir servant and hir lord,—
> Servant in love, and lord in mariage.
> Thanne was he bothe in lordshipe and servage.
> Servage nay? but in lordshipe above,
> Sith he hath bothe his lady and his love;
> His lady, certes, and his wyf also,
> The which that lawe of love acordeth to. (791-8)

앞 뒤 서로 맞지 않는 역설과 반복을 통하여 화자는 집요하게 독자들에게 도리겐과 아르베라구스의 결합에는 궁정풍의 사랑(*amour courtois*)과 결혼이 이상적으로 합치되어 있다는 사실을 주지시키고자 한다. 그러나 논리적으로 하인이 지배자가 될 수 없는 것이며 지배자가 또한 종이 될 수 없는 것이다. 앞서 보았듯이 결혼 후 남자와 여자의 올바른 자리 메김과 이를 지키지 않을 경우 야기되는 혼란과 문제에 대해서 당시 독자들은 잘 알고 있었을 것이다. 펙 교수는 「시골유지의 이야기」에서 야기되는 모든 혼란과 갈등은 아르베라구스가 남편으로서 주도권을 포기했기 때문에 비롯된 것이라고 주장할 정도이다.[54]

또한 화자는 위의 인용문에서 "사랑의 법칙"이라는 말을 사용하고 있는데, 구체적으로 이 용어를 화자가 어디에서 가져왔는지 알 수는 없다. 다만 "사랑의 법칙"과 관련하여 안드레아스 카펠레이너스(Andreas Capellanus)는 자신의 책에서 '결혼에서의 사랑'(love in marriage)과 '결혼 밖에서의 사랑'(love outside it)사이에는 확연히 차이가 있다고 보고 있다. 뿐만 아니라, 연인들의 사랑과 결혼한 부부의 애정과의 차이를 그는 엄격하게 구분하고 있다. 그가 언급하고 있는 사랑은 하느님이 증오하는 것으로 결혼계약을 벗어나서 이루어지는데, 이러한 사랑은 부부사이를 벌려놓으며 결혼 계약마저도 무너뜨린다고 그는 분명하게 말하고 있다(Bk. III). 구체적인 예로서 초서는 「상인의 이야기」에서 매이(May)와 다미안(Damian)의 연애가 재뉴어리(January)와 매이와의 결혼관계에 어떤 영향을 주는지 보여주고 있다. 결국 결혼으로 인하여 남편이 주도권을 쥐게 되면 궁정풍의 사랑이 지향하는 의미는 자연스럽게 사라질 수밖에 없는 것이다. 다시 말해서, 결혼 후 남성

54) Russell A. Peck, "Sovereignty and the Two Worlds of *The Franklin's Tale*," *Chaucer Review* 1967 (1): 253-71.

이 주도권을 포기하는 것도 당시 관례와 법에 비추어볼 때 도리가 아닐 뿐만 아니라 그렇다고 여성이 주도권을 잡는 것은 더 더욱 상궤에서 벗어나는 것이다. 이런 점에서 결혼과 궁정풍의 사랑은 도저히 양립할 수 없는 배타적인 것임에도 불구하고 화자는 물론 화자의 이상적 모델인 아르베라구스는 이를 망각하고 있는 것이다. 화자와 아르베라구스는 서로 양립할 수 없는 사랑과 결혼의 차이를 망각할뿐더러 혼돈하고 있다는 사실을 입증하는 또 다른 예로서 아르베라구스와 도리겐이 결혼을 통하여 얻게 되는 세속적 욕망을 들 수 있다. 결혼 후 이들 부부에게 찾아온 기쁨(*joye*), 편안함(*ese*)과 물질적 여유(*properitee*)는 이들의 결혼이 전적으로 세속적 욕망에 기초를 두고 있다는 사실을 보여준다고 하워드(Donald Howard)는 주장한다(227). 하워드의 주장대로 이는 당시 교회에서 가르치는 결혼의 목적과는 거리가 먼 것으로 결혼보다는 사랑의 목적에 더 가까워 보인다. 아울러 화자는 두 차례에 걸쳐 이들 단어들을 반복하고 있는데 이는 그가 지향한 삶의 태도[To lyven in delit was evere his wone; (335)]와 직결되기도 한다.

이외에도 초서는 결혼 서약과 함께 「시골유지 이야기」의 근간이 되고 있는 아우렐리우스와 도리겐의 약속에서도 독자들의 비판적인 개입을 요구하고 있다. 화자는 도리겐의 약속이 법적 구속력을 지닌 일종의 계약관계라는 사실을 아우렐리우스를 통하여 보여주고 있다.

> 부인, 저는 당신이 태어난 이래로 지금까지
> 저에게 주셨던 모든 약속과 계약을 면제하여
> 당신 손에 다시 돌려 드립니다.

I yow release, madame, into youre hond
Quyt every serement and every bond
That ye han maad to me as heerbiforn. (1533-35)

모간(Gerald Morgan)의 지적대로 아우렐리우스는 법률적인 용어를 사용해가며 도리겐이 자신에게 한 약속이 단순한 약속이 아니라 일종의 합법적인 계약임을 말하고 있다(114). 문제는 만약 아우렐리우스와 도리겐의 약속이 법적으로 유효한 계약이라면 결혼한 여성이 자신의 뜻대로 이와 같은 계약 내지 약속을 할 수 있는지 의문이다. 간단히 말해서 당시 법에 따르면 결혼한 여성은 남편의 허가 없이 소유권을 행사하거나 법적 구속력을 지닌 계약이나 약속을 할 수 없었다.[55] 초서의 시골사제 또한 결혼한 여성은 남편의 허락 없이 "맹세를 하거나 증인으로 설 수 있는 권한"(noon auctoritee to swere ne to bere witnesse withoute leve of hir housbonde)이 없다고 말하고 있다(931). 당시 교회법과 관습법에 비추어볼 때 용납할 수 없는 도리겐의 약속을 당시 독자는 있는 그대로 받아들이지는 않았을 것이다. 오히려 독자는 화자의 목소리에 회의와 의문을 품을 수밖에 없었을 것이며 그가 하는 이야기를 한낱 픽션으로 받아들였을 것이다.

끝으로 화자가 던지는 수사학적 질문—"여러분들 판단에는 누가 가장 관대하다고 생각하십니까?"(Which was the most fre, as thiynketh

55) W. S. Holdsworth, *A History of English Law*, 3 vols (London: Methuen, 1909), III, 411; Frederick Pollock and Frederic William Maitland, *The History of English Law before the time of Edward I*, Second ed, 2 vols (Cambridge: Cambridge UP, 1898), II, 405를 참조.

yow?)은 독자들에게 더욱 더 공허하게 울릴 뿐이다. 첫 번째 이유는 앞서 살펴보았듯이 화자의 등장인물들이 행동과 태도를 통하여 독자들에게 귀족의 됨됨이나 귀족의 덕목을 보여주고 있지는 않기 때문이다. 다만 귀족 같지 않은 화자가 주위 사람들로부터 기사처럼 귀족으로 인정받고 싶어 하듯이 실제 도덕적 행동과 태도를 갖추지 않는 이들 등장인물들 또한 단순히 외면적으로 누구 가장 관대한 사람인지 경쟁하는 인상만을 준다. 두 번째 이유는 자신의 한계를 극복하기 위하여 계획한 이야기를 화자 스스로 그 문제점을 제대로 이해하지 못하고 있을 뿐만 아니라 이야기 내용 또한 통제하고 있지 못한 데 있다. 한마디로, 숨기려고 했던 화자의 신분적 열등감과 불안전함, 그리고 이로 인하여 비롯된 그의 행동과 태도가 낱낱이 당시 독자는 물론이거니와 오늘날의 독자들 앞에 밝혀진 셈이다.

인용문헌

Aers, David. *Chaucer, Langland, and the Creative Imagination*. London: Routledge & Kegan Paul, 1980.

Brewer, Derek S. "Class Distinction in Chaucer." *Speculum* 43 (1968): 290-305.

Bryan, W. F., and Dempster, Germaine. *Sources and Analogues of Chaucer's Canterbury Tales*. Chicago: Chicago UP, 1941.

Capellanus, Andreas. *De Amore*. Ed. and trans. P.G. Walsh. London: Duckworth, 1982.

Condren, Edward I. *Chaucer and the Energy of Creation: The Design and the Organization of the Canterbury Tales*. Gainsville: UP of Florida, 1999.

Chaucer, Geoffrey. *The Riverside Chaucer*. Gen. ed. Larry D. Benson. Boston: Houghton Mifflin, 1987.

Crane, Susan. "The Franklin as Dorigen." *Chaucer Review* 24 (1990): 236-52.

Gaylord, Alan T. "The Promises in *The Franklin's Tale*." *ELH* 31 (1964): 331-65.

Gerould, Gordon H. "The Social Status of Chaucer's Franklin." *PMLA* 41 (1926): 262-79.

Holdsworth, W. S. *A History of English Law*. 3 vols. London: Methuen, 1909.

Howard, D. R. "The Conclusion of the Marriage Group: Chaucer and the Human Condition." *Modern Philology* 57 (1959-60): 223-32.

Huppe, Bernard F. *A Reading of the Canterbury Tales*. Binghampton: SUNY Press, 1964.

Jacobs, Kathryn. "The Marriage Contract of the *Franklin's Tale*: the Remaking of Society." *Chaucer Review* 20 (1985): 132-43.

Kearney, A. M. "Truth and Illusion in *The Franklin's Tale*." *Essays in Criticism* 19 (1969): 245-53.

Kelly, H. A. "Clandestine Marriage and Chaucer's *Troilus*." *Viator* 4 (1973): 433-57.

Kittredge, G. L. "Chaucer's Discussion of Marriage." *Modern Philology* 9 (1912): 435-67.

Lucas, Angela M., and Peter J. Lucas. "The Presentation of Marriage and Love in Chaucer's *Franklin's Tale*." *English Studies* 72 (1991): 501-12.

Lumiansky, R. M. "The Character and Performance of Chaucer's Franklin." *UTQ* 20 (1951): 344-56.

McCarthy, Conor. "Love, Marriage, and Law: Three Canterbury Tales." *English Studies*

83 (2002): 504-18.

Own, Charles A., Jr. "The Crucial Passages in Five of the *Canterbury Tales*: a Study in Irony and Symbol." *JEGP* 52 (1953): 294-311.

Morgan, Gerald. "Boccaccio's Filocolo and the Moral Argument of the *Franklin's Tale*." *Chaucer Review* 20 (1986): 285-306.

Pearcy, R. J. "Chaucer's Franklin and the Literary Vavasour." *Chaucer Review* 8 (1973): 33-59.

Peck, Russell A. "Sovereignty and the Two Worlds of the *Franklin's Tale*." *Chaucer Review* 1 (1967): 253-71.

Pollock, Frederick and Frederic W. Maitland. *The History of English Law before the time of Edward I*. Second ed. 2 vols. Cambridge: Cambridge UP, 1898.

Rist, J. M. *Epicurus: An Introduction*. Cambridge: Cambridge UP, 1972.

Robertson, D. W., Jr. *A Preface to Chaucer*. Princeton: Princeton UP, 1962.

Saul, Nigel. "The Social Status of Chaucer's Franklin: A Reconsideration." *Medium Aevum* 52 (1983): 10-26.

Sheehan, Michael M. "Marriage Theory and Practice in the Conciliar Legislation and Diocesan Statutes of Medieval England." *Mediaeval Studies* 40 (1978): 416-17.

Shoaf, R. A. "Chaucer and Medusa: *The Franklin's Tale*." *Chaucer Review* 21 (1986): 274-90.

Specht, Henrik. *Chaucer's Franklin in the Canterbury Tales: The Social and Literary Background of a Chaucerian Character*. Copenhagen: Akademisk Forlag, 1981.

Wood, Chauncey. "Of Time and Tide in the *Franklin's Tale*." *PQ* 45 (1966): 688-711

초서의 면죄부 판매자(The Pardoner): 실패한 설교자! 성공한 이야기꾼?

***

지난 100년 동안 초서(Geoffrey Chaucer)의 면죄부 판매자(the Pardoner)와 그의 이야기에 대한 연구논문과 비평자료를 모두 합한다면, 그 분량이 분명 어느 도서관의 한 부분을 채우고도 남을 정도가 될 것이다. 이는 「면죄부 판매자 이야기」(*The Pardoner's Tale*)와 관련한 비평과 해석에 있어서 모든 내용이 자세하게든 혹은 피상적이든 간에 한 번 정도는 언급되어졌거나 암시되었음을 의미하기도 한다. 그 가운데서도 "신학과 교회에 관련한 후기 중세 영국의 많은 이슈들을 「면죄부 판매자의 프롤로그와 이야기」가 포함하고 있다"는 패터슨(Lee Patterson)의 지적대로 비도덕적이며 타락한 설교자의 문제가 면죄부 판매자 비평의 중심에 위치하고 있다(420).[56] 특히 20세기 중반이후로 면죄부 판매자와 관련한 비평은 성경 해석학 비평(exegetical criticism)의 영향 때문에 교회에서의 그의 위치와 인품, 그리고 외적으로 드러나는

56) Lee Patterson, *Chaucer and the Subjects of History* (Madison: U of Wisconsin P, 1991), 420. 이외에도 플래처(Alan J. Fletcher)는 후기 14세기 영국 교회의 이단(heterodoxy)의 관점에서 면죄부 판매자의 중요성을 강조하고 있기도 하다: "The Topical Hypocrisy of the Pardoner," *Preaching, Politics and Poetry in Late-Medieval England* (Dublin: Four Courts Press, 1998), 266-80; 교회의 위계질서 등의 관점에서 면죄부 판매자를 보고 있는 스터지스(Robert Sturges)의 논문, *Chaucer's Pardoner and Gender Theory: Bodies of Discourse* (New York: St. Martin's Press, 2000), 2쪽을 참조.

그의 신체적 특징 등에 초점이 맞추어져왔다. 그런가 하면 20세기 후반에 들어와 역사적인 접근방식과 더불어 면죄부 판매자의 심리가 어떻게 형성되고 있으며 그것이 어떤 식으로 표출되고 있는 가에 비평가들의 관심이 집중되어 있는 편이다.[57]

종교적 맥락에서 면죄부 판매자의 외적 특징을 비롯한 심리적 요소들 외에,「면죄부 판매자의 프롤로그와 이야기」그리고 중세 설교와의 관계 또한 1920년대부터 지금까지 비평가들의 관심을 지속적으로 끌어왔다.『캔터베리 이야기』(*The Canterbury Tales*)와 그 속에 등장하는 순례자들을 창작하기 전에 초서는 당시 "전통적인 설교의 모든 색조(色調)에 깊게 물들어 있었다"는 세지윅크(G. G. Sedgewick) 말대로 초서는 당시 어느 누구보다도 설교에 대한 관심이 지대했던 것으로 보인다(191). 이를 입증이라도 하듯이 구조적인 측면에서 볼 때,『캔터베리 이야기』역시 일종의 설교로 구분 짓는 비평가들도 있다(Chapman 229-34; Jones 283). 특히 이야기꾼의 신분과 이야기의 내용, 구조 그리고 수사학적 관점에서『캔터베리 이야기』속 어느 이야기보다「면죄부 판매자의 프롤로그와 이야기」와 설교의 관계는 비평가들의 관심 안

57) 이와 관련된 대표적인 논문들로서 다음을 들 수 있다: Monica McAlpine, "The Pardoner's Homosexuality and How It Matters," *PMLA* 95 (1980): 8-22; H. Marshall Leicester, Jr., "'synne Horrible': The Pardoner's Exegesis of His Tale, and Chaucer's," *Acts of Interpretation: The Text in Its Contexts, 700-1600. Essays on Medieval and Renaissance Literature in Honor of E. Talbot Donaldson*, ed. Mary J. Carruthers and Elizabeth D. Kirk (Norman, Oklahoma: Pilgrim Books, 1982), 25-50; Carolyn Dinshaw, *Chaucer's Sexual Politics* (Madison: U of Wisconsin P, 1989); Lee Patterson, "Subject of Confession," *Chaucer and the Subject of History* (Madison: U of Wisconsin P, 1991), 367-94.

에 있었던 것이 사실이다. 구조 및 내용적 측면에서 둘 사이에 깊은 관계가 있다고 주장하는 비평가들이 있는 반면, 이를 전적으로 부정하는 비평가들이 또한 있을 정도로 이에 대한 비평가들의 견해는 각기 다르다. 일찍이 챕만(Coolidge Chapman)은 면죄부 판매자가 하는 이야기를 "전형적인 중세 설교"라고 했는가하면, 갤릭(Susan Gallick)은 "설교라기보다는 더러운 농담"에 불과하다며 그의 이야기를 평가절하하기도 하였다.[58] 뿐만 아니라, 면죄부 판매자가 하는 이야기와 설교의 관계를 인정하는 비평가들 역시 견해를 각기 달리하기는 마찬가지이다. 구조적인 측면에서 둘 사이의 관계를 인정하는 비평가가 있는가 하면, '수사학적' 측면에서 둘 사이의 관계를 인정하는 일부 비평가들 또한 있다.[59] 그런가 하면, 웬젤(Siegfried Wenzel)과 같은 비평가는 구조적 혹은 수사학적 측면에서 둘 사이의 관계를 부정하면서 당시 설교 문학에서 즐겨 사용되는 "기술적 용어, 특정 이미지 그리고 플롯"을 초서가 단순히 빌려오고 있을 뿐이라고 말하기도 한다.[60]

비평가들마다 관점이 어떻든 간에 면죄부 판매자 그리고 그의 이야기에 대한 기본적 연구 토대가 패터슨의 말대로 거의 후기 중세 영국 종교 및 교회에 맞추어져 왔음을 알 수 있다. 그 가운데서도 비평가들

58) Coolidge O. Chapman, "*The Pardoner's Tale*: A Medieval Sermon," *MLN* 41 (1926): 506-9; Susan Gallick, "A Look at Chaucer and His Preachers," *Speculum* 50 (1975): 456-76.

59) 전자에 해당하는 대표적 논문으로 F. N. Robinson, ed., *The Works of Geoffrey Chaucer* (Boston: Houghton Mifflin, 1957), 729를 들 수 있으며, 후자에 해당하는 대표적 논문으로 Charles Shain, "Pulpit Rhetoric in *The Canterbury Tales*," *MLN* 70 (1955): 235-45를 들 수 있다.

60) Siegfried Wenzel, "Chaucer and the Language of Contemporary Preaching," *SP* 73 (1976): 138-61.

의 관심은 「면죄부 판매자의 이야기」의 내용과 구조에 근간을 제공하는 중세 설교문과 설교방식에 많이 맞추어 있었던 것 또한 사실이다. 이런 점에서 비평가들은 물론이거니와 작품을 접하는 대부분의 독자들 역시 작품의 화자인 면죄부 판매자를 '실패한' 성직자로 낙인찍는 것은 무리가 아니라도 보인다. 특히 시골 사제(the Parson)의 모습이나 그의 이야기에 비추어볼 때, 면죄부 판매자의 인품과 행위, 그리고 그가 하는 이야기는 그를 타락하고 거짓된 성직자로 자리매김하기에 충분하다. 물론 화자로서 면죄부 판매자는 독자들이 신뢰할만한 인물이 아닐뿐더러 그의 말을 있는 그대로 수용하는 독자들 또한 없을 것이라 여겨진다.

본 논문에서 필자 또한 첫 번째 작업으로 중세 설교 매뉴얼에 나와 있는 설교자의 인품, 설교 태도 및 목적 그리고 설교 내용 등을 토대로 면죄부 판매자가 '실패한' 성직자임을 밝히고자 한다. 아울러 자신의 설교 목적(의도)과는 어긋나는 이야기를 기계적으로 내뿜는 면죄부 판매자의 종교적 무지를 지적하려고 한다. 이 작업은 설교자로서 면죄부 판매자의 실패한 모습들을 부각시켜줄 뿐더러 자연스럽게 그가 하는 이야기가 『캔터베리 이야기』 속 다른 이야기들과 마찬가지로 어떤 특정의 도덕적 덕목이나 교훈을 전달하기 보다는 한낱 언어 기호들(verbal signs) 혹은 기표들(signifiers)에 불과하다는 점을 보여주게 될 것이다. 다시 말해서, 화자는 거짓말쟁이이며, 그의 입을 통하여 전달되는 내용 또한 어떠한 절대적 진리나 가치를 내재하고 있기보다는 한낱 '픽션'에 불과하다는 사실을 첫 번째 작업은 보여주게 될 것이다. 두 번째 작업으로서 면죄부 판매자를 성직자 혹은 설교자가 아닌 다른 순례자들과 마찬가지로 '픽션'을 말하는 이야기꾼으로 바라볼 때, 그가 '실패한' 이야기꾼이 아니라는 사실을 본 논문은 또한 보여주고자 한다. 다른 순례자들과 마찬가지로 그 역시 여관주인 (the Host)이 제시하고 있는 이야기의 기본적인 규칙, 즉 '즐거움'(*solaas*)과 '교훈'(*sentence*)을 동시에 부여하는 이야기꾼으로서 역할을 하고 있다는 사실이다. 초서의 의도는 면죄부 판매자를 단순히 시골사제와 대립되는 사악하고 거짓된 성직자로 독자들에게 보여주기 위한 것만은 아니라고 보인다. 면죄부 판매자 또한 다른 이야기꾼들과 마찬가지로 시합의 일원으로서 '이야기 게임'(storytelling game)에 참가하고 있으며 그가 하는 이야기 역시 일종의 '픽션' 혹은 문학작품으로 받아들일 필요가 있다. 한마디로 종교적 관점에서 볼 때, 면죄부 판매자는 사악하고 '실패한' 설교자임에 틀림없다. 그러나 세속의 이야기꾼으로서 면죄부 판매자는 여관주인이 제시한 두 가지 대원칙인 '즐거움'과 '교훈'을 독자들에게 부여하고 있다는 점에서 '성공한' 이야기꾼이라고 말할 수 있다.

I. 실패한 설교자로서 면죄부 판매자

『캔터베리 이야기』 속 이야기들의 눈에 띄는 특징들 가운데 하나는 설교문의 형식이나 내용을 모방하고 있는 이야기꾼들 모두가 하나같이 자신들의 입을 통하여 스스로를 밝히고 있다는 점이다. 이야기를 전개하는 동안, 이들 이야기꾼들은 자신들의 인품, 기호(嗜好), 삶의 행적 등을 낱낱이 밝힘으로서 오늘날 독자는 물론이거니와 순례독자들로 하여금 그들이 하는 이야기의 의미와 진위를 판단토록 해준다. 이러한 부류의 이야기꾼들 가운데 대표적인 인물이 면죄부 판매자이다. 프롤로그와 이야기에서 면죄부 판매자 스스로가 밝히고 있는 자신의 인품과 행실 이외에 설교자로서 그의 인품을 평가할 수 있는 잣대로서 초서는 「총 서시」(*The General Prologue*)에 그려져 있는 면죄부 판매자의 모습을 독자에게 제공하고 있다. 뿐만 아니라, 초서는 『캔터베리 이야기』의 전체적인 구도 안에서 「면죄부 판매자의 이야기」와 「시골 사제의 이야기」(*The Parson's Tale*)를 자연스럽게 병치시킴으로서 성직자 혹은 설교자로서 두 사람의 대조적인 면모를 부각시키고 있다.

이들 두 사람은 여러 면에서 설교자로서 대조적인 면모를 보여주고 있는데, 하워드 (Donald Howard)는 그 가운데서도 두 사람 사이의 차이를 다음과 같이 지적하고 있다:

> 면죄부 판매자가 「총 서시」에서 마지막 순례자로 묘사되어 있으며, 시골 사제는 마지막으로 이야기를 하고 있으며,... 오직 속죄 후에 주어질 수 있는

> 대사(大赦) 혹은 면죄(免罪)를 무식하게 남용하는 죄인으로서 면죄부 판매자가 그려지고 있는 반면, 시골 사제의 설교는 참회에 관한 내용이며 그는 또한 이상적인 사제의 모습으로 그려져 있다.
>
> The Pardoner is the last pilgrim described in the General Prologue, the Parson the last to tell a tale.... The Pardoner is presented as a criminal who grossly abuses the pardon or indulgence meant only to be given after an act of penance; the Parson is presented as an ideal parish priest and his 'sermon' is a treatise on penance (333).

하워드의 말처럼 시골 사제가 하는 이야기의 순서와 그에게 주어진 역할 ["knytte up al this feeste and make an ende" (47)]을 감안해볼 때, 시골사제를 통하여 독자들에게 보여주려 했던 초서의 의도가 무엇인지 가늠하기에 충분해 보인다. 또한 선술집에서 비롯될 수 있는 죄들을 공격하기 위하여 면죄부 판매자가 당시 인기 있던 회개 매뉴얼(penitential manual)들의 내용을 사용하고 있는데, 바로 이와 똑 같은 매뉴얼을 시골 사제 또한 자신이 하는 이야기의 일부 내용으로 번역하여 사용하고 있다. 이 점에서 두 설교자가 다루고 있는 내용에 있어서 본질적인 차이는 없어 보이는 듯하나, 설교의 목적, 태도, 전달방법, 권위, 그리고 기법 등의 면에 있어서 둘 사이에는 엄청난 차이가 존재한다. 이외에도, 「면죄부 판매자의 이야기」는 당시 설교문에서 잘 사용되지 않는 운문의 형태를 갖추고 있을뿐더러 즐거움을 유발시키기에 충분한 문학적인 요소들을 갖추고 있다. 반면 「시골 사제의 이야기」는 매우 길며 지루하고 단조로운 산문체의 스타일로 당시 유행했던 설교문의 스타일과 내용을 그대로 답습하고 있는 셈이다. 이와 같은 차이외에 설교문의 작성방법, 이들 두 설교자들의 이야기를 수용하는 순례 청중들의 태도나 반응은 설교자로서 두 사람의 대조적인 모습을 방증해준다.

간단히 요약하자면, 『캔터베리 이야기』 속에서 두 사람은 설교자로서 선과 악의 대립 양상을 띠고 있다고 보아도 과언이 아니다. 인품은 물론이거니와 설교 내용 및 목적, 태도, 방법, 권위, 그리고 기법 등의 면에 있어서 면죄부 판매자는 악하고 '실패한' 설교자라면 시골 사제는 선하고 진실한 설교자인 셈이다. 시골 사제와의 비교에서는 물론이거니와 후기 중세 시대에 유행했던 설교 매뉴얼, 사도 바오로(St. Paul) 및 성 어거스틴(St. Augustine)의 가르침 등에 비추어 볼 때, 면죄부 판매자는 분명 '실패한' 설교자임에 틀림이 없다.

1. 설교자로서 인품, 설교의 방법과 목적에서 본 면죄부 판매자

면죄부 판매자가 '실패한' 설교자이라는 사실은 「총 서시」에서는 물론이거니와 그의 프롤로그에서 여실히 드러나고 있다. 먼저 이러한 사실을 입증하기 위한 잣대로 이상적인 설교자로 묘사되어 있는 시골 사제를 살펴볼 필요가 있다. 「총 서시」에 묘사된 시골 사제의 모습은 한 눈에도 그가 당시 이상적인 설교자의 전형임을 말해준다:

> 타락한 사제와 눈처럼 깨끗한 신자를
> 본다는 것은 수치스러운 일이다.

> 자신의 양떼에게 모범을 보이고, 어떻게 살아야 하는지를
> 보여주는 것이 사제의 의미이다.[61]

> A shiten shepherde and a clene sheep.
> Wel oghte a preest ensample for to yive.
> By his clennesse, how that his sheep sholde lyve. (504-6)

신자들과 함께하며 이들을 훌륭한 그리스도인으로 이끌어야할 의무를 지닌 시골 사제에게 삶이란 그가 설교하는 내용(말)과 일치한다는 사실이 위에서 강조되고 있다. 당시 이상적인 설교자란 단순히 신자들에게 말을 전달하는 사람이기보다는 자신의 모범적인 행동과 태도를 통하여 가르침을 주는 선생님의 역할을 수행하였다. 선생님으로서 당시 설교자들은 청중들을 올바르게 가르쳐 훌륭한 그리스도인으로 이끄는 것을 궁극적인 목표로 삼았다. 이 같은 목표를 달성하기 위하여 당시 설교자가 갖추어야할 가장 중요한 덕목은 화려하나 열매를 맺지 못하는 면죄부 판매자의 말이 아니라 시골 사제의 정직하고 훌륭한 인품이다. 설교자와 청중의 관계를 비롯하여 설교자의 역할을 논하고 있는 당시 자료들을 살펴볼 때, 설교자의 행동과 태도를 포함한 평소 인품이 자신이 가르치는 내용과 일치를 보여야만 청중들 또한 설교자의 말을 있는 그대로 받아들였을 것이며, 설교자 또한 청중 앞에 위엄을 지닐 수 있었을 것으로 여겨진다.[62]

---

61) 『캔터베리 이야기』, 이동일, 이동춘 공역 (서울: 한국 외국어 대학교, 2007년). 본 논문에서 인용되는 『캔터베리 이야기』 원문에 대한 우리말 번역은 이 역서를 따르고 있다.

62) Harry Caplan, *Mediaeval Artes Praedicandi, A Hand-List*, Cornell Studies in

설교자로서 말과 행동의 일치를 보였으며, 자신의 삶을 통하여 다른 사람들에게 어떻게 살아야하는지 가르친 이상적 설교자의 전형이 바로 예수 그리스도라 말할 수 있다. 이른바 가짜 토마스 아퀴나스(Pseudo-Thomas Aquinas)는 이상적인 설교자의 인품을 지닌 예수를 빗대어 다음과 같이 말하고 있다: "예수께서는 행동하고 가르치셨는데, 오히려 행동을 먼저 하시고 그런 다음에 가르치셨다. 이를 따르기 위해, 오늘 날 신뢰받는 설교자는 먼저 행동으로, 그런 다음 말로 설교를 해야 한다" [Jesus undertook to do and to teach, or rather, first to do and then to teach. To denote this, each faithful preacher today is held to preaching first by deed and then by sermon (72)].[63] 이와 유사하게, 13세기 험버트(Humbert of Romans)는『설교에 관한 글』(*Treatise on Preaching*)에서 설교자의 삶은 흠 잡힐 데가 없어야 하는데, 그 이유는 자신 스스로 죄를 짓고 있는 사람이 다른 사람을 질책할 수 없기 때문이라고 말한다(37).[64] 험버트의 말에 암시되어 있듯이, 설교자의 인품과 자신의 설교 내용이 서로 일치하지 않을 경우, 설교자의 웅변술은 청중들로부터 의심을 받지 않을 수 없으며 그가 주려는 교훈 또한 가증스

Classical Philology 24 (Ithaca, New York: Cornell UP, 1934). 이외에도 G. R. Owst, *Preaching in Medieval England and Literature and Pulpit in Medieval England* (Cambridge, England: Cambridge UP, 1933)를 참조.

63) Harry Caplan, trans., "A Late Medieval Tractate on Preaching," *Studies in Rhetoric and Public Speaking in Honor of James Winnans* (New York: Russell & Russell, 1962), 72. 이 글(treatise)의 사본 수를 감안해볼 때, 설교와 관련된 당시 자료로서 이 글의 인기는 대단했던 것으로 여겨진다.

64) Humbert of Romans, *Treatise on Preaching*, trans. The Dominican Students, Province of St. Joseph, ed. Walter M. Conlon, O.P. (Westminster, Maryland, 1951), 37.

럽고 위선적인 것이 될 뿐이다. 그럴 경우, 그의 인품 또한 청중들의 공격 대상이 되고 말 것임에 틀림이 없다. 면죄부 판매자가 바로 그러한 경우이다. 밀러(Robert Miller)의 주장대로, 설교자로서 면죄부 판매자는 어거스틴 성인(St. Augustine)이 말하는 열매를 맺지 못하는 나무의 모습을 그대로 닮고 있다: "잎사귀는 가지고 있으되, 열매를 지니고 있지 않으며,... 이는 말을 하나 행동으로 옮기지 못하는 사람들과 같다" [Leaves alone it had, it had no fruit... even so are those who have words but have not deeds (59)]. 실제 자신은 청중들의 영혼에 대하여 조금의 관심도 없다고 면죄부 판매자는 자신의 입을 통하여 명확하게 밝히고 있다(405-6). 한마디로, 면죄부 판매자는「총 서시」에 묘사되어 있는 시골 사제의 이상적인 모습과는 달리 겉으로는 양의 털을 갖고 있으나, 안에는 탐욕스러운 늑대의 모습을 하고 있는 거짓 설교자인 셈이다.

설교자의 힘이란 말이나 언변(言辯)에서가 아니라 설교자의 인품과 행동에서 비롯된다는 사실을 염두에 두고 초서는 시골 사제의 대척점으로서 면죄부 판매자의 모습을「총 서시」와 프롤로그에 그리고 있다고 보인다. 이외에도 초서는 면죄부 판매자의 모습을 처음 소개하는 자리에서 그가 설교자로서 자격이 없는 존재라는 사실을 당시 독자들에게 암시적으로 보여주고 있다.「총 서시」에서 면죄부 판매자는 남자로서 역할을 제대로 하지 못하는 "거세된"(gelding) 모습으로 묘사되어 있다(689-91). 출생부터 면죄부 판매자가 남자구실을 못하는 존재라는 사실을 감안해볼 때, 여관주인을 비롯한 정상적인 순례꾼들을 향하여 그가 왜 그토록 거친 말 쏟아내는지 충분히 이해할 만한 하다고 커리(W. C. Curry)는 일찍이 말한 적이 있다(593-606). 그러나 육체적으로 정상이 아니라는 사실보다 설교자로서 적합하지 않다는 사실을 보여주기 위한 수단으로서 초서는 면죄부 판매자의 거세된 모습을 언급하고 있다고 보인다. 면죄부 판매자의 거세된 모습은 설교자로서 씨를 뿌려 열매를 거두지 못하는 '불임' 내지 '메마름'을 말해준다. 기록에 따르면 거세된 사람은 하느님의 교회에 들어갈 수 없게 되어 있었는데, 그 이유는 많은 사람들을 교화시키기 위해 열매를 거둘 수 있는 훌륭한 일들을 부지런히 해야 함에도 불구하고 이러한 사람은 게으르며 자비를 천하게 무시하는 경향이 있기 때문이다(Miller 48).

13세기 도미니카 수도회의 총 책임자(Master-General of the Dominican order)였던 험버트 역시 성직자의 자격과 관련하여 앞서 언급한 말과 행동의 일치 외에 다음과 같은 견해를 밝히고 있다: "성직자는 남성이어야 하며, 분명 불구가 아니어야하며, 육체적으로 건강해야하며, 너무 젊지 않고 적정 나이가 들어, 다른 사람들에 비하여 어떤 나은 점을 지녀야 한다" [it should be noted that he should be of the male sex, not evidently deformed, physically strong, of appropriate age, that he should have some prerogative over others (406-7)][65] 험버트가 말하는 이상적인 성직자란 무엇보다 청중들이 존경하고 자연스럽게 따를 수 있도록 청중을 능가하는 자격이나 능력을 지닌 존재를 가리킨다. 그런 점에서 당시 사회 관례상 여성에게 성직(聖職)의 문이 닫혀있었던 것은 당

65) Humbert of Romans, *De eruditione praedicatorum, B. Humberti de Romanis Opera de vita regulari*, ed. Joachim Joseph Berthier (Rome: Marietti, 1888-89), 373-484, 라틴어 책이 Simon Tugwell에 의해 영어로 번역, 편집되어 *Early Dominicans: Selected Writings* (Mahwah, N. J.: Paulist Press, 1982), 183-325로 출판.

연한 일인지 모른다. 아울러 정상적인 신체를 지닌 청중들의 조롱 대상인 "거세된" 모습의 면죄부 판매자가 공개적으로 설교한다는 그 자체가 당시 기준으로는 납득하기 어려울뿐더러 그가 하는 설교 자체에 문제의 소지가 있는 셈이다. 험버트의 말대로 면죄부 판매자처럼 일상의 삶에서 멸시당하는 사람이 하는 설교는 분명 (당시 청중들의) 조롱을 받게 되어 있었다(407).

면죄부 판매자의 신체적 결함 이외에도 초서는 설교자로서 면죄부 판매자의 '실패한' 모습을 그의 설교 태도와 방법, 그리고 설교 목적을 통하여 보여주고 있다. 면죄부 판매자는 교회에서 설교할 때 "큰 소리"(an hauteyn speche)로 말하려고 애쓰며 "그 소리는 종소리처럼 울려 퍼진다"(329-31)고 프롤로그에서 말하고 있다. 그의 설교 방식은 설교자라면 "차분한 목소리"(genus submissum)로 말을 해야 한다는 어거스틴 성인의 충고와는 배치되고 있다(IV, 19, 38). 뿐만 아니라, 당시 유행했던 설교 책자에는 설교자가 조심해야할 설교 방식들 가운데 하나로 다음과 같이 말하고 있다:

> "예수님 그리고 왕자들이나 군주들을 앞에 두고 그분들에 대하여 얘기할 때처럼 매우 진중하게 행동하고 말해야할 것이며,... 무엇보다 두리번거리지 않도록 조심해야한다"
> [The preacher should conduct himself and speak with as great gravity as he should have in speaking of Christ in His presence, and in that of other princes and kings... restraint in looking about (86-7)].[66]

66) Harry Caplan, trans., "A Late Medieval Tractate on Preaching, Studies," *Rhetoric and Public Speaking in Honor of James A. Winans* (1925; rpt. New

이와 같은 주의 사항 하나하나를 면죄부 판매자는 위반하고 있는 셈이다. “모두 외워서”(al by rote)하는 그의 설교 방법은 설교자의 모습보다는 연기자가 대사를 준비하는 모습을 연상시키기에 충분하며, “종소리처럼 울려 퍼지는” 그의 목소리 또한 연기자에게는 어울릴지언정 설교자에게는 전혀 맞지 않는다.

연기자의 모습을 연상시키는 면죄부 판매자의 설교방식은 프롤로그의 후반부에서 다음과 같이 보다 구체적으로 언급되고 있다:

> 그런 다음 헛간에 앉아있는 비둘기처럼
> 나는 목을 쭉 뻗어
> 앞뒤 좌우의 청중을 향해 고개를 흔들어댄답니다.
> 손과 혀를 그토록 빠르게 움직이는 나의 모습을
> 지켜보면 재미있을 것입니다.
>
> Thanne peyne I me to strecche forth the nekke,
> And est and west upon the peple I bekke,
> As dooth a dowve sittynge on a berne.
> Myn handes and my tonge goon so yerne
> That it is joye to se my bisynesse. (395-99)

앞서 살펴보았듯이, 면죄부 판매자의 이러한 설교방식은 당시 설교 책자에 언급되어 있는 주의 사항에 위배될뿐더러, 시골사제가 설교에 접근 방식과는 대조를 보인다. 즉, 설교할 때, 면죄부 판매자는 “염소처럼 작은 목소리”(688)를 지니고 있음에도 불구하고 의도적이며 인

York: Russell & Russell, 1962), 61-90.

위적으로 큰 목소리를 내려고 할 뿐만 아니라, 연기자처럼 지나칠 정도의 감정과 몸짓을 사용하고 있다. 반면 시골 사제는 연단에서 자신의 말과 태도에 매우 자신감을 보일뿐더러, "학식이 풍부한 학자"(45)임에도 불구하고 운율 없이 산문체로 "그대로의 핵심만을 (청중들에게) 전할 뿐이다." 설교자로서 권위와 가르침은 면죄부 판매자의 화려하며 유려한 말이 아닌 행동에서 나오는 것이라는 사실을 초서는 두 사람을 통하여 보여주고 있는 셈이다. 무엇보다 면죄부 판매자의 설교가 타락하기 쉬운 육체와 긴밀하게 관련되어 있으며 육체의 배부름과 안락을 위한 것이라면, 시골사제의 설교는 반대로 인간의 영혼을 위한 것이다. 심지어 육체적 만족과 탐욕을 위한 면죄부 판매자의 설교가 자신의 적들을 공격하기 위한 수단으로 사용되곤 한다는 그의 말 역시 설교자로서 '실패한' 그의 모습을 반증하기에 충분하다(412-20).

단순함 그리고 말과 행동에서 일치를 추구하는 이상적인 시골 사제와는 달리, 타락하고 '실패한' 설교자임에도 불구하고 면죄부 판매자는 심지어 청중들이나 하느님 앞에서 자신의 죄를 감추려고 하지도 않고 있다. 오히려 부정적인 방법으로 자신의 죄와 설교 목적을 청중들에게 공표하고 있다. 그는 자신의 죄를 뉘우치려고 하지도 않으며, 오히려 자신이 범한 죄를 즐기고 있는 것 같은 느낌이 들 정도로 말과 행동에서 매우 요란스럽고 우쭐대는 모습이다. 특히 자신의 설교 목적이 청중을 위한 목적, 즉 청중을 참 그리스도인으로 이끄는데 있는 것이 아니라 자신의 육체적 욕망이나 물질적 풍요에 있다고 면죄부 판매자는 서슴지 않고 말한다. 이는 「총 서시」에 묘사되어 있는 시골 사제와는 대조적인 모습으로서 하느님의 말씀을 부정하는 동시에 절도, 간음, 우상숭배 혹은 거짓말과 같은 죄에 버금가는 것이다(Waters 93). 뿐만 아니라, 면죄부 판매자의 이 같은 노골적 태도와 이로 인하여 면죄부 판매자에 대한 순례 청중들의 적개심은 설교자로서 그가 청중들의 심리를 제대로 파악하고 있지 못한다는 사실을 방증한다. 설교자로서 면죄부 판매자는 자신의 사리사욕은 물론이거니와 최소한 자신과 청중 사이의 관계조차도 좁히지도 못한 실패자인 셈이다. 설교자로서 그의 인품이나 그것에서 비롯되는 가르침 혹은 권위가 그와 청중사이의 관계를 해소시켜주거나 거리를 좁혀주기 보다는 세속의 권위에 의해 인위적으로 이루어질 뿐이다.

2. 면죄부 판매자의 종교적 무지

이 밖에도 면죄부 판매자를 '실패한' 설교자라고 말할 수 있는 또 다른 중요한 이유는 설교내용에서 그가 보여주는 종교적 무지 때문이다. 훌륭한 설교자의 자질로서 이미 언급한 인품과 더불어 학식 또한 당시 청중을 올바른 그리스도인으로 이끄는 중요한 요소로 작용했던 것으로 보인다. 탁발수사(the Friar)가 자신의 서시에서 언급하고 있듯이, 당시 훌륭한 설교자란 학식을 지닌 인물로서 자신이 쌓아 둔 배경 지식을 토대로 상대를 설득할만한 효과적인 이야기를 청중들에게 전달해야 했던 것으로 보인다. 설교자로서 결점을 지니고 있음에도 불구하고 탁발수사 또한 설교자의 중요한 자질로서 학식을 꼽고 있다. 마찬가지로 「소환리 이야기」(*The Summoner's Tale*)에 등장하는 탁발수사 역시 자신이 지니고 있는 결점에도 불구하고 성직자로서 학문의 중요성을 강조하고 있다. 인품에서는 물론이거니와 학식에 있어서 또한 시골사제와 면죄부 판매자는 큰 대조를 보이고 있다. 무뚝뚝한 여관주인 (Harry Bailly)마저도 그의 학식을 칭송할 정도로 시골 사제는 학문에 깊이를 지닌 서생임에 틀림이 없다. 이와는 반대로 면죄부 판매자가 반복적으로 읊어대는 이야기는 항상 똑 같은 내용으로 공부를 통하여 얻어진 것이 아니라 돈을 모을 목적으로 단순히 외워서 습득되어진 것이다. 면죄부 판매자가 맹목적으로 외워서 설교하는 방식은 성직자들이 설교를 위해 내용을 읽고 암기하여 이를 자기 것으로 완전히 소화시키는 방식과는 사뭇 다르다. 이 같은 이상적인 설교 방식은 마치 "소가 새김질 하는 것이나 꽃 속에 있는 화밀로부터 벌이 꿀을 만드는 과정" [like a cow chewing her cud, or like a bee making honey from the nectars of flowers]에 비유될 수 있으며, 훌륭한 설교자란 비유에서 알 수 있듯이, 자신이 공부하고 읽은 내용을 기억하여 자신의 것으로 완전히 소화시켜야 청중들에게 전달하는 사람인 셈이다(Carruthers 164).[67]

설교자로서 면죄부 판매자의 일천한 지식과 그가 설교내용을 습득

67) Mary J. Carruthers, *The Book of Memory: A Study of Memory in Medieval Culture* (Cambridge: Cambridge UP, 1990), 164. 이와 유사한 내용으로 『영국민의 교회사』(*A History of the English Church and People*)에서 비드(Venerable Bede)는 다음과 같이 말하고 있다: "So Caedmon stored up in his memory all that he learned, and like one of the clean animals chewing the cud, turned it into such melodies verse that his delightful renderings turned his instructors into auditors"(Bede, *A History of the English Church and People*, trans. Leo Sherley-Price, revised R. E. Latham (New York: Penguin Books, 1968), 제 4권, 24, 252.

하는 과정은 자신이 하는 설교의 본질적인 내용을 설교하는 자신조차도 올바르게 파악하지 못하는 결과로 이어지고 있다. 청중들에 따라 설교 내용과 방식이 어느 정도 차이를 보여야 마땅하나 면죄부 판매자의 똑 같은 설교 내용과 방식이 순례독자들의 반발을 불러일으키는 것은 너무나 당연한 일인지도 모른다. 뿐만 아니라, 설교 내용을 완전히 소화시키지 못한 상태에서 이루어지는 면죄부 판매자의 설교는 그의 의도와 합치를 이루지 못하는 결과마저 가져온다. "탐욕"(*Cupiditas*)에 대하여 이야기하겠다는 면죄부 판매자의 의도와는 다르게 그의 프롤로그와 이야기는 "폭음과 폭식"(*Gluttony*)에 집중되어 있다.

서두에서 자신이 하는 이야기의 요점이 "탐욕"이라고 밝힌 면죄부 판매자는 이야기가 시작되면서 "폭음과 폭식"의 폐해에 대하여 구체적인 예까지 들어가며 설교를 시작한다. 자신의 설교 내용이 마음껏 먹고 마시는 세 명의 난봉꾼들에 관한 것으로서 이들이 범하고 있는 "폭음과 폭식"의 죄, 이것이 유발시키는 여타 죄에 대한 것임을 면죄부 판매자는 간단히 소개한다. 그런 뒤, 면죄부 판매자는 거의 100행에 걸쳐 예거(Robert Yeager)의 말대로 "폭음과 폭식"으로 비극적 종말을 맞은 사람들의 이야기를 장황하게 열거한다(42). "폭음과 폭식"이 바로 인류의 조상인 아담과 이브를 낙원으로부터 추방당하게 만든 요인이며(505-6), 인간의 육체를 성스러운 사원에서 화장실로, 그리고 궁극적으로는 인간을 정신적인 죽음은 물론 "지혜와 분별의 무덤"(558-9)으로 이끈다고 면죄부 판매자는 말한다. 이어지는 예시들 또한 "폭음과 폭식"에서 비롯되는 불경스러운 욕설, 거짓말, 거짓 맹세 등으로 모두 입과 관련된 죄(sins of the mouth)에 해당하는 것들이다.

설교의 의도와 내용 사이의 차이는 물론이거니와 면죄부 판매자가 전달하는 설교 내용은 청중들에게 양식이기보다는 독에 가까운 것이라고 볼 수 있다. 프롤로그의 시작부분에서 면죄부 판매자는 독특한 설교기법을 사용하여 스스로를 고기에 양념을 쳐 먹음직스럽게 손님들에게 제공하는 요리사에 비유하고 있다:

몇 마디 라틴어를 말하는데,
이는 내 설교에 양념을 치고,
청중들에게 경건한 마음을 불러일으키기 위해서랍니다.
그런 후 나는 유리로 만든 긴 상자들을 보여주는데,
그 안에는 천 조각과 뼈다귀로 가득 채워져 있답니다.

And in Latyn I speke a wordes fewe,
To saffron with my predicacioun,
And for to stire hem to devocioun.
Thanne shewe I forth my longe cristal stones,
Ycrammed ful of cloutes and of bones. (344-48)

미사여구에 고상한 라틴어를 섞어가며 회중들의 관심을 이끈 뒤, "유리로 만든 긴 상자"에 들어있는 유물을 음식처럼 이들에게 내놓는다고 면죄부 판매자는 말하고 있다. 중세 시대 성직자의 말(교훈)은 생명의 양식으로 많이 비유되기도 하였는데, 이런 점을 감안해볼 때 성직자의 한 사람으로서 면죄부 판매자가 스스로를 생명의 양식을 제공해주는 요리사로 비유하는 것은 전혀 무리가 없어 보인다. 그러나 그가 제공하는 양식은 영양이 완전히 배제된 것으로서 오직 돈을 벌어

(424, 448), 먹고 마시기 위한 수단(452)에 불과하다. 게다가 그가 제공하는 음식은 겉으로 보기에는 그럴듯하나 그가 뱉은 독이 들어있기도 하다(421). 면죄부 판매자가 제공하는 음식은 스티븐스(Martin Stevens)의 말을 빌려 표현하자면 "영양분 없는 찌꺼기요, 배설물이며 독"에 불과하다(154).

많은 비평가들이 지적하고 있듯이, 면죄부 판매자가 하는 설교의 핵심은 난봉꾼들이 서로 나누는 만찬이다(885-88). 빵과 술이 생명과 구원의 도구로서 사용되는 가톨릭의 성찬식을 이들 난봉꾼들은 패러디하고 있다. 이들이 서로 나누는 빵과 포도주는 삶과 구원을 위한 것이기 보다는 죽음의 도구로 사용되고 있다. 아이러니하게도 음식이 "동료들"에게 육체적 영양분을 제공하기는커녕 오히려 죽음을 가져다주고 있다. 이들의 이야기에 앞서 인류의 조상인 아담과 이브를 비롯하여 무절제하게 음식과 술을 취하는 자들의 운명 또한 죽음이며, 이들의 위 속에 들어간 음식과 술은 배설물이요 독으로 발전될 뿐이다. 마찬가지로 양념을 쳐서 아름다운 식기에 회중들에게 제공하는 면죄부 판매자의 이른바 '말씀의 양식' 또한 난봉꾼들의 음식처럼 독기가 들어 있는 것으로 청중들에게 정신적 영양을 제공할 수 있는 음식과는 거리가 멀다. 난봉꾼들의 빵과 술처럼 면죄부 판매자의 '말씀의 양식'이 회중들에게 소화, 흡수되었을 때 이것이 어떠한 결과가 낳게 되는가는 여관주인의 반응에 암시적으로 드러나 있다:

"네 놈의 엉덩이의 더러움이 묻어있는 그것을
성인의 유물이라고 거짓말을 해가며,

나더러 네 놈의 오래된 그 바지에 키스를 하라고.

성궤에 있는 유물보다는

네놈의 고환을 내손으로 잡고 싶구나.

그리고 그것을 잘라내어, 네놈이 들고 다니도록 만들 것이며,

그것을 돼지 똥 속에 모셔지게 만들거야."

"Thou woldest make me kisse olde breech,

And swere it were a relyk of a seint,

Though it were with thy fundement depeint!

I wolde I hadde thy coillons in myn hond

In stide of relikes or of seintuarie.

Lat kutte hem of, I wol thee help hem carie;

They shul be shryned in an hogges toord!"(948-55)

화자의 양식을 섭취한 여러 순례자들 가운데 특히 여관주인이 화자가 제공한 음식에 대하여 거부반응을 일으킨다. 위에서 여관주인은 화자의 "성적인 측면"(sexuality)을 언급하고 있는데, 이는 화자가 육체적으로 모호한 성(性)을 지닌 존재라는 사실은 물론 그가 정신적으로 타락한 존재임을 암시하기 위한 것이다. 특히 여관주인이 언급하고 있는 화자의 신체 부위와 더불어 여기에서 나오는 배설물은 도덕적으로 왜곡된 화자의 정신 상태를 암시해주기에 충분하다고 보인다. 결국 화자가 회중들에게 제공하는 양식, 즉 성인의 유물은 이들에게 어떠한 정신적 영양을 제공하지 못한 채 "돼지의 똥"으로 발전될 뿐이다.

쿠르거(Steven Kruger)는 위의 인용문에 언급되고 있는 화자의 신체 하위 부분은 어떤 대상에 대하여 의미를 부여하는데 있어서 있는 그대로의 해석 수준을 넘어서지 못하는 세 명의 난봉꾼들의 모습과 연관되어 있다고 말한다(131). 다시 말해서, 세 명의 난봉꾼이 "죽음"에 감추어진 다른 차원의 의미를 파악하지 못하는 우매함을 보이듯이, 면죄부 판매자 또한 자신이 하는 이야기의 핵심은 물론 자신의 범하고 있는 죄마저도 정확히 파악하고 있지 못하고 있다. 먼저 면죄부 판매자는 자신이 하는 이야기의 주제가 "악의 근원은 탐욕"이라고 말하고 있지만, 지금까지 살펴보았듯이, 그가 하는 설교의 일관된 주제는 "폭음과 폭식"에 관한 것이다. 그리고 이로 인하여 야기되는 여타의 죄와 함께 "입과 관련한 죄"들이 그의 설교에 부수적으로 언급되고 있다. 특히 신을 모독하거나 남을 속이는 말이 바로 "폭음과 폭식"을 통하여 입에서 비롯되는 죄들로서 인간을 죽음에 이르게 한다고 중세 신학자들은 물론 성직자들은 보았다.[68]

'실패한' 설교자로서 면죄부 판매자의 죄 역시 "탐욕"에서 비롯된 것이 아니라 근본적으로 입에서 비롯되는 것인지도 모른다. "탐욕"이 그로 하여금 하느님의 구원과 생명을 빌미로 거짓말을 하도록 만들었는지 몰라도 궁극적으로 그가 범한 가장 큰 죄는 입에서 비롯된 것임에 틀림없다. 면죄부 판매자도 자신의 이야기의 대상이 되고 있는 난봉꾼들의 죄, 즉 "입에서 비롯되는 죄들" 가운데 하나인 거짓말을 범하고

68) 이들 사이의 깊은 연관성을 지적하고 있는 신학자들과 그들의 견해에 대하여 구체적으로 언급하고 있는 예거(Robert Yeager)의 논문의 45-55쪽까지를 참조.

있는 것이다. 프롤로그에서 자신의 도덕적 상태는 물론 죄까지도 낱낱이 고백한 면죄부 판매자가 다시 이야기 속에서 "폭음과 폭식," 그리고 이로 인하여 비롯되는 이른바 "입에서 비롯되는 죄들"이 자신과 관련이 있음을 은연중에 발설하고 있는 셈이다.

II. 성공한 이야기꾼으로서 면죄부 판매자

설교자로서 면죄부 판매자는 분명 '실패한' 인물임에 틀림이 없다. 그러나 캔터베리로 가는 여정동안 이야기 시합에 동참한 순례 이야기꾼의 관점에서 볼 때, 면죄부 판매자는 단순히 '실패한' 이야기꾼이기보다는 '성공한' 이야기꾼에 해당한다고 보인다. 『캔터베리 이야기』의 전체적인 구도로 보아, 시골 사제가 하는 이야기와 시인 초서의 목소리가 베어나는 「철회」(*Retraction*)만이 새로운 예루살렘(New Jerusalem)을 앞에 두고 순례꾼들에게 여흥을 접고 속죄의 시간과 의미를 부여하는 역할하고 있다. 특히, 「시골 사제의 이야기」는 면죄부 판매자가 한 거짓 설교는 물론이거니와 순례 이야기꾼들이 지금까지 한 모든 세속적 이야기들의 반박내지 수정에 해당하며, 구체적으로 엘리슨(Alisoun)의 간통과 상인의 어리석음을 비롯한 인간이 범할 수 있는 온갖 세속적인 죄들에 대한 회개이기도 하다. 또한 「시골 사제의 이야기」는 사회적 신분과 여러 제약을 넘어 순례 이야기꾼들의 입에서 나오는 다양하고 혼란스러운 언어적 유희를 질서 있게 결론으로 이어주는 역할을 하고 있다. 게다가 이야기꾼으로서 가면을 쓴 채로 '즐거움'과 '교훈'이라는 두 가지 전제 조건을 충족시키기 위해 지금까지 각자의 이야기를 전개해온 여타 순례 이야기꾼들과는 달리 「철회」에서 시인 초서는 시적 가면(poetic mask)을 벗어던진 모습을 보여주는가 하면 시골사제는 말과 행동에서 일치를 보여준다. 다시 말해서, 지금까지 순례 이야기꾼들이 한 이야기들은 독자가 있는 그대로 받아들일 필요가 없는 '픽션'에 불과하다면 「철회」와 「시골 사제의 이야기」는 진실에 해당한다. 이런 점에서 「면죄부 판매자의 이야기」 또한 설교의 형식과 내용, 그리고 설교자의 가면을 쓴 면죄부 판매자의 '픽션'이라는 점을 감안할 때, 「면죄부 판매자의 이야기」는 여관주인이 설정해놓은 두 가지 조건을 여타 다른 이야기들보다 훌륭하게 충족시키고 있다고 보인다.

뿐만 아니라, 면죄부 판매자를 이야기꾼의 한 사람으로서, 그리고 그가 하는 이야기를 있는 그대로의 사실이 아니라 '픽션'으로 바라보게 하는 몇 가지 이유가 더 있다. 면죄부 판매자의 신분이나 이야기 내용, 구조 및 스타일 등으로 인하여 당시 독자들은 물론 오늘날 독자들에게 그의 이야기가 설교를 연상시키는 것이 사실이다. 그러나 그가 하는 이야기를 독자가 있는 그대로 받아들일 수 있는 진실이 아닌 '픽션'에 불과하다고 보는 첫 번째 이유는 이야기가 운문으로 되어 있다는 사실이다(Fletcher 19). 당시 운문으로 되어 있는 설교집이 전혀 없었던 것은 아니나 그 수가 매우 적었던 것이 사실이다. 뿐만 아니라, 당시 설교집이란 청중들에게 즐거움을 부여하기 위한 목적이 아니라 오직 교훈을 주기 위해 쓰였다는 사실을 감안할 때, 「면죄부 판매자의 이야기」를 진실을 근거한 설교로 단정지우기는 어려울 듯싶다.

무엇보다 면죄부 판매자가 여관주인이 제시한 이야기의 대원칙을 충실히 지키고 있는 이야기꾼이며 그가 하는 이야기 또한 '픽션'에 불과하다는 사실을 이야기가 끝난 후에 벌어지는 그와 여관주인 사이의 갈등 및 봉합과정에서 엿볼 수 있다. 면죄부 판매자의 수사학과 이것이 효과적이었다는 그의 주장에 대하여 여관주인은 매우 감정적으로 대응하며, 뒤 이어 순례꾼들의 웃음이 터져 나온다(947-55). 세스피데스(Frank Cespedes)의 지적대로 순례꾼들의 웃음이 무엇 때문에 비롯되었는지 다소 모호한 점이 있다(12). 이것이 화가 난 채로 입을 다물고 있는 면죄부 판매자를 조롱하기 위한 웃음인지, 아니면 여관주인의 격렬한 반응 때문인지 텍스트를 통해서는 알 수 없다. 물론 사회적 신분이나 신체적인 차이 등으로 인하여 두 사람은 사회적으로 양립하기 어려운 존재이나, 기사가 둘 사이를 중재하고 나선다(956-65). 두 사람이 서로가 키스하며 화해하는 모습은 오직 '이야기 게임'이 진행되는 공간과 시간 동안만 지속될 수 있는 일종의 제스처인지도 모른다. 또한 이들의 일시적 화해는 두 사람은 물론 순례자들 모두가 하나의 '게임'에 동참하는 이야기꾼이라는 동질감을 확인시켜주며, 각자가 하는 이야기 모두가 면죄부 판매자가 하는 이야기와 마찬가지로 사실 그자체가 아니라 '픽션'에 불과하다는 사실을 암시적으로 말해준다.

1. 이야기꾼으로서 면죄부 판매자의 자질

면죄부 판매자가 자신의 이상적인 삶을 통하여 세속의 청중들에게 자비와 은총이 가득 찬 하느님의 가르침을 전달하지 못한 것은 사실이다. 그의 행동과 말 그 자체가 거짓이며 심지어 그 안에는 악으로 가득 채워져 있다. 그러나 앞서 언급했다시피 그가 하는 이야기를 '이야기 게임'의 선상에서 그리고 「시골 사제의 이야기」와는 달리 다양한 의미와 내용이 내포된 일종의 '픽션'으로 바라볼 때, '실패한' 설교자로서의 면죄부 판매자의 행동과 모습, 그리고 설교 내용이 부정적이기 보다는 오히려 긍정적이라고 말할 수 있다. 먼저 설교자로서 말과 행동에서 일치를 이루지 못하는 면죄부 판매자의 치명적인 결격 사유가 이야기꾼에게는 아무런 문제가 되지 않는다. '픽션'을 말하는 화자로서 면죄부 판매자는 단지 이야기 속에 다양한 의미와 가치들을 내포해두어 독자로 하여금 이를 찾고 이해하도록 이끌 뿐이다.

이를 위하여 면죄부 판매자는 어느 순례 이야기꾼보다 더욱 더 노력할뿐더러 나름대로 능력을 지닌 인물로 보인다. 설교자의 자질 면에서 문제가 되었던 진중하지 못한 설교방식은 오히려 이야기꾼으로서 청중들의 관심을 끌기에 충분하다. 설교자가 아니라 마치 배우처럼 면죄부 판매자는 온갖 자신의 육체적 움직임들을 동원하여 이야기를 순례 청중들에게 풀어놓고 있다(395-99). 앞서 살펴보았듯이, 당시 설교집이나 설교 기록들에 언급되어 있는 설교자의 모습과 면죄부 판매자의 이 같은 모습은 사뭇 다르다. 그러나 초서 역시 외적으로 드러나는 면죄부 판매자의 움직임을 통하여 그의 내면의 혼란스럽고 절제되지 못한 모습을 보여주기 위한 의도였는지도 모른다(Waters 99). 그러나 챈티클리어(Chantecleer)의 모습을 연상시키는 면죄부 판매자의 요란한 몸짓과 행동은 묵묵히 이야기를 전개하는 시골 사제와는 달리 순례 청중들의 관심을 이끌기에 충분하리라 여겨진다.

뿐만 아니라, 이야기꾼으로서 면죄부 판매자는 자신이 하는 이야기 속으로 청중들을 끌어들이기 위하여 보다 적극적인 방법을 취하기도 한다. 그는 스스로를 '요리사'로 형상화시켜 보다 쉽게 자신의 하는 이야기의 요지를 청중들에게 전달하기 위하여 노력한다. 자신만의 독특한 이야기 기법과 몸짓 등을 통하여 프롤로그의 시작부분에서 면죄부 판매자는 과거 전통적으로 내려오던 이야기를 새롭게 요리하여 청중들에게 내놓은 요리사로서 자신을 비유한다(344-48). 이야기꾼으로서 면죄부 판매자는 다양한 순례 청중들 가운데 자신이 하려는 이야기의 내용을 이미 알고 있을 것이라 예측을 했는지도 모른다. 가능한 그는 청중들에게 이미 식상한 요리가 아니라 새롭고 독특한 요리가 될 수 있도록 하기 위하여 미사여구에 고상한 라틴어를 섞어가며 순례 청중들의 관심을 이끌어 낸다. 뿐만 아니라, "유리로 만든 긴 상자"에 들어 있는 유물을 음식처럼 이들 청중들에게 그는 내놓기도 한다. 비록 그가 제공하는 음식에는 영양분(교훈)이 없어보일지 모르나 이야기꾼으로서 청중들의 관심을 끌기에는 충분할뿐더러 교훈과 가치를 찾아내는 몫은 화자인 면죄부 판매자에게 있는 것이 아니라 독자에게 있다고 볼 수 있다.

여기에 이야기꾼으로서 면죄부 판매자가 보여주는 또 다른 자질은 수사학적 재능이다. 면죄부 판매자는 스스로 자신이 기만적인 사람으로서 자신의 죄를 오히려 자랑스럽게까지 여기고 있다. 자신이 성스러움의 가면 속에 독을 가지고서 우매한 사람들을 움직이게 하는 능력을 지니고 있다며 면죄부 판매자는 허장성세를 부리기도 한다. 아울러 자신이 지니고 다니는 면죄부를 비롯하여 성인들의 유품들 모두 가짜라고 실토하기도 한다. 심지어 이러한 유품을 사는 사람은 누구나 자신의 언변으로 인하여 허울뿐인 지혜와 믿음을 산 것과 마찬가지라고 말한다. 이처럼 자랑스럽게 자신의 모든 것을 낱낱이 고백한 다음, 이야기를 전개하는 면죄부 판매자의 의도는 무엇일까? 여기에 대한 확실한 해답을 찾기는 어려울 듯싶다. 그러나 확실한 것은 자신의 실체를 순례 청중들에게 모두 드러내 보인 상태에서 그가 믿고 있는 것은 다름 아닌 자신의 언어요 수사적인 재능이 아닌가 싶다. 행동하고 의도하는 바에 있어서 자신이 죄인일지언정 면죄부 판매자는 자신이 사용하는 언어가 결실 없는 결과로 이어지지 않고 훌륭한 열매를 맺게 할 것이라고 주장한다:

> 내가 사용하는 그 죄악,
> 다름 아닌 탐욕에 대하여 그렇게 설교를 한답니다.
> 그러나 나 자신이 그 죄를 범하고는 있지만,
> 탐욕으로부터 다른 사람들이 멀어지고
> 깊이 반성하도록 만들기도 하죠.

> Thus kan I preche agayn that same vice
> Which that I use, and that is avarice.
> But though myself be gilty in that synne,
> Yet kan I maken oother folk to twyne
> From avarice, and soore to repente. (423-31)

아이러니하게도 과거 면죄부 판매자의 설교를 들었던 청중들은 순간적인 두려움이나 양심의 가책으로 인하여 그에게 돈을 헌납했다는 사실에 비추어 볼 때, 분명 자신의 양심고백에도 불구하고 이야기꾼으로서 그는 성공한 인물이었음을 알 수 있다. 결국 그의 힘은 시골사제처럼 행동에서 나오는 것이 아니라 청중의 마음을 순간적으로 휘어잡는 말재주에서 비롯된다고 볼 수 있다. 면죄부 판매자 또한 자신이 지닌 이 같은 능력을 믿고 다양한 계층의 다양한 경험을 지닌 순례 청중들을 설득시킬 수 있다는 신념 아래 이야기를 전개하고 있다. 심지어 면죄부 판매자는 이야기를 마치고서까지 자신의 실체에 대하여 순례 청중들에게 감추려하지 않는 당당함을 보여주고 있다. 오히려 자신의 말과 수사학의 힘에 대한 과신에서 비롯된 행동인지는 모르나 프롤로그에서 밝힌 자신의 본질과 의도를 다시 한 번 이야기의 끝부분에서 면죄부 판매자는 밝히고 있다. 마치 온갖 몸짓과 행동 그리고 수사학을 동원하여 새롭게 내놓은 이야기에 도취되어 있는 순례 청중들의 주의를 환기라도 시키려는 듯이 그는 "그러나 여러분 한 가지 내 얘기에서 빼놓은 것이 있습니다" [But, sires, o word forgat I in my tale (919)] 라며 말한다. 어떻게 보면 면죄부 판매자의 이 같은 행동과 말은 아무리 자신의 실체를 다 밝히더라도 자신의 이야기를 듣는 청중이라면 누구나 자신의 이야기에 빠져들게 되어있다는 그의 강한 믿음에서 비롯되는지 모른다. 그러한 믿음은 성직자로서 이상적인 그의 인품이나 행동에서 비롯되는 것도 아니며 이야기꾼으로서 오직 그의 말과 수사학적 언변에서 비롯된다고 보인다.

궁극적으로는 그가 굳게 신뢰해온 수사학적 재능과 이야기 기법이 가시적으로 결실을 맺는데 실패하나 이야기꾼으로서 순례 청중들의 관심과 시선을 자신의 이야기 속으로 끌어들이는데 성공한 것처럼 보인다. 앞서 언급했듯이 이야기의 끝부분에서 뿐만 아니라, 이야기의 시작부분에서 면죄부 판매자에 대한 청중들의 기대와 호응은 시골 사제에 비하여 훨씬 더 높아 보인다. 「시골사제 이야기」의 프롤로그에서 사제가 설교 하는 것에 동의하자, 초서는 순례 청중들의 반응을 다음과 같이 전하고 있다: "우리 모두는 곧 그의 말에 동의했다,/우리 생각에 신부에게 이야기할 수 있는 기회를 허락해서/교훈적인 내용으로 이야기를 맺는 것이/아주 이치에 맞는 일이었기 때문이다" [Upon this word we han assented soone;/For, as us semed, it was for to doone/To enden in som vertuous sentence,/And for to yeve him space and audience (61-4)]. 여기에서 청중들의 반응은 면죄부 판매자가 이야기를 시작하려할 때 보였던 청중들의 다소 격앙된 외침 ["telle us of no ribaudye" (324)] 과는 사뭇 다른 모습이다. 세스피데스(Frank Cespedes)의 지적대로, 즐거움보다는 도덕적인 교훈을 위해 시작한 사제의 설교에 대하여 청중들이 동의는 하고 있으나 상당한 정도의 거부 반응이 어느 정도 내포되어 있다고 보인다. 이를 다르게 표현하면, '이제 시간이 다 되어 여정의 끝자락에 도달했으니 만약 사제가 하는 이야기가 그리 길게 늘어지지만 않는다면 교훈적인 가르침으로 이야기의 게임을 끝마치는 것이 바람직하지 않겠냐'는 청중들의 어쩔 수 없는 반응이 느껴진다. 「면죄부 판매자의 이야기」가 시작하기 전에 청중들이 보여주는 적극적이며 다소 격앙된 반응과는 달리 여기에서 청중들은 사제가 하는 이야기를 거부하지 못한 채 어쩔 수 없이 받아들이는 수동적인 태도를 보일 뿐이다. 운문의 형태와 이야기의 흥미를 거부하고 오직 진리를 전달하려는 시골사제의 목소리에 대하여 청중들의 목소리가 화답하지 못하는 느낌이 든다. 오히려 '이야기 게임'에 참가하고 있는 순례 청중들은 있는 그대로의 사실이나 진실을 그대로 주입하려는 시골사제보다는 사악한 인품을 지녔으나 이야기꾼으로서 면죄부 판매자에게 보다 더 깊은 동질감을 느끼고 있는지도 모른다.

순례 청중들이 면죄부 판매자의 이야기를 있는 그대로 받아들이지 않으면서도 그의 이야기에 빠져들 수밖에 없는 또 다른 이유는 그만의 성공적인 이야기 스타일 덕분이라고 보인다. 예를 들어, 그가 사용하는 다양한 이미지들 가운데 "비둘기"는 축어적인 의미 외에도 상징적인 의미를 지니고 있다는 사실을 당시 독자라면 누구나 쉽게 이해할 수 있었을 것이다. 이야기에서 면죄부 판매자가 사용하는 "참나무" 역시 회개를 거부하는 난봉꾼들의 '고집 센' 마음 상태를 반영하기에 손색이 없어 보인다(Ginsberg 83-4). 무엇보다 비평가마다 다양한 해석을 내놓을 정도로 대지(the earth)에 들어가지 못한 채 배회하는 "노인"에 대하여 화자는 물론 텍스트 또한 어떠한 하나의 해답을 독자에게 주고 있지 않다. 시골사제와는 달리 면죄부 판매자가 사용하는 이미지는 물론 단어의 의미란 화자가 독자에게 직접적으로 제시하거나 독자에게 주입하는 것이 아니라 독자가 스스로 찾아가는 것이다. 「철회」나 「시골 사제의 이야기」에서처럼 단순하게 하나의 진리나 사실을 청중들에게 주입시키는 단선적 (monologic)인 이야기 스타일과는 달리 면죄부 판매자가 하는 이야기는 다양한 의미를 내포하고 있는 일종의 '픽션' 그 자체에 해당한다. 따라서 화자인 면죄부 판매자가 하는 이야기를 사실이나 진리인 것처럼 있는 그대로 받아들이기 보다는 이야기 속에 내재되어 있거나 숨겨져 있는 다양한 의미를 파악하는 일은 독자의 몫인 셈이다. 한마디로 『캔터베리 이야기』 속 다른 화자들과 마찬가지로 면죄부 판매자 역시 순례 청중들은 물론 오늘날 독자들에게 설교가 아닌 문학작품을 이해하는데 필요한 주관적이며 비판적인 역할을 요구하고 있는지도 모른다.

2. '교훈' 과 '즐거움'을 부여하는 성공적인 이야기꾼

설교자로서 이상적인 모습과 행실을 보이고 있는 시골사제의 설교에 비하여 '실패한' 설교자인 면죄부 판매자가 하는 이야기가 청중에게 주는 교훈이나 가르침이 상대적으로 미약하다고 말할 수 있는가? 즉, 설교에 비하여 문학작품이 독자들에게 부여하는 의미나 교훈이 상대적으로 미약하다고 말할 수 있는가? 음식과 관련한 다양한 이미지들과 더불어 죽음을 소재로 하여 면죄부 판매자가 청중들에게 제공하는 양식은 영양분이 없는 배설물이며 찌꺼기로서 시골사제가 제공하는 일용할 양식과는 일견 비교가 되지 않을지 모른다. 심지어 배설물로 뒤섞여 있는 면죄부 판매자의 양식에서 청중들이 얻을 수 있는 정신적 자양물 (spiritual nourishment)이 있을까? 하는 의문을 제기할 수도 있다. 뿐만 아니라, 사악한 인물이 교훈적인 이야기를 할 수 있으며, 그러한 인물이 다른 사람을 가르치거나 정신적인 자양분을 다른 사람에게 제공할 수 있는가? 하는 근본적인 질문을 직면할 수도 있다.

결론부터 말하자면, 일견 면죄부 판매자가 하는 이야기와 관련하여 부정적인 해답을 내포하고 있는 위의 질문들이 온전히 부정적인 것만은 아닌 듯싶다. 면죄부 판매자가 비록 '실패한' 설교자이긴 하나 그가 하는 이야기에는 시골 사제의 설교 못지않게 교훈과 가르침이 내재되어 있음에 틀림이 없다. 뿐만 아니라, 「면죄부 판매자의 이야기」에 내재되어 있는 교훈은 시골사제의 설교에서와는 달리 독자에게 그냥 주어지는 것이 아니라 독자들 스스로가 찾아가야 하는 것이기도 하다. 이를 설명하기 위한 수순으로 먼저 위의 마지막 질문에 대한 답으로 교황 그레고리(Gregory the Great)는 "가능하다"고 답하고 있다(319-20). 그의 말에 따르면, 개인적으로 결함을 지닌 인물일지라도 다른 사람에게 교훈을 줄 수 있으며, 배고프며 목마른 사람에게 자양분과 물을 줄 수 있다는 것이다. 아울러 그의 말에는 자양분과 물이 수동적으로 주어지기보다는 찾는 사람 혹은 찾고자 하는 사람, 다시 말해서, 능동적인 사람에게만 주어진다는 사실이 어느 정도 암시되어 있다. 이러한 맥락을 면죄부 판매자는 누구보다 제대로 이해하고 있는 듯 보인다. "지혜를 얻을 수 있는 교훈적인 얘기"(325-26)를 듣고 싶다는 순례 청중들의 요구에 따라 그는 비록 "죄를 범하고는 있지만, 죄로부터 다른 사람들이 멀어지고 깊이 반성하도록 만든다"(429-30)고 말한다. 교황 그레고리의 말대로, 이는 면죄부 판매자가 비록 '실패한' 설교자이나 그가 하는 이야기를 통하여 청중들에게 교훈을 줄 수 있는 충분한 자격과 가능성을 갖추고 있음을 말해준다.

게다가 앞서 살펴본바와 같이, 순례 청중들을 자연스럽게 이야기 속으로 끌어 들이는 면죄부 판매자의 말솜씨와 웅변술 그리고 이야기에 대한 순례독자들의 호응 정도를 감안해볼 때, 면죄부 판매자가 이야기를 통하여 전달하려는 교훈과 이것이 청중들에게 주는 효과 또한 단선적인 이야기 스타일을 지니고 있는 시골사제의 이야기보다 미흡하다고 볼 수 없다. 콜브(V. A. Kolve)가 이미 지적한바 있듯이, 초서가 이야기에서 즐겨 사용되는 이른바 "말해주는 이미지"(speaking image)는 독자들에게 생생한 이미지를 제공하여 독자들의 관심을 일깨울 뿐더러 독자 스스로 생각하고 탐구하도록 이끄는 역할을 한다(30). 단순히 화자가 주는 의미나 가르침을 있는 그대로 수동적으로 독자가 습득하도록 이끌기 보다는 이 같은 이미지는 단어가 하나의 생생한 그림을 독자의 머리에 연상시켜주는 역할을 한다. 이를 통하여 독자는 비판적이며 능동적으로 생각하여 이야기 속에 함축된 가치나 교훈을 찾게 된다. 이러한 이미지를 가장 적절하게 사용하고 있는 『캔터베리 이야기』 속 화자들 가운데 한 사람이 면죄부 판매자이다. 특히 면죄부 판매자가 사용하는 "먹는 것과 관련한 다양한 이미지"(eating images)는 물론 혀에서 비롯되는 생생한 이미지들이 일견 청중들에게 기쁨을 부여하기 위한 목적처럼 보일지 모른다. 그러나 면죄부 판매자의 연기와 더불어 이러한 생생한 이미지들은 독자 스스로 생각하고 느끼도록 하여 '픽션' 속에 감추어진 이른바 '알곡' (corn)을 찾도록 이끄는 역할을 한다.

당시 초서의 독자들 어느 누구도 면죄부 판매자의 종교적 위선과 거짓이 그가 하는 이야기에 내재된 그리스도적 교훈을 퇴색시키고 있다고 믿지 않았을 것이다. 바쓰의 여장부(the Wife of Bath)가 하는 이야기를 당시 독자라면 누구도 있는 그대로 받아들이지 않듯이, 면죄부 판매자의 이야기 또한 '픽션'이 아닌 도덕적 교훈이나 사실 그 자체로 받아들일 독자는 아무도 없었을 것이다. 면죄부 판매자가 즐겨 사용하는 다양한 이미지와 만찬의 모티브를 소화하여 자신의 영양분으로 만드는 역할은 독자에게 주어져있다. 구체적으로 말해서, 먹고 마시는 등의 행위, 음식 혹은 만찬 등과 같은 육체적이거나 물질적인 이미지 혹은 단어가 지니는 문자 상의 의미를 정신적이며 내적인 자양분으로 바꾸는 것은 면죄부 판매자가 하는 이야기에서 독자가 할 몫인 것이다. 시인 초서 또한 알곡과 껍질을 구분해낼 수 있는 당시 독자들을 믿고 당시 정서와는 다소 동떨어진 면죄부 판매자나 바쓰의 여장부와 같은 인물을 자유롭게 이야기 속 화자로 등장시키고 있는지도 모른다. 특히, 설교 방식이나 내용을 잘 알고 있던 당시 독자들에게 면죄부 판매자의 이야기는 설교가 아닌 '픽션'으로 보일 뿐이며, 따라서 그가 하는 이야기 속 교훈은 기만으로 가득 찬 화자가 주는 것이 아니라 '픽션' 속에서 독자가 나름대로 골라내는 것이다. 수녀원 신부의 말대로, '픽션'이라는 껍질 속에 감추어진 '알곡'을 취하여 소화시키는 것은 한마디로 화자가 아닌 독자의 몫인 것이다.

「면죄부 판매자의 이야기」 속에서 의미나 교훈을 찾기 위한 독자의 비판적 수용능력이 얼마나 중요한 가는 여관주인의 반응에서 암시적으로 나타나고 있다. 초서는「면죄부 판매자의 이야기」 속 이미지나 모티브, 그리고 이야기의 전체적인 내용을 정신적인 것으로 전환시키지 못한 채 오직 있는 그대로 받아들이는 여관주인을 부각시키고 있다. 여관주인에게 면죄부 판매자가 보여주는 유물도 가짜이며, 그가 하는 이야기 또한 거짓으로 면죄부 판매자와 관련된 모든 것이 거짓으로 보일 뿐이다.「의사의 이야기」(*The Physician's Tale*)를 듣고 여관주인이 보여주는 반응에서 어느 정도 알 수 있듯이, 여관주인은 이야기를 하나의 '픽션'으로 받아들이기 보다는 있는 그대로의 사실이나 현실로서 받아들이는 인물이다. 물론 면죄부 판매자가 지니고 다니는 물건들은 그가 스스로 밝혔듯이 모두가 가짜이며, 그가 하는 이야기 속 내용들 또한 먹고 마시는 등의 일차적인 행위들과 관련이 되어 있다. 그러나 이와 같은 육체적이며 외적인 요소들을 정신적이며 종교적인 자양분으로 바꿀 수 있는 능력이 여관주인에게 부족해 보인다. 이런 점에서 이야기 속에 등장하는 세 명의 난봉꾼들과 마찬가지로 여관주인 또한 자신이 듣고 본 것을 정신적인 자양분으로 '전환'(transformation) 시키는데 실패했다고 볼 수 있다. 다시 말해서, 여관주인은 자신이 들은 이야기의 내용 그리고 이야기 속 이미지와 모티브 속에 감추어져 있는 교훈과 가르침을 찾아내는 실패했다면, 난봉꾼들 역시 빵과 포도주가 예수님의 육체와 피로 바뀔 수 있다는 믿음과 식견을 지니지 못한 셈이다. 독자의 '수용,' '전환' 능력을 중요시 하는 시인 초서의 관점에서 볼 때, 여관주인은 물론 난봉꾼들 모두 말 속에 내재되어 있거나 감추어져 있는 의미 파악을 포기하거나 거부하는 이른바 '실패한' 독자들인 것이다.

결국 이야기 속 의미나 교훈이란 저절로 주어지는 것이 아니라 독자와 텍스트 사이의 치열한 공방과 싸움을 통하여 독자에게 주어지는 것이라는 초서의 관점이 면죄부 판매자가 하는 이야기를 이해하는데 매우 중요하다. 설교자로서 면죄부 판매자는 실패하였으나 면죄부 판매자가 하는 이야기 속에 내재되어 있는 종교적 교훈을 독자들로 하여금 스스로 이해하고 깨닫게 하려는 초서의 의도는 성취되었다고 볼 수 있다. 이야기꾼으로서 면죄부 판매자는 이야기 게임의 주최자이며 심판자인 여관주인이 제시한 조건들 가운데 하나인 '교훈'을 시골 사제와는 달리 우회적인 방법으로 독자들에게 전달하고 있다고 보인다. 여기에 이야기 도중 그가 보여주는 몸짓과 행동은 순례 청중은 물론 오늘날 독자들에게 '이야기 게임'의 또 다른 대원칙인 '즐거움'을 부여하기에 충분하다. 무엇보다 당시 이상적인 설교자의 모습과 자세를 패러디하고 있는 면죄부 판매자, 그리고 당시 설교의 형식과 내용을 모방하고 있는 그의 이야기는 식견을 갖춘 초서의 독자들에게 웃음을 주기에 충분했으리라 여겨진다. 면죄부 판매자의 인품, 육체, 그리고 태도 면에서 현실이나 사실을 거꾸로 뒤엎고 있는 면죄부 판매자 그 자체가 바로 카니발 효과를 유발시키기에 충분하다. 바쓰의 여장부(the Wife of Bath)가 하는 이야기 내용을 떠나 그의 모습과 행동거지 그 자체만으로도 당시 독자라면 웃음을 금치 못했으리라 여겨지듯이, 성(性)의 구분이 확실치 않은 면죄부 판매자의 신체나 자신에게 어울리지 않는 설교 또한 당시 독자들에게 충분히 웃음을 주었으리라 여겨진다.

어떻게 보면 순례의 안내자인 여관주인이 자신의 역할을 마지막 시골사제에게 전달하기 전까지 캔터베리까지의 여정은 일종의 카니발로 볼 수 있다. '이야기 게임'에 동의하는 순간부터 순례자들 모두는 이제 일상의 규범과 질서에서 벗어나 카니발의 정신에 따라 자신에게 할당된 시간동안 마음껏 즐기게 되는 것이다. 물론 게임이 진행되는 동안 자신의 시간을 즐기는 사람이 있는가하면 이를 매우 못마땅하게 여겨 다소 주저하거나 거부하는 사람 또한 있기 마련이다. 전자에 해당하는 인물들로서 방앗간 주인, 바쓰의 여장부, 그리고 면죄부 판매자 등을 들 수 있다. 당시 사회적 신분으로 보아 하층민은 아니나 이들 모두 일상에서 자신보다 상위 계층에 속하는 누군가를 반박하거나 자유롭게 자신의 목소리를 낼만한 계층 또한 아니다. 신분적으로 다소 어정쩡한 이런 인물들에게 카니발의 시간이란 바로 자유와 방종의 시간으로 지금껏 억눌렸던 감정과 목소리를 분출할 수 있는 최고의 기회인 셈이다. 이들은 카니발을 위해 가공된 인물이지 일상적인 규범과 도덕성이 강요되던 당시에 실존 가능했던 인물로 볼 수는 없다. 이와는 반대로 기사, 성직자, 그리고 서생(the Clerk)과 같은 인물들은 카니발의 시간이 주어질지언정 직업이나 신분상의 이유 때문에 전자에 해당하는 사람들만큼 그 시간을 마음껏 즐기지는 못하는 편이다. 그 가운데서도 서생과 시골사제는 카니발 시기보다는 사순절 시기의 금욕과 절제, 그리고 엄숙하고 심각한 분위기에 더 잘 어울리는 인물들이다. 특히 면죄부 판매자의 경우, 카니발이 주는 세속적 기쁨과 정신적 공허를 동시에 지닌 인물로 어느 곳에도 소속되지 못한 채 배회하는 인물처럼 보인다. 그러나 그의 행동과 모습 그리고 그가 하는 이야기를 감안할 때 그 또한 카니발적 인물에 좀 더 가까운 것만은 틀림없다.

순례자 초서를 포함한 30명의 일행이 함께 먹고 즐기는 노상 극(road drama)을 시작하기에 앞서 초서는 함께한 일행들의 면모를 간단하게나마 소개하고 있다. 순례자들을 묘사하는데 있어서 초서는 무엇보다 이들의 육체적인 면을 부각시키고 있다. 순례자들의 육체적 특징은 균형과 질서를 강조하는 고전적인 육체의 개념과는 거리가 먼 것으로 바흐친이 말하는 "그로테스크적 육체 개념"(grotesque concept of the body)과 합치된다(24, 26). 등장인물의 육체적 특징들 가운데 기형적이거나 눈에 띄게 돌출된 부분 혹은 먹고 마시고 배설과 관련이 있는 부분들, 예를 들어 입, 코, 성기, 사마귀나 부스럼 등과 같은 것을 매우 적나라하게 묘사하고 있다. 면죄부 판매자, 소환리, 그리고 바쓰의 여장부, 요리사 등이 여기에 해당한다고 볼 수 있다.[69] 특히, 카니발의 조건

69) 바쓰의 여장부가 지니고 있는 카니발 특징에 대한 논문으로 James Andreas, "The Rhetoric of Chaucerian Comedy," *Comparatist* 8 (1984): 63-4를 참조.

에 맞게 면죄부 판매자의 행동과 모습의 묘사에서는 심지어 성적 모호성마저 드러난다.[70]

이외에도 순례 청중과 독자들에게 '즐거움'을 제공하는 것은 면죄부 판매자가 하는 이야기 속 배경과 등장인물들이다. 이를 논하기에 앞서 초서가 신성한 성지순례의 출발점을 서더크(Southwark)의 여관으로 택한 이유는 무엇이며, 성지 순례를 이끌 인물로서 여관주인인 베일리(Harry Bailly)를 설정한 이유는 무엇일까?[71] 베일리는 작품에서 매우 유머러스하며 먹고 마시는 것뿐만 아니라 시골사제의 표현에도 암시되어 있듯이 당시 여관주인답게 욕설 또한 잘하는 인물로 묘사되어 있다(1170-71). 그의 관심은 정신적인 것보다는 육체적인 것에 더 있으며, 특히 성에 대한 그의 지나친 관심은 다른 순례자들의 반발을 불러일으킬 정도이다. 그리고 베일리가 제시한 게임에서 승리한 사람에게 주어지는 선물 또한 먹고 마시는 것이다. 초서의 이러한 설정은 바흐친의 카니발 이론에서 자주 쓰이는 "물질적 육체원칙"(material bodily principle)과 관련이 있다(18-9). 카니발에서 중요한 것은 정신적 혹은 이념적이거나 추상적인 것이 아니라 먹고 마시고 배설하는 등의 인간 "육체의 저급한 부분"(lower bodily stratum), 특히 생식기, 배꼽, 항문 등의 관련이 깊다(21). 결국 이들 기관과 관련하여 나오는 말은 욕설과

70) 소환리의 카니발적 특징들 가운데 성적 모호성에 대하여 안드레아스(James Andreas)는 다음 논문에서 매우 구체적으로 논하고 있다: 'Newe Science' from 'Olde Bokes': A Bakhtinian Approaches to the Summoner's Tale, *Journal of Medieval Studies and Literary Criticism* 23 (1990): 138-51.

71) 린달(Carl Lindahl)은 헤리 베일리를 영국 전통의 카니발에서 볼 수 있는 모의 왕(the mock king)이나 중세 카니발의 사회자(Lord of Misrule)로 보고 있다; 47-50.

성적 농담뿐이며 더 나가 이것이 육체적 폭력으로 발전하는 것이다. 바흐친의 이론에 비추어 볼 때, 초서가 특정 장소와 특정 인물을 작품 시작의 전면에 내세우는 이유가 카니발을 시작하기 위한 수순임을 알 수 있다. 마찬가지로 「면죄부 판매자의 이야기」 속 먹고 마시는 육체적인 행위나 이야기의 배경이 선술집 또한 독자들에게 '교훈'을 전달하기 위한 의도뿐만 아니라 '즐거움'을 주기 위한 카니발적 설정임을 알 수 있다.

이야기의 마지막 부분에서 면죄부 판매자와 여관주인의 대립 및 화해 또한 카니발적 관점에서 이해될 수 있다. 두 사람의 대립으로 인하여 게임의 원칙과 분위기가 훼손되는 것을 막아내는 기사의 행동 역시 카니발에 대한 그의 진정한 이해에서 비롯된 것인지 모른다. 카니발의 본질이 사회적 제약과 현실에서 벗어나 "웃고 함께 즐기는 것"이라는 사실을 감안해볼 때, 「바쓰의 여장부 이야기」나 「면죄부 판매자의 이야기」의 마지막 장면에서 창출되는 카니발의 효과는 웃음 그 자체로서, 웃음은 순례꾼들을 일상의 현실에서 벗어나 자유롭게 해주는 역할을 한다. 캔터베리까지의 축제의 여정 동안 면죄부 판매자는 설교자로서 현실 사회가 부여하는 이상적인 조건과 자격에 얽매일 필요가 없다. 그는 다만 카니발에 순응하는 성실한 이야기꾼으로서 그에게 할당된 카니발의 시간과 공간만을 최대한 이용하면 그것으로 충분해 보인다. 이런 점에서 면죄부 판매자가 독자들에게 도덕적 만족감과 건강함을 부여하지 못할지언정, 이야기꾼으로서 예술적인 만족감은 물론 여관주인이 제시한 두 가지 대 조건인 '즐거움'과 그 속에서 '교훈'을 순례 청중들과 오늘날 독자들에게 충분히 전달하고 있다.

'이야기 게임'의 조건들에 맞게 이야기를 전개하는 면죄부 판매자에게 오늘날 독자의 입장에서 어느 정도 동정심이 느껴지는 이유는 무엇일까? 자신의 실체에도 불구하고 이야기를 성실하게 전개하는 면죄부 판매자의 모습 때문인가? 아니면 면죄부 판매자에 대한 시인 초서의 지나칠 정도의 부정적 묘사 때문인가? 시인 초서는 면죄부 판매자가 설교 형식과 내용을 빌려 매우 비도덕적이며 저질스러운 이야기를 하게 함으로서 그를 도덕적 타락의 벼랑 끝까지 내밀고 있다. 심지어 면죄부 판매자를 자신이 하는 이야기의 희생양으로까지 초서는 삼고 있다.『캔터베리 이야기』속 어느 순례 이야기꾼도 면죄부 판매자처럼 수모를 당하거나 희생양이 되는 경우는 없어 보인다. 자신의 죄를 낱낱이 스스로 고백하는 면죄부 판매자의 심리 상태며, 그 이유가 무엇이든 간에, 자신의 위선과 거짓을 감추고 있는 일부 순례 이야기꾼들과는 달리 면죄부 판매자는 자기 스스로 지금까지 범한 온갖 죄로 인하여 자신의 영혼을 잃었다는 사실을 알고 이를 인정하기도 한다. 심지어 자신이 하는 이야기의 궁극적인 목적이 무엇인지 솔직하게 그는 말하기까지 한다. 이처럼 현실과 카니발의 공간과 시간을 잠시 혼돈하기도 하여 현실 속 자신의 모습을 고백해가면서까지 면죄부 판매자는 이야기꾼으로서 자신에게 맡겨진 역할을 성실히 수행하고 있다고 보인다. 아울러 '픽션'의 공간으로 들어가기 전 사회 안에서 자신의 실체와 현실을 인정하는 면죄부 판매자의 모습이 청중 순례자들로부터 동정은 이끌어내지 못했을지라도 오늘날 독자들에는 다소 동정적인 마음을 불러일으키는 것이 사실이다. 게다가 여타의 이야기꾼들과 비교해볼 때, 말과 행동이 서로 어긋나는 면죄부 판매자가 프롤로그에서 짧은 순간이나마 보여주는 진솔한 모습은 '픽션' 속 교훈과 더불어 독자들의 마음을 움직이게 할뿐만 아니라 면죄부 판매자와 그가 하는 이야기에 독자를 끌어들이기에 충분하다.

인용 문헌

이동일, 이동춘 공역. 『캔터베리 이야기』. 서울: 한국 외국어 대학교, 2007년.

Andreas, James. "The Rhetoric of Chaucerian Comedy." *Comparatist* 8 (1984): 63-4.

________________. 'Newe Science' from 'Olde Bokes': A Bakhtinian Approaches to the Summoner's Tale. *Journal of Medieval Studies and Literary Criticism* 23 (1990): 138-51.

St. Augustine. *On Christian Doctrine*. Trans. D. W. Robertson, Jr. New York: Liberal Arts Press, 1958.

Bakhtin, M. M. *Rabelais and His World*. Trans. Helen Iswolsky. Bloomington: Indiana UP, 1984.

________________. *Problems of Dostoevsky's Poetics*. Ed. and Trans. Caryl Emerson. Minneapolis: U of Minnesota P, 1984.

Bede. *A History of the English Church and People*. Trans. Leo Sherley-Price. Revised by R. E. Latham. New York: Penguin Books, 1968.

Caplan, Harry. *Mediaeval Artes Praedicandi, A Hand-List*. Cornell Studies in Classical Philology 24. Ithaca, New York: Cornell UP, 1934.

________________. "A Late Medieval Tractate on Preaching." Trans. *Studies in Rhetoric and Public Speaking in Honor of James Winnans*. New York: Russell & Russell, 1962. 61-90.

Carruthers, Mary J. *The Book of Memory: A Study of Memory in Medieval Culture*. Cambridge: Cambridge UP, 1990.

Cespedes, Frank V. "Chaucer's Pardoner and Preaching." *ELH* 1 (1977): 1-18.

Chapman, Coolidge O. "The Pardoner's Tale: A Medieval Sermon." *MLN* 41 (1926): 506-9.

Chaucer, Geoffrey. *The Riverside Chaucer*. 3rd Ed. Larry D. Benson et al. Boston: Houghton Mifflin, 1987.

Curry, W. C. "The Secret of Chaucer's Pardoner." *JEGP* 18 (1919): 593-606.

Dinshaw, Carolyn. *Chaucer's Sexual Politics*. Madison: U of Wisconsin P, 1989.

Fletcher, Alan J. "The Topical Hypocrisy of the Pardoner." *His Preaching, Politics and Poetry in Late-Medieval England*. Dublin: Four Courts Press, 1998. 266-80.

________________. "The Preaching of the Pardoner." *Studies in the Age of Chaucer: The*

Yearbook of the New Chaucer Society 11 (1989): 15-35.

Gallick, Susan. "A Look at Chaucer and His Preachers." *Speculum* 50 (1975): 456-76.

Ginsberg, Warren. "Preaching and Avarice in the Pardoner's Tale." *Mediaevalia* 2 (1976): 77-99.

Gregory the Great. *Morals on the Book of Job*. Trans. Members of the English Church. 3 Volumes. Oxford: Oxford UP, 1844-47.

Howard, Donald R. *The Idea of The Canterbury Tales*. Berkeley and Los Angeles: U of California P, 1976.

Humbert of Romans. *De eruditione praedicatorum in B. Humberti de Romanis Opera de vita regulari*. Ed. Joachim Joseph Berthier. Rome: Marietti, 1888-89, 373-484; The text is translated in Simon Tugwell. Ed. Early Dominicans: Selected Writings. Mahwah, N. J.: Paulist Press, 1982. 183-325.

______________________. *Treatise on Preaching*. Trans. The Dominican Students, Province of St. Joseph. Ed. Walter M. Conlon, O.P. Westminster, Maryland, 1951.

Kolve, V. A. *Chaucer and the Imagery of Narrative: The First Five Canterbury Tales*. Stanford CA: Stanford UP, 1984.

Kruger, Steven F. "Claiming the Pardoner: Toward a Gay Reading of Chaucer's 'Pardoner's Tale.'" *Exemplaria* 6 (1994): 121-25.

Leicester, Jr., Marshall H. "'synne Horrible': The Pardoner's Exegesis of His Tale, and Chaucer's" in *Acts of Interpretation: The Text in Its Contexts, 700-1600. Essays on Medieval and Renaissance Literature in Honor of E. Talbot Donaldson*. Ed. Mary J. Carruthers and Elizabeth D. Kirk. Norman, Oklahoma: Pilgrim Books, 1982. 25-50.

Lynch, Kathryn. "The Pardoner's Digestion: Eating Images in *The Canterbury Tales*." R. F. Yeager and Charlotte C. Morse. Ed. *Speaking Images: Essays in Honor of V. A. Kolve*. Asheville, N. C.: Pegasus Press, 2001.

Lindahl, Carl. "The Festive Form of *The Canterbury Tales*." *ELH* 52 (1985): 531-74.

McAlpine, Monica. "Homosexuality and How It Matters." *PMLA* 95 (1980): 8-22.

Owst, G. R. *Preaching in Medieval England and Literature and Pulpit in Medieval England*. Cambridge, England: Cambridge UP, 1933.

Patterson, Lee. *Chaucer and the Subjects of History*. Madison: U of Wisconsin Press, 1991.

______________. "Subject of Confession." *Chaucer and the Subject of History*. Madison:

U of Wisconsin P, 1991. 367-94.

Sedgewick, G. G. "The Progress of Chaucer's Pardoner, 1880-1940." *MLQ* 1 (1940): 431-58; rpt. in *Chaucer Criticism*. Ed. Richard J. Shoeck and Jerome Taylor. Notre Dame, Indiana: Notre Dame UP, 1960.

Shain, Charles. "Pulpit Rhetoric in *The Canterbury Tales*." *MLN* 70 (1955): 235-45.

Stevens, Martins and Falvey, Kathleen. "Substance, Accident, And Transformations: A Reading of The Pardoner's Tale." *Chaucer Review* 17 (1982): 142-58.

Sturges, Robert. *Chaucer's Pardoner and Gender Theory: Bodies of Discourse*. New York: St. Martin's Press, 2000.

Swanson, Robert N. "Chaucer's Parson and Other Priests." *SAC* 13 (1991): 41-80.

Waters, Claire M. "Holy Duplicity: The Preacher's Two Faces." *Studies in the Age of Chaucer: The Yearbook of the New Chaucer Society* 24 (2002): 75-113.

Wenzel, Siegfried. "Chaucer and the Language of Contemporary Preaching." *SP* 73 (1976): 138-61.

Yeager, R. F. "Aspects of Gluttony in Chaucer and Gower." *Studies in Philology* 81 (1984): 42-55.

이동춘

서강대학교 학사·석사
미국 로체스터대학교(Univ. of Rochester) 석사·박사
중세 영문학 전공
현) 대구대학교 영어영문학과 교수

초서Chaucer의 이야기와 이야기하기

초판 1쇄 발행 _ 2018년 12월 31일

저　　자 • 이 동 춘
발 행 인 • 정 현 걸
발　　행 • 신 아 사
인　　쇄 • 대명프린팅
출판등록 • 1956년 1월 5일 (제9-52호)
주　　소 • 서울시 은평구 통일로 59길 4 (2F)
전　　화 • 02)382-6411 · 팩스 02)382-6401
홈페이지 • www.shinasa.co.kr
E-MAIL • shinasa@daum.net

ISBN 978-89-8396-329-1 (93840)

정가 15,000원